ロースクール生のための
刑事法総合演習
Criminal Law and Procedure for Law Students

Cases & Materials

島 伸一 編著

はしがき

　本書は，法科大学院，いわゆる「ロースクール」の①刑事系演習科目のテキストと，②その自習用サブテキストとして作られたものである。そのため本書は次のようなことをおもな狙いとしている。
　(1)　刑法と刑事訴訟法の全般にわたる複合・融合型長文事例問題と，これに関する詳細な解説により，これからの法律実務家に要求される柔軟で的確な事例分析・論理的思考能力を育成する。
　(2)　答案作成方法とこれに基づく具体的な参考答案を提示することにより，法律実務家になるために必要な，論理的で簡潔に考え方をまとめて表現する論述能力を養う。
　(3)　解説では，重要判例・文献を網羅的に紹介し，それらの収集・調査および読解能力を高める。
　(4)　事例問題に関連するアメリカ刑事法を紹介することにより，国際的な幅広い法的素養を身に付ける。
　前記の狙いを実現するため，具体的な内容と構成に次のような工夫をした。
　(1)　職務質問から一事不再理まで，刑事訴訟の流れにそった体系的な事例設定。
　(2)　「事例」の数は14，これに「答案の書き方」を入れると全部で15講になり，「刑事法総合演習」を半期2単位科目として実施する場合に対応している。しかし，それに限られず，「発展問題」を含めると総計29講となるので，通年4単位科目としても利用できるなど，各ロースクールの教育上の配慮や担当教授の指導方法に弾力的に応じられる。
　(3)　刑法と刑事訴訟法の重要な論点を複合・融合的に含んだ長文の事例問題（素材はおもに主要判例）。各講義のタイトルでは，当該事例問題における刑訴法上の主たる論点を前に，刑法上の主たる論点を後に表記した。しかし，実際の事例問題では，必ずしもそのような順序で論点が含まれているわけではなく，またそれらの論点に限られるわけでもない。

(4)　各論点に関する質問の提示。
(5)　質問事項に対する詳細な解説。
(6)　理解を確認し，これを一層深めて柔軟な応用・対応能力を養うための発展問題の設定。
(7)　その手掛かりとなる，重要判例・文献，特に，当該事案の意味・内容を正確に理解するために必要な，最高裁判所調査官解説等の紹介。
(8)　むずかしい複合・融合型事例問題を論理的に整理し，考え，これを簡潔に論述する能力を身につけるための，「答案の書き方」講義と具体的な参考答案の提示。
(9)　事例問題への理解をとおし，好奇心と視野をさらに広げて幅広い国際的な法感覚と素養を身につけるため，「アメリカ刑事法ワンポイントレッスン」の設定。

　本書の具体的な使用方法としては，たとえば次のような方法が考えられる。
(1)　テキストとして，
　①基本事例，質問，解説を中心にしたゼミの実施。ゼミ生間または担当教授も参加した質疑応答。担当教授による解説・意見・批判そして類似事例の出題等。
　②基本事例，質問，解説については，予習によりゼミ生は理解できたという前提で，もっぱら「発展問題」を中心にした，①と同様のゼミの実施。
　③論述能力を高めることに重点を置く，小論文もしくは答案作成を中心にしたゼミの実施。ゼミ生の作成したそれらに対する担当教授による全体の講評と個別的な添削・指導。
(2)　サブテキストとして，
　①テキストに関連する論点を含む事例問題を取り上げ，解説を加えあるいはゼミ生に読ませて，その理解を深め，柔軟な応用力を養う。
　②もっぱらゼミ生の自習用に用いる。

最後に，本書は，刑事弁護あるいは刑事法研究に熱心に取り組む法律実務家と研究者による，約1年8ヶ月に及ぶ共同研究の成果である。いずれも30代前半から40代前半までの働き盛りの人達で，激務の中をほぼ1ヶ月に一度の割で開かれる研究会のため，貴重な時間をさいて駆けつけてくれた。とりわけ第一東京弁護士会，前刑事弁護委員会副委員長の宮田桂子弁護士と同現副委員長の近藤直子弁護士にはその準備作業のため，また日弁連刑事法制委員会委員の山下幸夫弁護士には索引の作成等のため，格別のご尽力をいただいた。さらに，現代人文社成澤編集長にも時間の許す限り研究会にご参加いただき，貴重なご意見を賜った。

　本書が刊行できたのは，ひとえにこうした研究会員と現代人文社の惜しみない努力と協力の賜物であり，ここに心からの謝意を表する。

　本書が，2004年4月から全国一斉にスタートする，ロースクール教育の充実・発展にささやかながらも寄与できれば，関係者一同，望外の幸せとするところである。

2004年1月15日

　　　　　　　　　　　　　　　　　　　　　　　　　　　島　伸一

◎目　次

はじめに　i

第1講	職務質問・強制採尿と詐取	3
第2講	別件逮捕・勾留と建造物侵入	21
第3講	訴因と過失犯	47
第4講	訴訟条件と親告罪	75
第5講	訴訟能力と責任能力	91
第6講	共謀共同正犯の訴追とその成立要件	101
第7講	名誉毀損罪の真実性の証明とその誤信	125
第8講	自由心証主義・鑑定と不作為犯の成否	143
第9講	実質的挙証責任と正当防衛の成否	157
第10講	反復自白と特別背任罪の共同正犯	187
第11講	嘱託尋問調書の証拠能力と賄賂罪の職務権限	195
第12講	伝聞法則の例外と過失犯	209

第13講	違法収集証拠の排除と抽象的事実の錯誤 221
第14講	一事不再理と私文書偽造 247
第15講	答案の書き方 267

　　　答案例　34　63　114　136　173　236

アメリカ刑事法ワンポイントレッスン
ミランダ法理　41
自動車事故と過失処罰——カリフォルニア州の場合　70
心神喪失の法理　99
コンスピラシー　121
正当防衛に関する刑事手続と刑法上のその限界　180
過失犯の処罰　217
事実の錯誤と法律の錯誤　244
「二重の危険」の法理　262

コーヒーブレイク
ベートーヴェンから学ぶ　273

索　引　274
プロフィール　vi

執筆者プロフィール（五十音順）

●編著者

島　伸一（しま・しんいち）

中央大学法学部卒業，上智大学大学院法学研究科博士課程修了。法学博士。州立ワシントン大学客員研究員を経て，2004年より駿河台大学法科大学院教授。弁護士（第一東京弁護士会所属）。

主な業績：単著『アメリカの刑事司法——ワシントン州キング郡を基点として』（弘文堂，2002年），同『捜索・差押の理論』（信山社，1994年），編著『たのしい刑法』（弘文堂，1998年）等。

読者へのメッセージ：本書でむずかしい事例問題に果敢に挑戦して，どんな事件にも対応できる柔軟な思考力を身につけてください。また，答案例等を勉強し，自分の考え方を上手にわかりやすく表現する能力も磨いてくださいね。そうすれば法律家への道がきっと開かれますよ！　頑張ってください。

担当部分：第3講，アメリカ刑事法ワンポイントレッスン

●執筆者

岡本昌子（おかもと・あきこ）

同志社大学法学部卒業，同志社大学大学院博士課程前期課程修了（法学修士），同志社大学大学院博士課程後期課程満期退学。

現在，駿河台大学法学部専任講師。

主な業績：「赤色信号殊更無視と『危険運転致死傷罪』」判例評論538号（判例時報1834号）〔2003年〕，「カナダ刑法における正当防衛と自招侵害に関する一考察」同志社法学270号（2000年），「自招侵害について」同志社法学261号（1999年）等。

読者へのメッセージ：本書は，設問に対する解説ならびに答案例によって理論を構築し，発展問題で自分の実力を確かめることができるように工夫されています。本書を有意義に活用して，事件に対して刑法・刑事訴訟法上の論点を指摘できる力，そしてそれに関する理論を展開できる力を養われることを希望しています。

担当部分：第4講・第9講

亀井源太郎（かめい・げんたろう）

慶應義塾大学法学部法律学科卒業，東京都立大学大学院社会科学研究科基礎法学専攻博士課程単位取得中退，東京都立大学法学部助手を経て，現在，東京都立大学法学部助教授。

主な業績：「実務における正犯概念」判例タイムズ1104号（2002年）23頁以下，「共謀共同正犯の『共謀』をめぐる訴訟法上の問題」都法40巻2号（2000年）255頁以下，「実行行為を行う従犯」都法40巻1号（1999年）331頁以下，「共犯の『内側の限界』・『外側の限界』（下）」都法38巻1号（1997年）537頁以下，「共犯の『内側の限界』・『外側の限界』（上）」都法37巻2号（1996年）233頁以下等。

読者へのメッセージ：縁あって執筆者の末席に加えていただきました。刑法は刑事手続によって実現されるものですから，密接不可分な関係にあるといえます（この点について興味のある方は，拙稿「刑法と刑事訴訟法の交錯」法学教室274号〔2003年〕44頁以下をご参照下さい）。刑事法総合演習はその両者にまたがって勉強する科目ですから，難しく，だからこそ，面白いのではないかと思っています。

担当部分：第6講・第7講，アメリカ刑事法ワンポイントレッスン

近藤直子（こんどう・なおこ）

中央大学法学部卒業，1994年弁護士登録。
弁護士（第一東京弁護士会所属）。

読者へのメッセージ：実務の世界はまず「事実認定ありき」で，思考パターンも事実→判例→法理論と流れがちです。本書に携わり，久しぶりに逆方向から事例に取り組み新鮮な気分を味わうと同時に，最後のよりどころとしての法理論の重要性も再認識しました。事実と法理論の間を，自由に行き来できる法律家が理想でしょうか。

担当部分：第13講

清水　真（しみず・まこと）

中央大学大学院法学研究科博士後期課程年限満了。筑波大学第一学群講師，東亜大学大学院助教授，獨協大学法学部助教授等を経て，2004年より獨協大学法科大学院助教授。

主な業績：「事前法令照会制度と経済刑法犯における違法性の錯誤」東亜法学論叢8号（2003年），「『弁護人の助力を受ける権利』と余罪」獨協法学61号（2003年），「少年審判手続における『弁護』についての考察」筑波法政24号（1998年），「特別弁護制度についての考察」判タ859号（1994年）等。

読者へのメッセージ：本書を「与えられた教材」としてではなく，収録された事案がどのように変わればどのような論点が派生しあるいは消滅するか等，御自分なりに応用問題を作って仲間との議論の素材としてください。

担当部分：第10講・第12講，アメリカ刑事法ワンポイントレッスン

鶴間洋平（つるま・ようへい）

慶應義塾大学法学部法律学科卒業，慶應義塾大学大学院法学研究科修士課程修了（法学

修士）。2000年弁護士登録。

弁護士（第一東京弁護士会所属）。

読者へのメッセージ：実務に出ると，これまで全く考えたこともないような法律問題に，何度も遭遇します。そのときに解決の糸口となるのは，基本原則や基本理念といった，いわば考え方の大枠です（もちろんそれだけで問題が解決するわけではありませんが）。法律の勉強をしていると細かな議論に目を奪われがちですが，いつも大枠の議論に結びつけて考えるようなクセを身につけて欲しいと思っています。「ダイナミックな答案」「骨太の答案」「芯の通った答案」も，そういう意味ではないかと思います。この本の内容を「覚えよう」とする必要はありません。読者の皆さんの，思考パターンの訓練の一助にでもなればと思っています。

担当部分：第2講

寺本倫子（てらもと・みちこ）

名古屋大学法学部卒業。2003年弁護士登録。

弁護士（第一東京弁護士会所属）。

読者へのメッセージ：基礎的な知識の習得をしながら，事例問題でじっくりと考えるようにしていってください。本書がそのお役に立つでしょうから，大いに活用してください。議論したり，書いたり，考えたりしながら，生きた法律の面白さを学んでいかれますように。

担当部分：第15講，答案例

富田真美（とみた・まみ）

慶應義塾大学法学部法律学科卒業。日本アイ・ビー・エム株式会社勤務を経て，1997年弁護士登録。

弁護士（東京弁護士会所属）。

読者へのメッセージ：毎日のように発生する多くの事件につき，どのような点が，刑法上また刑事訴訟法上問題になるかを考える習慣をつけてください。法曹に求められる論理的な思考を身につけるためには，前提として，なぜ問題となるか，問題の所在がどこにあるかに気づき理解することが必要です。その上で立法趣旨などから解釈をしていき，事案にあてはめ，答案を書くわけです。日頃から何事にも素直に好奇心をもち，問題の所在を見抜く訓練をしてください。

担当部分：11講

宮田桂子（みやた・けいこ）

東京大学法学部卒業。1988年弁護士登録。

弁護士（第一東京弁護士会所属）。2004年より司法研修所教官（担当：刑事弁護）。
読者へのメッセージ：個々の事件には，抽象的な「被疑者，被告人」が存在するのではなく，個別具体的な人格をもち社会に生きている「個人」が存在します。そして刑事手続は，警察官，検察官，検察事務官，裁判官，書記官，速記官，弁護士，通訳人等々の様々な人々がそれぞれの思いや悩みを抱えながら事件に係わっています。

　設問の解説は，そういった実務の息遣いを，少しでも感じとってもらいたいと思って，具体的な手続についてかなりの分量を割きました。学究的側面は研究者の論文などの参考文献をお読みになって各自で深めてください。法律家は権力者です。権力を持つ者が誤った知識や偏見しか持たないなら，必ず権利侵害を惹起します。精神障害や知的障害など障害を持った人についても正しい知識を持ってください。おおいに議論してください。そして，裁判を傍聴し，先輩の実務家から生の事件の話をたくさん聞いて，常に「人間」そのものを見つめることができる法曹を目指して欲しいと思います。
担当部分：5講

山下幸夫（やました・ゆきお）

創価大学法学部卒業。1989年弁護士登録。

弁護士（東京弁護士会所属）。現在，日弁連刑事法制委員会，同拘禁二法対策本部等に所属。

主な業績：単著『最前線インターネット法律問題Q&A集』（情報管理，1997年），「最高裁が示した『推知性』のダブルスタンダード――少年法61条の解釈をめぐって」季刊刑事弁護35号（2003年），「審判要旨の公表について考える」『少年事件報道と子どもの成長発達権』（2002年，現代人文社），「コンピュータ・システムと捜査」三井誠ほか編『新刑事手続Ⅰ』（悠々社，2002年），「法6条3項の送致がない場合の強制的措置の可否」田宮裕編『少年法判例百選』（有斐閣，1998年）等。

読者へのメッセージ：リーガル・マインドを身につけるには可能な限り多くの文献を読んだ上で，最後は自分の頭で考えるくせを付けることが必要です。また，常日頃，新聞やテレビのニュースに接する中で，日々生起している様々な出来事を法的な観点から分析してみることも役に立つでしょう。さらに，シンポジウムや市民集会に積極的に参加することは刺激を受けるという点で有意義です。与えられた課題を受動的にこなすのではなく，能動的に課題を見つけて自ら取り組む姿勢が大事です。
担当部分：第1講・8講・14講

ウィリアム・バーナード・クリアリー

ユナイテッド・ステーツ・インターナショナル大学（B.A.1975年），カリフォルニア・ウェスタン・スクール・オブ・ロー（J.D.1978年），北海道大学（LL.M.1987年，

Ph.D1990年)。
外国法アドバイザーブレークモア法律事務所所属。
カリフォルニア州弁護士（1978年），グアム弁護士（1982年），フェデレーテッド・ステーツ・オブ・ミクロネシア弁護士（1982年），ニューヨーク州弁護士（1991年），ウェスト・ヴァージニア州弁護士（1992年）。
主な業績：「弁護人のメディアへの意見表明はどうあるべきか」季刊刑事弁護31号（2002年）。
担当部分：アメリカ刑事法ワンポイントレッスン

ロースクール生のための
刑事法総合演習

第1講 職務質問・強制採尿と詐取

事例

　Xは，覚せい剤を常用していた者であり，覚せい剤を使用した後，手持ちの現金が不足していることに気づいた。

　そこで，Xは，不正に入手していたY名義の自動車運転免許証を用いて，現金を無断で引き出すことを決意して，消費者金融会社の無人契約機コーナーに赴き，無人契約を介して，Y名義で50万円を利用限度額とするカードローンに関する基本契約を締結した上で，同会社の係員からローンカードの交付を受けた。

　Xはそのローンカードを受け取って約5分後に，同ローンカードを同社の無人契約機コーナー内に設置された現金自動入出機（ATM）に挿入し，同係員の指示に従って，現金20万円を引き出した。

　その後，Xは，無人契約機コーナーから外に出て，しばらく歩道上を歩いていた。すると，付近をパトロールしていた警察官Aは，Xがふらふらと歩いているのに気づき，しばらく尾行したが，どう見ても正常な状態とは思えない歩き方をしていたことから，Xに職務質問を行ったところ，Xは質問に対して受け答えができる状態ではなく，覚せい剤中毒をうかがわせる異常な言動を繰り返していたことから，上司である警察官Bに無線連絡をしてその状況を報告し，強制採尿許可状の発付を依頼した。

　警察官Aは，その後，警察署への任意同行を求めて，数時間にわたってXを説得しながら，歩道上でXを留め置いていた。

　その後しばらくして，警察官Bが請求したXの尿を強制採取するための捜索差押許可状が簡易裁判所から発付された。

　そこで，警察官Bがパトカーで現場に急行し，その令状を受け取った警察官Aは，その令状をXに呈示したところ，Xが興奮して激しく抵抗した。

　そこで，警察官AとBは，パトカーにXを乗せて近くの公立病院まで連行し，同病院の医師がカテーテルを用いてXの尿を採取した。その結果，

Xの尿から覚せい剤が検出されたので、Xは緊急逮捕された。

> 設問
> 【Q1】 Xがローンカードの交付を受けて、現金20万円を引き出した行為について、Xの罪責を論述しなさい（但し、覚せい剤取締法違反とY名義の自動車運転免許証の不正入手、私文書偽造の点は除く）。その際に罪数関係についても言及しなさい。
> 【Q2】 警察官Aが、歩道上でXを数時間留め置いた行為が適法か否かについて論述しなさい。
> 【Q3】 本件の強制採尿は適法か否か、適法と解する場合にはどのような要件があれば適法と言えるか、について論述しなさい。
> 【Q4】 警察官AとBが、強制採尿令状で、Xを採尿場所である公立病院まで連行した行為が適法か否かを論述しなさい。

> 問題の所在

　1　Xがローンカードの交付を受けて、現金20万円を引き出した行為については、これらの行為は一連一体の行為であり、現金20万円を獲得するために、無人契約機コーナーを介して、消費者金融会社を欺罔しているのであるから、詐欺罪のみが成立するか、それとも、両方の行為を別々に評価して、詐欺罪と窃盗罪が成立すると解すべきか否かが問題となる。
　また、後者のように解する場合にも、罪数関係について、これを単純な併合罪と考えるか、包括一罪と解すべきかが問題となる。
　2　次に、警察官Aが職務質問をしながら、数時間にわたってXを歩道上に留め置いた行為が適法か否かについては、任意捜査の限界の問題であり、任意捜査として許される範囲を逸脱していれば違法となる。
　本設問においては「数時間」とあるので、どの程度の時間かによって場合分けをして論ずる必要がある。
　3　強制採尿については、刑事訴訟法には直接認める規定は存在しておらず、従前、適法か否か、その実施に際して取得すべき令状の種類について、判例・実務が分かれていたが、これを認める最高裁決定（最一決昭和55年10月23日刑集34巻5号300頁）が現れており、これにより実務は適法説で固まっているが、学

説では依然として反対する見解が多い。このような状況を踏まえて，強制採尿の適法性とその要件を論じる必要がある。

4　強制採尿が適法であることを前提としても，Xを公立病院に強制的に連行することが適法かどうかについても見解は分かれていたが，これを認める最高裁決定（最三決平成6年9月16日刑集48巻6号420頁）が現れており，これにより実務は適法説で固まっているが，学説は依然として違法であるとする見解が多い。このような状況を踏まえて，強制採尿令状による強制連行の適否について論じる必要がある。

解　説

1　ローンカードの詐取と現金窃盗の成否

(1)　ローンカードの財物性

財産犯が成立するためには客体が「財物」であることが必要であるから，まず，ローンカードの財物性が問題となる。

消費者金融においては，一定の限度額を決める基本契約を締結した上で，ローンカードを交付して，顧客において，必要な時に限度額の範囲内であれば，何回でも繰り返して，ローンカードを現金自動入出機（以下「ATM」と略称する）に挿入して暗証番号を入力することによって金員を借り受けることができ，顧客は後日その融資額に利息を付して返済することができるという方式のローン契約が行われている。

したがって，ローンカードは，そのカード自体の物理的価値はほとんどないとしても，顧客に対しては，その基本契約の限度内において，いつでも何回でもATMから融資を受けることができるという経済的地位を付与するという意味において，経済的価値を有する財物であると考えられる。

(2)　ローンカードの詐取と詐欺罪の成否

最近普及している無人契約機コーナーは，「無人」と称しているが，完全に無人化されているのではなく，サービスセンターとオンラインで接続され，サービスセンターにいる係員が，送信されてくる自動車運転免許証等の証明書類を確認するなどの審査を行っている。

したがって，無人契約機コーナーにおいて，不正に入手した自動車運転免許証等の証明書類を提示して，カードローンに関する基本契約を締結して，ローンカードを交付することは，機械を欺くのではなく，人を欺く行為として詐欺

罪が成立する。この点については特に異論は存しない。
　(3)　現金引き出しと窃盗罪の成否
　詐欺罪は，人の錯覚を利用する行為であるから，本来的に人に向けて行われる犯罪であって，機械を相手とする詐欺的行為は詐欺罪を構成しないとするのが通説である（大谷實『新版刑法講義各論〔追補版〕』〔成文堂，2002年〕259頁等）。
　したがって，不正に入手した他人名義のキャッシュカード等を用いて，ATMから現金を引き出す行為は人を欺く行為ではないから，詐欺罪ではなく窃盗罪が成立する（東京地判昭和55年3月3日判時975号132頁等）。
　もっとも，本設問のように，ローンカードの詐欺に引き続いて，直ちにそのローンカードを使用して現金引き出しが行われた場合には，これを一連一体の1つの行為と見て，現金に対する詐欺罪と見る見解もあり（詐欺1罪説），下級審では，そのことを認めた裁判例が存している。
　例えば，東京地判平成3年9月27日判例集未登載は，キャッシュカードに基づく現金引き出し自体は，被告人の欺罔行為によって消費者金融会社側に生じた錯誤に基づき必然的に生起した因果過程であり，店員が錯誤に基づいてその場で直ちに現金を交付することと何ら異ならないことを理由に，詐欺罪1罪の成立を認めている（同判決については，本江威憲監修『民商事と交錯する経済犯罪Ⅱ〔詐欺・電子計算機使用詐欺罪編〕』〔立花書房，1995年〕280頁以下の紹介による）。
　特に，本設問のように，ローンカードの交付を受けたその場で，被欺罔者の係員の面前で，同カードを用いてATMから現金を引き出した場合には，当該行為は，社会的には1個の行為と見る方が自然だと考えられる場合があることは否定できない（本江・前掲書279頁参照）。
　これに対して，学説においては，ローンカードの財物性を認める以上は，ローンカードについての詐欺罪と，その不正使用による現金の引き出しについての窃盗罪が成立するという詐欺・窃盗2罪説が有力に主張されていた（西田典之「キャッシュカード等の詐取とその不正利用について」研修621号〔2000年〕11頁）。
　そこで，本設問におけるXの罪責については，従来，詐欺1罪説と詐欺・窃盗2罪説が対立していたのである。
　この問題については，最三判平成14年2月8日刑集56巻2号71頁は，本設問のような事例について初めての判断を示した（平木正洋「時の判例」ジュリスト1239号134頁参照）。すなわち，カードローン契約の法的性質，ローンカードの利用方法・機能及び財物性などに鑑みると，係員を欺いてローンカードを交付させる行為と，ローンカードを利用して現金自動出入機から現金を引き出す行

為は社会観念上別個の行為類型に属するとして，詐欺罪と窃盗罪の成立を認めた原判決の判断を是認できるとしたのである。

詐欺1罪説に対しては，ローンカードの経済的価値の重要性を評価しえないとか，ローンカードを詐取した後，現金引き出し前に犯行が発覚した場合には，詐欺未遂にしかならないし（詐欺・窃盗2罪説であれば詐欺は既遂となる），係員はカードの交付に際して，その時点ではいくら引き出されるか具体的に貸与金額が決まっていないから処分行為がないし，処分権限もないなどの批判がなされているが（林美月子「ローンカードの詐取と現金窃盗の成否」平成14年度重要判例解説〔有斐閣，2003年〕149頁以下，黒川弘務「消費者金融会社の係員を欺いてローンカードを交付させた上これを利用して同社の現金自動入出機から現金を引き出した場合の罪責」研修657号〔2003年〕15頁以下参照），いずれの批判も説得的であり，詐欺・窃盗2罪説をとった前掲最高裁判決は妥当であると考えられる。

(4) 詐欺罪と窃盗罪との罪数関係

詐欺・窃盗2罪説をとる場合にも，両罪の罪数関係については，併合罪となるとする見解（岩村修二「各種カードの不正利用」佐藤道夫編『刑事裁判実務体系8 財産的刑法犯』〔青林書院，1991年〕374頁，西田・前掲論文11頁）と包括一罪になるとする見解（伊丹俊彦「自己名義のクレジットカード等による現金引き出し行為と窃盗罪・詐欺罪の成否」研修551号〔1994年〕103頁）が対立していた。

前掲最高裁判決は，本設問の事例につき，詐欺罪と窃盗罪が成立し，両罪を併合罪とする原判決を是認して併合罪説をとったが，特にその理由は述べられていない。

ローンカードは多機能を有するクレジットカードとは異なり，ATMを作動させ現金を引き出す機能を有する道具に過ぎないとして，その意味において保険会社からの保険金証書の詐取とその後の保険金の詐取と類似する関係にあることなどからすれば（林美月子・前掲150頁参照），包括一罪とするのが妥当である。

ちなみに，判例は，民間の生命保険会社を欺罔して保険契約を締結して保険証券を詐取した場合に，その保険証書の交付を受けた時点で詐欺罪の既遂を認めるとともに（大判大正4年11月29日刑録21輯1993頁等，最二判平成12年3月27日刑集54巻3号402頁），その保険証書を使用して保険金の交付を受けた場合には包括して詐欺罪1罪が成立することを認めている（大判大正10年4月1日刑集14巻368頁）。

これに対して，他人の郵便貯金通帳を盗んで，郵便局の窓口で郵便局員を欺

いて貯金を引き出せば，窃盗罪と詐欺罪の併合罪とされている（最二判昭和25年2月24日刑集4巻2号255頁。林幹人『刑法各論』〔東京大学出版会，1999年〕235頁はこれに反対して包括一罪と解している）。

　そこで，本件を，上記のいずれの類型に近いと考えるかということになるが，前者の保険証書の交付の類型に近いと言うべきであり，少なくとも，本設問の事例のように，ローンカードの入手行為と現金引出行為が時間的・場所的に近接してなされ，両行為の被害者はいずれも消費者金融会社であって同一であることを考えると，詐欺罪と窃盗罪については包括一罪として処断されると解するのが妥当であると考えられる（併合罪と解するよりも包括一罪と解する方が，理論的には処断刑が軽くなり，被告人にとっては有利な解釈と考えられる）。

2　職務質問のため停止させ，任意同行を求めるため被疑者を長時間留め置く行為の適法性

(1)　職務質問における停止に伴う有形力の行使の限界

　警察官職務執行法2条1項は，警察官は不審者を停止させて質問することができると規定している。同条3項が刑事訴訟法の規定によらない限り身柄の拘束を許さないと規定していることから，逮捕にあたるような長時間に及ぶ強制的な停止を認めたものでないことについては異論はない。

　そこで，問題となるのは，警察官による一時的な停止に際して，どの程度の有形力の行使が許されるか否か，許されるとしてその限界はどうかという点である。

　なお，警察官職務執行法は刑事訴訟法（広義）の一部ではなく，形式的には行政法規たる性格を有している。したがって，職務質問は捜査それ自体ではなく，場合によって，捜査の端緒たりうるだけであることに注意を要する（田宮裕「職務質問と所持品検査」同『捜査の構造』〔有斐閣，1971年〕116頁）。もっとも，多くの場合，実質的にみれば，職務質問は行政警察作用と司法警察作用の中間にあり，瞬時にして司法警察作用としての捜査に移行するという動的な性格を有しているので，行政手続としての側面と刑事手続としての側面という2重の性格を併せ持っていることに留意する必要がある（田宮・前掲書116頁）。

　警察官による停止の際の有形力の行使に関する学説は，大別して，①任意説，②説得行為説，③実力説，④強制説に分かれている。

　①**任意説**は，基本的には，停止等は強制処分ではないから，停止する義務はないし，停止を強制してはならないという見解であるが（平野龍一『刑事訴訟法』

〔1958年〕87頁注1，石川才顯『通説刑事訴訟法』〔三省堂，1992年〕98頁)，さらに，(ｱ)挙動不審者が職務質問を拒否したときには，もはや警察官は執拗な説得活動もなしえないとする**厳格な任意説**（井上正治「捜査の構造と人権の保障」日本刑法学会編『刑事訴訟法講座第1巻』〔有斐閣，1963年〕115頁）と，(ｲ)任意性の意味を規範的に捉えて，質問を拒絶されても，「異常な挙動その他」に現れた疑いの強さ，関係ありと思料される犯罪の軽重との関連において，警察比例の原則に従って，執拗に説得活動を続行することができるとする**規範的任意説**（半谷恭一「職務質問」熊谷弘＝松尾浩也＝田宮裕編『捜査法体系Ⅰ』〔日本評論社，1972年〕20頁，能勢弘之「職務質問・自動車検問と所持品検査」同『刑事訴訟法25講』〔青林書院，1987年〕77頁，田口守一『刑事訴訟法〔第3版〕』〔弘文堂，2001年〕51頁）に分かれている。

②**説得行為説**は，任意の説得を行っていると認められる程度の言動は許されるとする見解である（渡辺修『職務質問の研究――アメリカ社会と警察』〔成文堂，1985年〕348頁，同「職務質問と有形力行使の法的限界」同『捜査と防御』〔三省堂，1995年〕6頁）。

③**実力説**は，任意と強制の中間に「強制にわたらない実力」という段階が存在し，社会通念上妥当な説得手段はこれに該当し，職務質問に応じないで逃げようとする不審者を「一寸待ち給え」と言いながら腕をつかみ，肩を押さえて引き止めて，必要な事項について質問しようとするのは，説得の範囲を逸脱しない限り適法であるとする（出射義夫「任意・実力・強制」同『検察・裁判・弁護』〔有斐閣，1973年〕149頁）。

④**強制説**は，端的に強制手段を認める見解であり，(ｱ)容疑の特に濃い者が警察官に呼び止められ，これに反抗して逃亡した場合のような急迫性が認められる場合にはそれに相応する程度の強制手段を用いることを認めるとともに，それほど切迫性がない場合には相手の意思によって停止することを求めるという任意手段を用いるべきだという見解（宍戸基男ほか編『新版警察官権限法注解・上巻』〔立花書房，1976年〕39頁），(ｲ)職務質問は必ずしも任意処分ではなく，多少強制の要素が介入すると解すべきだとし，憲法31条の適正手続の保障の要請に基づく合理性が要求されるとする見解（田宮・前掲書142頁，田宮裕『刑事訴訟法〔新版〕』〔有斐閣，1996年〕59頁），(ｳ)警察官職務執行法2条1項は，逮捕・抑留に至らない程度の「強制」を加えて，停止させた上での質問という目的を実現する警察官の活動を認めた規定であり，その目的達成のための実力行使は許されるのであり，被質問者の異議を排して強制的に停止させることができるとする見解（渥美東洋・判例評論236号〔1978年〕47頁，同・判例評論244号〔1979年〕44頁，

同『刑事訴訟法［新版補訂］』〔有斐閣，2001年〕110頁），(エ)身柄の拘束に至らない限度の実力の行使は許容されているが，無限定的に許されるものではなく，必要性と緊急性を考慮し，具体的状況下で相当と認められる限度において許容されるとする見解（土本武司『刑事訴訟法要義』〔有斐閣，1991年〕129頁），(オ)重大な犯罪（殺人，強盗，重い傷害）などを犯したと疑われている者について，その容疑が極めて濃厚で，緊急逮捕も不可能ではないが，なお慎重を期するというような場合に，例外的に実力行使ができるとする見解（松尾浩也『刑事訴訟法・上巻［新版］』〔弘文堂，1999年〕44頁），(カ)犯罪が重大で，かつ，その嫌疑が特に濃厚な場合に，緊急性を要件として，説得の前提としてある程度の実力行使が認められるとする見解（鈴木茂嗣『刑事訴訟法［改訂版］』〔青林書院，1990年〕70頁，三井誠『刑事手続法（1）［新版］』〔有斐閣，1997年〕96頁）などがある。

　このうち，①の中の厳格な任意説と②の説得行為説以外は，いずれも有形力の行使を認め，事態の進展に応じてある程度弾力的な運用を考えており，その許容範囲は後述する判例理論とほとんど異ならないと指摘されている（島伸一「職務質問における有形力の行使」刑事訴訟法判例百選［第5版］〔有斐閣，1986年〕21頁参照）。

　不審者が職務質問を拒否すれば，それ以上一切職務質問できないとするのでは，職務質問の実効性を放棄することになるので，①のうち，厳格な任意説は妥当ではない。③の実力説は，任意と強制の間に「実力」という概念を設けようとするが，その概念が曖昧であり，職務質問の濫用を限定することを期待できない。④の強制説は，端的に強制手段を認めるという点で，本来的に任意手段であるべき職務質問が市民の自由やプライバシーを侵害する危険性が強く，それを現場において抑制することは困難であることを考えると，やはり妥当ではない。

　したがって，②の説得行為説が，職務質問の実効性と市民の自由やプライバシーとの調和を図り，理論的にも実際的にも妥当であると考えられる。

(2)　裁判例の動向

　この点に関する裁判例について見ると，下級審の裁判例においては，(a)歩行者につき，両肩付近や両襟首をつかむこと（東京高判昭和60年9月5日刑裁月報17巻9号727頁165頁），(b)自転車に乗っている者につき，荷台を手で押さえること（東京高判昭和55年9月4日判時1007号126頁），(c)自動車を利用している者につき，運転席ドアーを両手をつかまえること（東京高判昭和34年6月29日高刑集12巻6号653頁）やドアーを開けて，エンジンキーをひねること（東京高判昭和48年4月23

日高刑集26巻2号180頁）などの警察官の行為について適法とされている（裁判例の詳細については，島・前掲論文20頁，田宮裕＝河上和雄編『大コンメンタール警察官職務執行法』〔青林書院，1993年〕120頁〔渡辺咲子〕参照）。

　この問題については，これまでに5件の最高裁決定が出されているが，最高裁は，具体的状況のもとで，相手方の意思に反するある程度の心理的な影響ないし有形力の行使は許容されると解している（堀籠幸男『最高裁判例解説刑事篇昭和56年度』〔法曹会，1982年〕411頁）。

　①最一判昭和29年7月15日刑集8巻7号1137頁は，職務質問中に隙を見て逃げ出した者を約130メートル追跡し，その背後から「どうして逃げるのだ」と言って腕に手をかけて引き止めた警察官の行為を適法としている。

　②最一決昭和29年12月27日刑集8巻13号2435頁は，風呂敷包みの内容について呈示を求められ逃走した者を追跡して停止を求める警察官の行為を適法としている。

　③最三判昭和30年7月19日刑集9巻9号1908頁は，挙動不審者として職務質問を受け，派出所まで任意同行を求められた者が突如逃走した場合に，職務質問をしようとして追跡した行為を適法としている。

　④最一決昭和53年9月22日刑集32巻6号1774頁は，酒気帯び運転の被疑者が運転する車両のエンジンキーを回転してスイッチを切って被告人が運転するのを制止した警察官の措置について，警察官職務執行法2条1項の規定に基づく職務質問を行うため停止させる方法として必要かつ相当な行為であるとして適法と判断している。

　⑤最二決平成6年9月16日刑集48巻6号420頁は，覚せい剤使用の疑いがある者に対して職務質問を開始したところ，目をキョロキョロさせ，落ち着きのない態度で，素直に質問に応ぜず，エンジンを空ふかししたり，ハンドルを切るような動作をしたため，警察官が運転車両の窓から腕を差し入れてエンジンキーを引き抜いて取り上げた行為について，警察官職務執行法2条1項に基づく職務質問を行うため停止させる方法として必要かつ相当な行為であり，道路交通法67条3項に基づき交通の危険を防止するため採った必要な応急の措置に当たると判断している（中谷雄二郎『最高裁判例解説刑事篇平成6年度』〔法曹会，1996年〕182頁参照）。

(3)　任意同行を求めるため被疑者を長時間留め置く行為の適法性

　ところで，前掲最二決平成6年9月16日は，約6時間半以上も被疑者を本件現場に留め置いた措置は，被疑者に対する任意同行を求めるための説得行為と

しはてその限度を超え，被疑者の移動の自由を長時間にわたって奪った点において，任意捜査として許容される範囲を逸脱したものとして違法であると判断している（もっとも，同決定は，そのようにして得られた尿の鑑定書の証拠能力の問題を判断するに際しては，職務質問の開始から強制採尿手続に至る一連の手続を全体として見た場合には違法の程度は令状主義の精神を没却するような重大なものとは言えないと判断して，証拠能力を認めている）。

この決定の意義につき，担当調査官は，本件は，強制採尿令状を請求して強制捜査に移行するか，そのまま被疑者を解放するかについての警察官の見極めが遅れたため，結果として令状に基づくことなく被疑者の移動の自由を長時間奪った点において違法とされたものであると指摘されている（中谷・前掲書186頁）。

警察官が運転車両の窓から腕を差し入れてエンジンキーを引き抜いて取り上げた行為は，職務質問を行うために停止させる方法として適法であったが，その後は，司法警察作用としての任意捜査として，任意同行を説得するための活動の色彩が強くなっており，そのため，任意捜査の限界を超えているか否かが問題となったのである。

この判例は，警察官に当初から違法な留め置きをする意図があったとしたら，令状主義の精神を没却する重大な違法があったことになることを示唆している。

そうであるならば，警察官に当初から留め置きをする意図があり，かつ，長時間にわたって停止をしたら，もはや令状によらない強制処分として，違法な逮捕と評価されるべきことになると考えられる（この点につき，小早川義則・判例評論443号〔1996年〕225頁，長井圓「職務質問のための停止」刑事訴訟法判例百選〔第7版〕〔有斐閣，1998年〕7頁参照）。

以上をふまえて，本設問【Q2】を考えると，職務質問のために停止に要した時間については，「数時間にわたって」とあるだけで，具体的な時間は明示されていない。しかし，その数時間というのが2〜3時間を意味するのであれば，それはもはや任意捜査として許容される範囲を逸脱しており，法的には逮捕に至っていると解されるので，違法な身柄拘束と評価されるべきであろう。

3 強制採尿の適法性

(1) 強制採尿の許容性・適法性

被疑者が尿の任意提出を拒んだ場合に，カテーテルと呼ばれる細長い導尿管を使用して，被疑者の身体から直接採尿することを強制採尿と呼んでいる。具

体的には，被疑者が抵抗する場合に，数人の警察官が被疑者の体を押さえつけ，強制的に脱衣させ，下腹部を露出して，カテーテルを尿道を経て膀胱に挿入して尿を採取するという手順で行われる。

覚せい剤事犯においては，被疑者等の関係者が組織防衛等の理由から供述を拒否するなど捜査に非協力的なことが多く，特に覚せい剤の自己使用については，その立証が困難であり，使用者の体内に保有された覚せい剤成分が，実際上最も重要な証拠となることが多いと言われている（井上正仁「刑事手続における体液の強制採取」『法学協会百周年記念論文集第2巻』〔有斐閣，1983年〕659頁）。

そして，覚せい剤が体内に摂取された場合，血液中から覚せい剤成分を検出できるのは施用後約30分程度であるのに対して，使用者の尿中から覚せい剤成分を検出される可能性がある期間は約2週間程度であると言われており（飛田清弘＝松浦絢＝澤新『改訂覚せい剤事犯とその捜査』〔立花書房，1992年〕272頁以下），尿鑑定は，覚せい剤事犯における確実な直接証拠としての有用性を認められている。

従来，被疑者からの強制採尿の可否については，学説においても見解が分かれ，裁判例においても消極・積極と異なる判断が示されていた（名古屋高判昭和54年2月14日は消極，東京高判昭和54年2月21日は積極。いずれも判時939号128頁以下）。

これに対して，最一決昭和55年10月23日刑集34巻5号300頁は，強制採尿は身体に対する侵入行為であるとともに，屈辱感等の精神的打撃を与える行為であるが，被疑事件の重大性，嫌疑の存在，当該証拠の重要性とその取得の必要性，適当な代替手段の不存在等の事情に照らして，犯罪の捜査上真にやむをえないと認められる場合には最終的手段として行うことを認めた。

強制採尿の許容性については，①自己負罪拒否特権ないし黙秘権（憲法38条1項）を侵害しないか，②強制処分としても許容されないのではないか，の2点において問題となる。

まず，自己負罪拒否特権ないし黙秘権が及ぶ範囲は供述証拠に限定されるとするのが通説であり（団藤重光『新刑事訴訟法要綱〔7訂版〕』〔創文社，1967年〕108頁，平野・前掲書229頁，この通説に反対する学説として村井敏邦『刑事訴訟法』〔日本評論社，1996年〕242頁以下がある），尿の採取は供述証拠ではないから，憲法38条1項には違反しないと考えられる（稲田輝明『最高裁判所判例解説刑事篇昭和55年度』〔法曹会，1909年〕172頁参照）。

しかし，強制処分だからと言ってどのような行為でも許容されるのではなく，

人間の尊厳を著しく害するような行為は強制処分としても許容されるものではない（村井・前掲書244頁）。そこで，この観点から，果たして強制採尿が強制処分として許容されるか否かが問題となる。

前掲最高裁決定は，カテーテルを尿道に挿入して尿を採取する方法は医師等これに習熟した技能者によって適切に行われる限り，身体上ないし健康上格別の障害をもたらす危険性は比較的乏しいこと，強制採尿が被疑者に与える屈辱感等の精神的打撃は，検証としての身体検査においても同程度の場合がありうることを根拠に，強制処分として許容されると判断している。

これに対して，学説は，強制採尿は，被疑者に大きな屈辱感を与え，単に名誉感情や羞恥心を害するだけでなく，人間の尊厳までも傷つける処分であるとして，強制処分としても許容されないとする見解が多数説である（熊本典道「採尿検査」刑事訴訟法の争点［初版］〔有斐閣，1979年〕89頁，岡部泰昌「適正手続と強制採尿」判例タイムズ427号〔1981年〕18頁，井上・前掲論文686頁，鈴木茂嗣『刑事訴訟法の基本問題』〔成文堂，1988年〕97頁，島伸一「カテーテルによる強制採尿の適法性」北海学園大学法学研究17巻3号〔1982年〕145頁，三井誠『刑事手続法(1)［新版］』〔有斐閣，1997年〕63頁，村井敏邦編著『現代刑事訴訟法［第2版］』〔三省堂，1998年〕91頁〔川崎英明〕，光藤景皎『口述刑事訴訟法・上［第2版］』〔成文堂，2000年〕167頁，白取祐司『刑事訴訟法［第2版］』〔日本評論社，2001年〕144頁，田口・前掲書88頁）。

この問題は，強制採尿の捜査上の必要性と，強制採尿が被疑者に与える精神的打撃の程度をどのように考えるかという問題である。前掲最高裁決定を肯定する見解の多くが検察官又は検察官出身者や裁判官又は裁判官出身者によるものであることは（土本武司「体液の強制採取をめぐる問題」判例タイムズ435号〔1981年〕，佐藤文哉「強制採尿」刑事訴訟法判例百選［第5版］〔有斐閣，1986年〕48頁，小林充「採尿に必要な令状」新関雅夫ほか『増補令状基本問題・下』〔一粒社，1997年〕313頁），実務に携わって強制採尿の必要性を認めている論者が強制採尿を肯定する方向に傾きやすいことを示している。

前掲最高裁決定は，被疑者を裸体にして陰茎等を外部から観察するにとどまる身体検査の場合と強制採尿の場合とで，屈辱感等の精神的打撃はほとんど異ならないと判断しているが，身体検査と異物を挿入して人為的に排尿をコントロールする場合とでは精神的打撃の程度は質的に異なると考えられるし（島・前掲論文145頁），強制採尿による身体の内奥への侵入行為自体が持つ人格の尊厳への侵犯という側面が不当に軽視されていると言わざるを得ない（鈴木・前掲『刑事訴訟法の基本問題』96頁）。

したがって，前掲最高裁判決が出た後は実務は完全に肯定説で定着しているが，強制採尿は強制処分としても許されないと解すべきである。ただ，この実務と理論との乖離状態をどうするかは今後の課題である。
　(2)　強制採尿の実施に際して取得すべき令状の種類
　仮に，強制採尿が許容されるとして，果たしてどのような手続において行うのかが問題となるが，強制処分である以上は令状主義に服することから，具体的には，どのような令状によるべきか否かが問題となる。
　従来，①身体検査令状説（平場安治＝中武靖夫＝高田卓爾＝鈴木茂嗣『注解刑事訴訟法・上巻［改訂増補］』〔青林書院新社，1977年〕390頁〔鈴木茂嗣執筆〕。但し，旧説である。），②鑑定処分許可状説（門馬良夫「身体検査の限界」判例タイムズ296号〔1973年〕410頁，田宮裕編著『刑事訴訟法Ⅰ』〔有斐閣，1975年〕359頁〔荻原昌三郎執筆〕），③身体検査令状と鑑定処分許可状の併用説（宮下明義『新刑事訴訟法逐条解説Ⅱ』〔司法警察研究会公安発行所，1949年〕116頁，団藤重光『條解刑事訴訟法・上』〔弘文堂，1950年〕430頁）が存在しており，③が従来の多数説及び実務の運用であったと言われているが，どの説にも難点があると指摘されていた。
　すなわち，①身体検査令状説に対しては，身体の外表検査を本質とする検証としての身体検査で，身体内部にカテーテルを挿入して尿を採取することまでできるとするのは無理がある，②鑑定処分許可状説に対しては，直接強制の根拠を刑訴法172条の準用ないし類推適用に求めるが，刑訴法225条4項は明らかに172条の準用を除外しているからその解釈には無理がある，③併用説に対しては，身体検査令状説と鑑定処分許可状説の難点を克服しようとする理論構成があるが，そもそも尿の採取は身体検査令状ではできず鑑定処分許可状によらなければならないとしながら，直接強制が必要になる場面になると身体検査令状を持ち出すのは便宜的に過ぎる，というのである。
　これに対して，前掲最一決昭和55年10月23日は，強制採尿は捜索差押令状が必要であり，これに身体検査令状に関する刑訴法218条5項を準用して，令状に，強制採尿は医師をして医学的に相当と認められる方法により行わせなければならない旨の条件の記載が不可欠であるとの判断を示した（近時，この判断を支持する見解として，香城敏麿「強制採尿令状の法形式」廣瀬健二＝多田辰也編『田宮裕博士追悼論集・下巻』〔信山社，2003年〕233頁以下がある）。
　これは，従来のいずれの見解とも異なり，強制採尿の法的性質を捜索・差押えであるとし，身体検査に準ずる配慮が必要であることから，単なる捜索差押令状ではなく，身体検査令状を部分的に取り込んだ独特の令状（稲田　前掲書

177頁）を法解釈によって創出したものと評価することができるが，強制処分法定主義に違反する疑いがある（酒巻匡「強制採尿」刑事訴訟法判例百選［第6版］〔有斐閣，1992年〕62頁）。

前掲最高裁決定は，体内の尿は身体の一部ではなく，いつでも対外に排出できる態勢にある廃棄物であって，体腔内に隠匿された異物に近いことから，これを「物」として捜索・差押えの対象になると判断したが，一見無価値にみえる物質であっても，体内にある限りは人体の一部を構成するのであり，外部からの侵入を安易に認めないためにも，体内の尿は「物」とは言えず，捜索・差押えの対象にはならないと解すべきである（井上・前掲論文693頁，島伸一「強制採尿」刑事訴訟法判例百選［第7版］〔有斐閣，1998年〕65頁，村井敏邦編著・前掲書91頁，光藤・前掲書167頁，田口・前掲書89頁）。

そうであるならば，あくまでも，強制採尿の要件や手続を法律によって明確に規定することが望ましいが，当面はもっとも理論的に無難と考えられる併用説をとるのが妥当であろう（井上・前掲論文715頁，村井敏邦編著・前掲書91頁，光藤・前掲書167頁，田口・前掲書89頁）。

本設問【Q3】については，前掲最高裁決定の立場をとる場合には，同決定が述べている実体的要件と令状の種類について論述することになるだろう。これに対し，前掲最高裁決定に反対する立場からは，実体的要件と身体検査令状と鑑定処分許可状の併用説を説明することになろう。

なお，前掲最高裁決定は，強制採尿が許される実体的要件として，被疑事件の重大性，嫌疑の存在，当該証拠の重要性とその取得の必要性，適当な代替手段の不存在等を挙げているが，実務的にはこれらの個々の要件の当てはめが重要となる（渡辺咲子「血液・尿等に対する捜索・差押令状の執行」河上和雄編『刑事裁判実務体系11犯罪捜査』〔青林書院，1991年〕300頁以下）。

特に，犯罪の嫌疑の存在については，通常の捜索差押令状の場合よりも高度な嫌疑の存在が必要とする見解があることは注目に値する（小林・前掲書315頁）。

4 強制採尿令状による強制連行の適法性

ところで，前掲最一決昭和55年10月23日は身柄拘束中の事案であったが，身柄を拘束していない場合には，採尿行為が一定の設備・用具等の存する場所（病院等）において行われることが要請されることから，被疑者がその採尿場所に任意に出頭ないし同行すれば問題ないが，被疑者がこれを拒否した場合には，強制採尿令状に基づいて被疑者を採尿場所に強制連行できるか否かが問題とな

る。

　従来，学説においては，強制採尿令状によって採尿場所まで強制連行することを否定する見解が有力であった（立石二六・判例評論〔1985年〕319号72頁，浅田和茂「強制採尿のための在宅被疑者の連行」昭和60年度重要判例解説〔有斐閣，1986年〕177頁，田口守一・判例評論397号〔1992年〕62頁）。

　これに対して，下級審の裁判例では，強制採尿令状による強制連行を認めるものが相次いだが，この根拠については，令状の効力として認める裁判例（函館地決昭和59年9月14日判時1144号160頁，東京高判平成3年3月12日判時1385号129頁）と，刑訴法222条1項で準用される同法111条所定の「必要な処分」として認める裁判例（函館地決昭和60年1月22日判時1144号157頁，東京高判平成2年8月29日判時1374号136頁）とに分かれていた。

　検察官及び裁判官は，これらの裁判例を受けて，強制採尿令状による強制連行を肯定する見解を発表したが，その根拠については，次の3つの見解があった。

　すなわち，①採尿場所までの連行は強制採尿令状が予定している範囲の行為であるとする**令状効力説**（河上和雄「捜索差押令状による被疑者の連行」判タ539号〔1985年〕136頁，古田佑紀「強制処分における実力行使の範囲」捜査研究34巻5号〔1985年〕22頁，佐藤・前掲論文58頁），②明文上の根拠を刑訴法222条1項で準用される同法111条所定の「必要な処分」に求める**必要な処分説**（馬場俊行「在宅被疑者に対する強制採尿令状（捜索差押許可状）による同被疑者の採尿場所への強制連行について」警察学論集37巻12号〔1984年〕156頁，中神正義「在宅の被疑者を対象として発布された強制採尿令状（捜索差押許可状）に基づいて同被疑者を採尿場所まで連行することの可否」研修444号〔1985年〕83頁），③強制採尿令状に採尿場所を明示し，または捜査官に強制連行することを許可する旨を強制採尿令状自体に記載することで強制連行の権限を与えるとする**令状記載説**（髙木俊夫＝大渕敏和『違法収集証拠の証拠能力をめぐる諸問題』司法研究報告書39輯1号〔1987年〕169頁）があった。

　これに対して，最三決平成6年9月16日刑集48巻6号420頁は，強制採尿令状の効力として，採尿に適する最寄りの場所まで被疑者を連行することができ，その際，必要最小限度の有形力を行使することができるとの判断を示して，上記の令状効力説をとることを明らかにするとともに，その理論的根拠と，強制連行の要件，連行すべき場所等を明らかにしたものである（中谷・前掲書168頁以下）。

この最高裁決定を支持する学説も存しているが（井上正仁「強制採尿令状による採尿場所への強制連行」内藤謙＝芝原邦爾＝西田典之編『香川達夫博士古稀祝賀・刑事法学の課題と展望』〔弘文堂，1996年〕443頁），多くの学説は批判的であり，強制採尿という「物」に対する強制処分の効力が，それとは異質の強制連行という人身の自由の侵害を許容するのは，それぞれを別個の強制処分と捉えて別個の令状を要求する令状主義と強制処分の法体系からして根本的な疑問があるし，「医学的に相当な方法」という強制採尿令状に付加された条件が「医学的に相当な場所」への強制連行という強度の人身の自由を侵害する処分をも許容するという論理は疑問であるという批判（村井敏邦編著・前掲書92頁，酒巻匡・前掲刑事訴訟法判例百選［第6版］63頁）や，強制採尿令状は複合令状であって判例による一種の法創造的機能が果たされた場面ではあるが，証拠収集に関する2つの令状を複合させる場合と証拠収集に関する令状と身柄確保に関する令状とを複合させる場合とでは質的に異なり，後者はもはや立法の領域に踏み込んだものと考えるべきであるとの批判（田口・前掲評釈62頁）がなされているが，いずれも核心を突いた指摘と言うべきである。
　前掲最高裁決定は，現行刑訴法の解釈としては行き過ぎであり，強制採尿令状による強制連行は否定されるべきであり，任意同行を拒否する被疑者に対しては逮捕状が必要であると解すべきであり，逮捕状なき連行は違法と解すべきである（田口・前掲評釈62頁）。
　本設問【Q4】については，警察官AとBは，強制採尿令状によって，Xを採尿場所である近くの公立病院まで連行したというのであるが，前掲最高裁決定のような立場をとる場合には，強制採尿令状の効果として，近くの公立病院への強制連行は許容されるということになるだろう。
　逆に，強制採尿令状による強制連行を否定する見解に立てば，Xを近くの公立病院に連行したことは違法な逮捕（身柄拘束）であるから，その後の勾留も否定されることになり（逮捕前置主義），そのような違法な身柄拘束下で行われた強制採尿は違法であるとして証拠能力が否定され，証拠排除の対象とされるべきであるということになる。

発展問題

設問

【Q1】Xは，不正に入手していたY名義の自動車運転免許証を用いて，

現金を無断で引き出すことを決意して，消費者金融会社の無人契約機コーナーに赴き，無人契約を介して，Y名義で50万円を利用限度額とするカードローンに関する基本契約を締結した上で，同会社の係員からローンカードの交付を受けた。

　Xはそのローンカードを受け取ってから，店外に出て，そこから徒歩で約10分程度離れた別の支店に赴き，その支店内に設置された現金自動入出機（ATM）に挿入して，現金20万円を引き出した。

　この場合のXの罪責を論述しなさい（但し，Y名義の自動車運転免許証の不正入手，私文書偽造の点は除く）。その際に罪数関係についても言及しなさい。

【Q2】警察官Aは，Xに対して警察署への任意同行を求めて説得していたが，その途中で，まだ強制採尿令状の発付を受けていないのに，発付されているように装って説得したため，Xは観念して，近くの警察署に任意同行して，任意に尿を提出した。この尿に関する鑑定書について，証拠能力を認めることができるか否かについて論述しなさい。

【Q3】警察官Bがパトカーで現場に急行し，Bから強制採尿令状を受け取った警察官Aは，その令状をXに呈示したが，Xは，その令状は無効であると誤信して，激しく抵抗し，その際に，Xの腕が警察官Aの顔面に当たった。この場合のXの罪責について論述しなさい。

【Q4】警察官Bが，強制採尿令状を持参してパトカーで現場に向かっている最中に，現場では，Xが現場から逃走を図ろうとしたので，警察官Aは，Xを制止するとともに，逃走しないようにXに手錠をかけようとした。これに対して，Xは激しく抵抗したため，警察官AはXを公務執行妨害罪の現行犯で逮捕した。その5分後に，警察官Bが強制採尿令状を持参して現場に到着した。この場合に，Xに公務執行妨害罪が成立するか否かについて論述しなさい。

【Q5】警察官AとBは，強制採尿令状で，Xを令状に記載された採尿場所である公立病院とは異なり，距離もかなり離れた郊外にある私立病院に連行した。この行為が適法か否かについて論述しなさい。

第1講
職務質問・強制採尿と詐取

【参考文献】本文中に引用したものを除く

- 小林充「身体検査をめぐる諸問題」司法研修所論集61号（1978年）84頁以下
- 井上正仁「強制採尿の適法性」昭和55年度重要判例解説（有斐閣，1981年）215頁以下
- 菅原憲夫「捜索差押令状による採尿場所への強制連行」判例タイムズ542号（1985年）86頁以下
- 田宮裕「捜査における強制採尿の適否」同『刑事手続とその運用』（有斐閣，1990年）271頁以下
- 上口裕「強制採尿の適否」平成3年度重要判例解説（有斐閣，1992年）181頁
- 中谷雄二郎「時の判例」ジュリスト1060号（1995年）66頁以下
- 大野正博『現代型捜査とその規制』（成文堂，2001年）263頁以下
- 福井厚「体液の採取」刑事訴訟法の争点［第3版］（有斐閣，2002年）78頁
- 安東美和子・笠井治・矢村宏「捜索・差押え」三井誠＝馬場義宣＝佐藤博史＝植村立郎編『新刑事手続Ｉ』（悠々社，2002年）325頁
- 香城敏麿「強制処分と必要な処分」西原春夫ほか編『佐々木史朗先生喜寿祝賀・刑事法の理論と実践』（第一法規，2002年）691頁以下

（山下幸夫）

第2講 別件逮捕・勾留と建造物侵入

事例

　Xは，暴力団組員であるが，都内某所の繁華街で，対立する暴力団組員のAを刺し殺し，逃亡中であった。捜査官Pは，Aを殺害したのは対立する暴力団組員であるXだと疑っていたが，犯人に直接結びつく証拠は収集できていなかった。

　捜査官Pは，逃亡中であったXの所在を突き止め，夜間に尾行していたところ，Xは捜査官Pの尾行に気付き，これを振り切ろうと，スライド式門扉が人が一人通れるくらい開いていた小学校の敷地内に入った。この小学校は，敷地の外周については，出入口の門扉以外は金網フェンス等によって囲まれており，部外者の立入は禁じられていたが，ジョギングする住民らが出入りすることがあった。

　Xは，同小学校の敷地内を通過して，捜査官Pをやり過ごそうとしたが，夜間の見回りをしていた用務員BがXを発見して，不審に思って声をかけたところ，XはいきなりBの胸を突き飛ばして逃げようとした。Bが転倒して大声を上げたため，これに気が付いた捜査官Pが現場に急行し，XをBに対する暴行罪で現行犯逮捕した。

　Xは，Bに対する暴行罪で逮捕された後，20日間勾留されたが，逮捕当日から最終日まで，Bに対する暴行罪，建造物侵入罪及びAに対する殺人罪につき取り調べを受けた。当初，Xは，Bに対する暴行罪，建造物侵入罪は認めていたが，Aに対する殺人罪は否認していた。しかし，勾留期間満了前に，Aに対する殺人罪も自白した。

設問

【Q1】Xの罪責につき論ぜよ。

【Q2】Xの，Bに対する暴行罪の逮捕・勾留は適法か。また，逮捕・勾留中に行ったAに対する殺人罪の取調べは適法か。

問題の所在

1 Xの罪責——建造物侵入罪の成否

Xには，Aに対する殺人罪，Bに対する暴行罪は成立するが，更に，建造物侵入罪も成立するであろうか。小学校の敷地は校長が管理するものであるから，刑法130条の「人の看守する」に該当すると解されるが，小学校の校庭のような囲繞地が「建造物」に該当するかどうか，及び，スライド式門扉が開いている校庭に立ち入った行為が「侵入し」に該当するかどうかが問題となる。

「建造物」，「侵入し」の文言をいかに解するかは，建造物侵入罪の保護法益の解釈と関連する問題である。

2 Bに対する暴行罪の逮捕・勾留の適法性及びAに対する殺人罪の取調の適法性

(1) 本件のように，別件での逮捕・勾留中に本件に関する取調を行って自白を得た場合には，別件逮捕・勾留自体の適否と身体拘束中の余罪取調の可否が問題となりうる。

(2) 別件逮捕・勾留とは，一般に，「本件について逮捕の要件がまだそなわらないのに，その取調のため，別件で逮捕・勾留すること」といわれる。逮捕の理由も必要性もない軽微な別件で逮捕する場合（狭義の別件逮捕・勾留）については，逮捕・勾留自体が違法であることに問題ないが，別件について逮捕要件が具備している（広義の別件逮捕・勾留）場合に，逮捕が違法とされる場合があるのかどうか，また，違法となる場合があるとして，いかなる基準で判断されるのかが問題となる。

この点について，基本的には，逮捕・勾留の理由と必要性を，別件基準に考えるのか（別件基準説），本件基準に考えるのか（本件基準説）の対立がある。

(3) 余罪取調とは，「ある罪で逮捕・勾留された被疑者について，余罪である他の罪について取り調べること」である。このような余罪取調については，無限定に認めてよいのかが問題となる。

この点については，取調べに事件単位の原則が適用されるのかが基本的な対立点となるが，学説は多岐に分かれている。

(4) ところで，別件逮捕・勾留の適否と余罪取調の可否は，一つの事案で両者が問題になる場合が多く，別件逮捕・勾留が違法であればその間になされた

余罪の取調が違法とされたり，別件逮捕・勾留の適否の判断にあたって余罪（本件）取調べの目的が判断基準の一つとなるなど両者の関係は交錯し，下級審裁判例も両者の関係を明確に区別しないものが多いため，議論が十分整理されていない分野といえる。但し，学習にあたっては，両者が別個の解釈問題であることを意識しておく必要がある。

解　説

1　建造物侵入罪の成否

(1)　建造物侵入罪の保護法益

　建造物（住居）侵入罪の保護法益については，大きく分けて住居権説と平穏説の対立がある。建造物（住居）侵入罪の各構成要件を検討するにあたっては，両説で結論を異にしない場合であっても，保護法益からの検討が必要である。

　ところで，住居権説・平穏説とも，それぞれの内部で見解が一致しておらず，ニュアンスの異なる学説が乱立している状況であるが，以下ではそれぞれの典型的なものをあげて検討することにする。

① 住居権説

　住居権説は，古くは家父長の住居権を保護法益として捉えており，判例も，後に述べるとおり，夫の不在中姦通目的で妻の承諾を得て住居に立ち入る行為につき住居侵入罪が成立するとした。この見解は，旧住居権説といわれる。しかし，現在では，主体を家父長に限定せず，住居権者ないし管理権者の「住居等に他人の立ち入りを認めるかどうかを決定する自由」を保護法益とみる見解がほとんどであり，新住居権説といわれている（平野龍一『刑法概説』〔東京大学出版会，1977年〕182頁，中山研一『刑法各論』〔成文堂，1984年〕140頁，内田文昭『刑法各論［第3版］』〔青林書院，1996年〕170頁等）。現在の判例は，この新住居権説の立場に立ったものと理解されている。

　この見解の根拠としては，住居侵入罪が個人的法益に対する罪であることを徹底し，自己決定権それ自体を保護すべきであると考えるのである。

　これに対しては，管理権者の意思による二者択一では妥当な処罰範囲が得ることが困難である，複数人が居住する場合に誰の住居権を保護するのか不明である，特に官公庁の場合に処罰範囲が広すぎる等の批判がなされている。

② 平穏説

　平穏説は，建造物（住居）侵入罪の保護法益を，住居等の事実上の平穏であ

るとする見解であり，戦後家父長権の思想が否定されるとともに，旧住居権説に対する批判的学説として有力に主張された（団藤重光『刑法綱要各論［第3版］』〔創文社，1990年〕501頁参照）。判例も，後記するとおり，一時はこの見解に立った判断をしている。

根拠としては，住居や建造物などはその中で私生活や業務活動などが営まれるものであるから，そのために必要な「事実上の住居等の平穏」を保護すべきと考えるのである。

平穏説に対しては，平穏ないし平穏侵害の概念の内容が不明確である，行為者の目的を重視することになると処罰が拡大する危険があるという批判のほか，「自由の法益性と法益主体の意思の役割を不明確にする点において疑問がある」（中山・前掲書140頁）等の批判もある。

③ 判例

戦前の判例は，夫の不在中姦通目的で妻の承諾を得て住居に立ち入る行為について，住居侵入罪が成立するとし（大判大正7年12月6日刑録24輯1506頁），「家長としての夫」に住居権が属するとしており（大判昭和4年12月22日刑集18巻565頁参照），住居侵入罪の保護法益について旧住居権説に立っていたと理解されている。

しかし，戦後になり一時平穏説が通説となると，姦通目的の立ち入りについて住居者の承諾があれば事実上の住居の平穏が害されないなどとして住居侵入罪の成立を否定した判断が下級審でなされ（尼崎簡判昭和43年2月29日下刑集10巻2号211頁等），最高裁も，「住居等の事実上の平穏」という表現で，平穏説を採用するかのような判断をするに至った（最一判昭和51年3月4日刑集30巻2号79頁〔東大地震研事件〕，川端博「建造物侵入罪の客体としての囲繞地の意義――東大地震研事件――」刑法判例百選Ⅱ［第2版］〔1984年〕40頁）。

しかし，その後判例は，保護法益について明言しないまま，建造物侵入罪における「侵入シ」の意義について，「他人の看守する建造物等に管理権者の意思に反して立ち入ることをいう」（最二判昭和58年4月8日刑集37巻3号215頁，墨谷葵「住居侵入罪の保護法益」刑法判例百選Ⅱ［第3版］〔1992年〕34頁）として，新住居権説に立つような判断を示した。しかし，「判例は，保護法益論の重要な応用場面においては，学説の主張するような住居権説から距離をおいている」（井田良「住居侵入罪」法学教室215号〔1998年〕11頁）との理解もあり，判例・裁判例は上記の典型的な新住居権説に従っているかどうかは判然としない。

(2) 「建造物」の意義

① 刑法130条の「建造物」に囲繞地が含まれるかどうかについては，住居権説，平穏説のどちらをとる学説も，ほぼ争いなく肯定している。囲繞地に対する立入りであっても，住居権説からは建造物に対する管理支配権が害されるとし，平穏説からは住居等の事実上の平穏が害されるとみるのであろう。判例も，建造物に「囲繞地を包含する」とし（最大判昭和25年9月27日刑集4巻9号1783頁），「侵入によって建造物自体への侵入若しくはこれに準ずる程度に建造物利用の平穏が害され又は脅かされることからこれを保護しようとする趣旨」であるとする（前掲最一判昭和51年3月4日）。

さらに，いかなる要件を備えた場合に囲繞地を建造物とみることができるかが問題となるが，前掲最一判昭和51年3月4日は，ⓐその土地が，建物に接してその周辺に存在すること，ⓑ管理者が外部との境界に門塀等の囲障を設置することにより，建物の附属地として，建物利用のために供されるものであることが明示されることの2つの要件で判断し，学説もおおむねこれに賛成している。この要件を具備する場合に，住居の平穏ないし住居権を侵害されたとみることができるからであろう。

なお，住居の囲繞地については，判例・裁判例には「住居」ではなく「邸宅」とみているものが多い点に注意が必要である。この点は，端的に住居に囲繞地が含まれると解すべきとして反対する学説が多い。

② あてはめ

本問においては，ⓐ小学校の敷地は校舎に接してその周辺に存在しており，ⓑ敷地の外周については，出入口の門扉以外は金網フェンス等によって囲まれていたのであるから，建物の付属地として建物利用のために供されるものであることが明示されているといえる。よって，囲繞地として「建造物」にあたることとなろう。

(3) 「侵入し」の意義

「侵入し」の意義については，建造物（住居）侵入罪の保護法益に関して，新住居権説をとるか，平穏説をとるかによって，異なってくることになる。

① 新住居権説

新住居権説からは，「侵入し」とは，住居権者（ないし管理権者）の意思に反する立入りをいうとされ，判断基準は，住居権者（ないし管理権者）が立入りに承諾を与えたか否かが決定的な要素となる（大塚仁ほか編『大コンメンタール刑法〔第2版〕第7巻』〔青林書院，2000年〕85頁〔毛利晴光〕参照）。

そうすると，住居者等の意思には反するが平穏な態様での立ち入り，例えば万引目的でデパート等の店舗に立ち入る場合にも侵入に該当することになりそうであるが，新住居権説に立つ場合でも，包括的承諾の範囲を逸脱しないかどうか，住居権者等の推定的承諾があるのではないかを検討する必要がある。包括的承諾ないし推定的承諾の解釈によっては「侵入し」にあたらないという結論にもなりうる。

② 平穏説

平穏説からは，「侵入し」とは，住居等の平穏を害する態様での立入りをいうことになる。

判断基準は，「行為が主観＝客観の全体構造をもつものであるところから，立ち入り行為の主観・客観の両面，すなわち，主観的要素と客観的要素とをあわせ考慮して判断さるべき」とされる（団藤重光編『注釈刑法(3)各則(1)』〔有斐閣，1965年〕245頁〔福田平〕）。住居権者の承諾については「判断の資料にすぎない」（同244頁）ものとされる。

上記のような平穏説による判断基準は明確とはいえず，新住居権説からの批判がなされるところであるが，近時の見解によれば，平穏とは「生命，身体，業務，財産などの侵害の危険性が発生していないということをも意味する」（前田雅英『刑法各論講義［第3版］』〔東京大学出版会，1999年〕109頁），あるいは「立入りにともなう被害者側の利益侵害の可能性まで勘案する」（井田良「住居侵入罪」法学教室215号〔1998年〕11頁）などとされ，判断基準を明確化しようとする見解がみられる。

なお，平穏説の中にも，被害者の承諾があった場合には，違法性阻却ないし構成要件該当性阻却を検討すべきとする見解もある。

③ あてはめ

新住居権説からは，小学校の敷地は部外者の立入りが禁じられており，管理権者である校長は立入りに承諾を与えていないのであるから，「侵入し」にあたることとなる。

平穏説からは，Xは単に敷地内を通過しようとしただけであるし，業務・財産などの侵害の危険性が発生していないであろうから，管理権者である校長の承諾を得ていないといっても，平穏を害する態様での立入りではなく，「侵入し」にはあたらないことになろう。

2 別件逮捕・勾留の適否

(1) 別件逮捕・勾留の適否について，別件逮捕が違法となる場合があることは一般に承認されている。しかし，別件逮捕が違法となる場合があるとして，いかなる要件により判断されるべきかについては問題がある。この判断基準をいかに解するかは，別件逮捕が違法とされる根拠についての考え方と関連することになる。

(2) 学説の状況

① 第1の学説として，いわゆる別件基準説がある。この見解は，事件単位の原則を形式的に適用し，身体拘束の基礎とされた別件について逮捕・勾留の理由および必要性があれば，本件の取調がなされても，別件についての逮捕・勾留は適法であるとするものである。この見解によれば，本件取調の目的があったとしても，原則として，それを理由に別件についての逮捕・勾留が違法とされることはない。但し，場合によっては，別件の逮捕・勾留の理由ないし必要性がないために，別件についての逮捕・勾留が違法とされる場合がある。

そして，別件につき逮捕ないし勾留の理由と必要性が備わっていれば，逮捕ないし勾留の時点で余罪取調の目的が明白であっても，それを理由に逮捕ないし勾留の請求が却下されることはないことになる。

もっとも，別件基準説も，余罪取調を目的とした逮捕・勾留を無限定に許すものではなく，逮捕・勾留が適法であるとしても，余罪取調べ（本件の取調べ）が違法となることはあるとするのが一般である。

② 第2の学説として，いわゆる本件基準説がある。この見解は，本件についての取調を目的とするか否かによって別件逮捕の違法性を判断しようとするものである。根拠としては，ⓐ逮捕の目的が別罪の取り調べにある場合には，事件単位の原則，ひいては令状主義の潜脱行為であること，ⓑ別件逮捕・勾留の後，さらに本件について逮捕・勾留がなされると，身体拘束に関する法定期間を潜脱する結果となること，ⓒそもそも逮捕・勾留は取調べを目的とするものではないので，取調を目的とする身体拘束は違法であること等があげられる。

これによれば，別件逮捕時点で本件取調の目的が明白な場合は，逮捕状の請求は却下され，逮捕・勾留の後に，その逮捕が違法な別件逮捕であったことが判明すれば，勾留の延長が許されないこととなり，釈放後の本件逮捕・勾留も許されないこととなる。また，別件逮捕中の自白の証拠能力も否定されることになる（田口守一『刑事訴訟法［第3版］』(弘文堂，2001年) 73頁)。

本件基準説に対しては，令状請求された別件について逮捕・勾留の要件が具

備されている場合，令状裁判官が背後に潜在する本件の取調目的を探知して，これを理由に要件の整っている令状請求を却下するのは困難だという有力な批判がある。

そして，本件基準説をとった場合，本件についての取調を目的とした場合に違法な別件逮捕・勾留ということになるが，捜査官の主観によって判断することは困難であるために，客観的事実も含め，総合的に，逮捕・勾留がどちらの事件の捜査に利用されたかによって判断されることになる。

具体的には，逮捕・勾留期間中の別件と本件の取調状況，取調時間の比率，取調べの内容，別件と本件の関連性，別件が発覚するに至った経緯，別件についての逮捕・勾留の理由及び必要性の程度，別件と本件の軽重などによって判断されるべきことになる。

③　なお，近時，上記の伝統的な学説を分析・整理して，「第一に，別件自体について逮捕・勾留の要件が欠けることになるのではないか，第二に，別件については逮捕・勾留の要件が備わっているとしても，その逮捕・勾留は実質的に見れば本件による逮捕・勾留であって，その本件について逮捕・勾留の要件が備わっていないから違法となるのではないかということが問題となるのである」（川出敏裕『別件逮捕・勾留の研究』〔東京大学出版会，1998年〕282頁）として，別件と本件の両面からの検討が必要とする見解も有力に主張されてきている。

(3)　最高裁判例・下級審裁判例

①　最高裁の判例には，別件逮捕・勾留を違法と直接判断したものはないため，いかなる考え方をするかは明らかではない。

しかし，狭山事件決定（最二決昭和52年8月9日刑集31巻5号821頁）において，当該逮捕・勾留が「専ら，いまだ証拠の揃っていない本件について取調べる目的で，証拠の揃っている別件の逮捕に名を借り，その身柄の拘束を利用して，本件について逮捕して取調べるのと同様な効果を得ることをねらいとしたものである，とすることはできない」と判示しており，別件逮捕・勾留が違法となる場合があることは認めているとみることができよう。

②　下級審の裁判例には，別件逮捕・勾留を違法とするものがあるが，本件基準説・別件基準説のいずれかで割り切れないものも多い。これは，別件逮捕・勾留が容認できない場合があることは認めながらも，上記2説のどちらにも問題があり，直ちに容認できないからであろう。以下，代表的な裁判例を若干あげる。

ⓐ　金沢地七尾支判昭和44年6月3日刑月1巻6号657頁（蛸島事件）

本件基準説の立場から，別件逮捕・勾留自体を違法だと判断した事案。
　ⓑ　東京地決昭和49年12月9日刑月6巻12号1270頁（富士高校放火事件）
　別件基準説の立場から，別件逮捕・勾留自体は違法ではないとした事案。但し，その間の余罪（本件）の取調べが事件単位原則に反し違法であるとして，逮捕勾留中に作成された調書の証拠能力を否定した。
　ⓒ　浦和地判平成2年10月12日判時1376号24頁（埼玉のパキスタン人放火事件）
　本件基準説とも別件基準説とも割り切れない枠組みで，令状主義を潜脱する重大な違法があると判断した事案。なお，余罪（本件）取調べも事件単位の原則の例外にあたらず違法であるとして，自白調書の証拠能力を否定した。
　ⓓ　東京地決平成12年11月13日判タ1067号283頁
　本件基準説とも別件基準説とも割り切れない枠組みで，別件1による当初の逮捕・勾留は適法としながらも，勾留期間延長後について，別件1の勾留としての実体を失い実質上本件を取り調べるための身体拘束となり違法となったとし，勾留期間延長後の取調べについても違法な身体拘束状態を利用したものとして違法とした事案。違法な身体拘束状態を利用した自白調書につき，違法収集証拠として証拠能力を排除した。
　なお，引き続きなされた別件2及び本件での逮捕・勾留については適法としたが，別件2での勾留中の自白調書の一部については別件1の違法な取調べによる自白と一体をなすとして，証拠能力を否定した。
　(4)　あてはめ
　①　別件基準説によった場合，本問においては，暴行罪について逮捕の理由および必要性が認められるのであるから，この逮捕は違法な別件逮捕とはならないであろう。
　②　本件基準説によった場合，本問においては，暴行罪は殺人罪に比べ軽微であり，両罪の関連性も薄く，別件も本件の捜査の過程で発覚したものであり，逮捕当日から本件の取調が行われている。そうすると，逮捕・勾留期間中の取調時間の大半を殺人罪の取調に費やしたような場合には，本問の逮捕・勾留は違法な別件逮捕・勾留というべきであろう。

3　余罪取調の可否
　(1)　逮捕・勾留された被疑者について余罪の取調べを行うことは，実務上しばしば行われるが，この余罪取調べには限界はないのであろうか。学説は多岐に分かれるが，最も基本的な対立は，被疑者の取調べに事件単位の原則が適用

されるか否かである。
　(2)　学説の状況
　①　事件単位説
　被疑者の取調べに事件単位説の適用があるとする見解によると，余罪の取調は原則として禁止され，余罪事件が軽微な場合，同種事案の場合，本罪と密接に関連する事案の場合など，一定の例外が認められるにすぎないこととなる。この見解は，被疑者の取調が強制処分であることを理由に令状主義に服するとするが，強制処分であるとする理由は一様ではない。
　ⓐ　まず，刑訴法198条1項但書の反対解釈から，身体拘束の理由とされた被疑事実について被疑者に取調受忍義務が課されることを認め，それを根拠に被疑者の取調べが強制処分であるとする見解がある。しかし，被疑者に取調受忍義務を認めることは，被疑者の黙秘権を侵すことになりかねないとして，学説の支持は得られていない。
　ⓑ　一方，被疑者に取調受忍義務は認めないが，事実上の強制的要素を否定できないことを理由に，被疑者の取調に強制処分性を認める見解がある。外界から遮断され弁護人と必ずしも自由に接触し得ない身体拘束状態にあること自体が，事実上一定の強制的作用を営むことは否定できないから，全くの任意処分であるとはいいがたいとし，自白の強要を防止する必要性があるとして，裁判官の事前審査が必要だとするのである（鈴木茂嗣『刑事訴訟法の基本問題』〔成文堂，1988年〕71頁）。これに対しては，逮捕・勾留は逃亡や罪証隠滅の防止のための制度であるから取調とは完全に分離すべきとの批判がなされる。
　②　令状主義潜脱説
　被疑者の取調べを強制処分と認めて事件単位の原則を適用することを否定し，あくまで任意処分であるとして原則として余罪取調について制限はないとする見解である。但し，令状主義の潜脱になるような場合には，余罪取調は違法になるとする。
　ⓐ　別件逮捕・勾留とは直接リンクさせず，実質的な令状主義の潜脱の有無を具体的状況の総合判断によって行うとする見解がある。本件基準説によって逮捕・勾留が違法とされない場合であっても，余罪の取調べが違法となる場合があることになる（村井敏邦編著『現代刑事訴訟法［第2版］』〔三省堂，1998年〕136頁〔高田昭正〕）。
　ⓑ　別件逮捕・勾留の適否について本件基準説を前提とし，端的に，違法な別件逮捕・勾留となるような本件取調べが違法になるとする見解がある（田宮

裕『刑事訴訟法［新版］』〔有斐閣，1996年〕136頁，田口守一『刑事訴訟法［第3版］』〔弘文堂，2001年〕105頁）。この見解では，別件逮捕・勾留の適否と余罪取調の可否とは同じ基準で判断されることとなる。

(3) 最高裁判例，下級審裁判例

① 余罪取調べの可否については，言及した最高裁判例はなく，最高裁がいかなる考え方に立つかは不明である。

② 下級審裁判例では，事件単位の原則の適用を認める見解が多い。上記2(3)②ⓑⓒであげたもののほか，以下の裁判例が参考となる。

ⓔ 東京地判昭和45年2月26日刑月2巻2号137頁（東京ベッド事件）

ⓕ 神戸地決昭和56年3月10日判時1016号138頁（神戸みなとまつり事件）

余罪取調につき，令状主義，事件単位の原則を逸脱した違法があるものとした。なお，余罪取調が許容されるためには，「被疑事実の告知がなされ被疑者に防御すべき対象を明らかにし，その防御権の行使を保障することが必要不可欠である」とする。

(4) あてはめ

① 本問につき，事件単位説によった場合，余罪事件は重大な殺人罪であること，同種事案にはあたらないこと，暴行罪と殺人罪が密接に関連する場合でもないことから，例外として許される場合にはあたらず，違法とされることとなろう。

② 令状主義潜脱説によった場合，暴行罪での逮捕・勾留が違法な別件逮捕・勾留となるのであれば，殺人罪の取調べは令状主義を潜脱するものといえ，違法とされることとなろう。

発展問題

設問

【Q1】 金に困ったXが，スリ目的でデパートに立ち入った場合，Xには建造物侵入罪は成立するか。

【Q2】 金に困ったXが，強盗の目的で，友人C宅に行き，「こんばんは」と挨拶したところ「おはいり」と言われたためにCの住居に入った場合，Xに住居侵入罪は成立するか。

【Q3】 Xが，不倫相手のDの同意を得て，Dの夫Eの留守中にDの住居に入った場合，Xに住居侵入罪は成立するか。

【Q4】 XのBに対する暴行罪の逮捕・勾留中に，Aに対する殺人罪の嫌疑が固まったために，Bに対する暴行罪の逮捕・勾留後，引き続きXをAに対する殺人罪で逮捕・勾留した。この逮捕・勾留は適法か。

【Q5】 Bに対する暴行罪の逮捕・勾留中に作成されたXの自白調書の証拠能力は認められるか。

【Q6】 Aに対する殺人罪の逮捕・勾留中に作成されたXの自白調書の証拠能力は認められるか。

【関連判例】
建造物（住居）侵入罪
○「住居」に関して
・最一決昭和28年5月14日刑集7巻5号1042頁
○「建造物」に関して
・最三判昭和59年12月18日刑集38巻12号3026頁
　高橋省吾『最高裁判所判例解説刑事篇（昭和59年度）』534頁
○「囲繞地」に関して
・最一判昭和32年4月4日刑集11巻4号1327頁
　竜岡資久『最高裁判所判例解説刑事篇（昭和32年度）』222頁
・大判昭和7年4月21日刑集11巻407頁
・東京高判平成5年7月7日判時1484号140頁
○「侵入」に関して
・最一判昭和23年5月20日刑集18巻565号
・東京高判平成5年2月1日判時1476号163頁
・東京高判平成5年7月7日判時1484号140頁
・仙台高判平成6年3月31日判時1513号175頁
・最大判昭和24年7月22日刑集3巻8号1363頁（錯誤による承諾）
・最三判昭和34年7月24日刑集13巻8号1176頁（包括的承諾）
　栗田正『最高裁判所判例解説刑事篇（昭和34年度）』287頁
・最一判昭和23年11月25日刑集2巻12号1649頁（推定的承諾）
・東京高判昭和27年4月24日高刑集5巻5号666頁（推定的承諾）

【参考文献】

- 大谷實『新版刑法講義各論［追補版］』（成文堂，2002年）
- 大塚仁『刑法概説（各論）［第3版］』（有斐閣，1996年）
- 中森喜彦『刑法各論［第2版］』（有斐閣，1996年）
- 山口厚「住居侵入罪」法学教室204号（1997年）91頁
- 林陽一「住居侵入罪の保護法益」刑法の争点［第3版］（2000年）146頁
- 川本哲郎「住居侵入罪の保護法益と『侵入』の意義」法学教室132号（1991年）14頁
- 奥村正雄「建造物侵入罪の客体となる囲繞地の条件」判例セレクト'86〜'00・36頁（2002年）462頁
- 内田博文「別件逮捕と余罪の取調べ——神戸みなとまつり事件」昭和56年度重要判例解説（1982年）186頁
- 酒巻匡「別件逮捕・勾留と余罪取調べ」刑事訴訟法判例百選［第7版］（1998年）40頁
- 原田國男「別件逮捕・勾留と余罪取調べ」刑事訴訟法の争点［第3版］（2002年）60頁
- 津村政孝「余罪取調の限度と別件勾留」平成13年度重要判例解説（2002年）187頁
- 島伸一「強制処分の『目的外流用』——別件捜索差押と別件逮捕の包括的論理構成を中心に——」『河上和雄先生古希祝賀論文集』（青林書院，2003年）393頁

（鶴間洋平）

答案例

　1　設問1について
　(1)　XのAを殺害した行為については、殺人罪が成立する（刑法199条）。
　(2)　Xが、Bの胸を突き飛ばした行為は、身体に対する直接の有形力の行使にあたるので、暴行罪が成立する（同法208条）。
　(3)　次に、小学校の敷地内に入った行為につき、建造物侵入罪（同法130条前段）の成否が問題となる。同罪が成立するためには、Xの行為が人の看守する建造物等に、侵入すること、といえることが必要である。
　「人の看守する建造物等」について
　小学校の敷地は、「建造物」の要件にあたるか。
　「建造物」とは、住居以外の建造物をいい、小学校の校舎はこれにあたることは問題ない。では、建造物の回りの囲繞地は「建造物」に含まれるか。
　この点、囲繞地は、居住者に通常利用され、住居と不可分であるので、「建造物」に含まれると解する。そして、囲繞地というためには、その土地が、建物に接してその周辺に存在すること、管理者が外部との境界を画する設備を設置し、建物の付属地として建物利用

のために供されるものであることを明示していること，を要すると考える（判例に同じ）。

　本問では，小学校の敷地は校舎に接してその周辺に存在しており，敷地の外周は，出入口の門扉以外は金網フェンス等で囲まれていたのであるからこれにより外部との境界を画しており，建物の付属地として建物利用のために供されるものであることが明示されているといえるので，敷地は囲繞地にあたり，よって「建造物」に含まれるといえる。

　「人の看守する」とは，人が事実上支配管理することをいい，人が現在していなくても鍵などをかけて保管管理する場合を含む。

　本問では，小学校の敷地の出入口には門扉が施され，それ以外は金網フェンスで囲まれており，校長が事実上支配管理しているといえるので，「人の看守する」にあたる。

　以上から，本問の小学校の敷地は，「人の看守する建造物」にあたる。

「侵入」について

「侵入」の意義については，建造物（住居）侵入罪の保護法益に関して考え方に争いがあるので，まず，同罪の保護法益について検討する。

　まず，保護法益を事実上の住居の平穏とする見解（平穏説）がある。この説によれば，「侵入」とは住居

等の平穏を害する態様での立ち入りをいうことになる。しかし，この説は，平穏の内容が不明確であるため，実際には行為者の目的を重視することになり主観的理由で処罰範囲が不当に拡大する危険があるので妥当でない。

そこで，保護法益は，住居等に他人の立ち入りを認めるかどうかを決定する自由と考える（新住居権説）。この説によれば，「侵入」とは，住居権者（ないし管理権者）の意思に反する立ち入りをいうと解され，その判断基準は，住居権者（ないし管理権者）が立ち入りに承諾を与えたか否かが決定的な要素となる。

本問では，小学校の敷地は，ジョギングする住民らの出入りについては管理者である校長の包括的同意が推定されるとしても，一般には部外者の立ち入りが禁じられており，校長は立ち入りに承諾を与えていないのであるから，Xの立ち入りは「侵入」にあたるといえる。

以上から，Xが，小学校の敷地に入った行為については，建造物侵入罪が成立する（刑法130条前段）。

2 設問【Q2】について
(1) 本問では，Bに対する暴行罪に基づくXの逮捕は形式的には適法である。しかし，その身体拘束（逮捕・勾留）を利用して，XのAに対する殺人罪の取調べ

を行っており，このような場合に，実質的には，暴行罪の逮捕・勾留そのものが違法な手続として許されないのではないかが問題となる。それは，もっぱら本件たる殺人罪の取調べのため，別件で逮捕・勾留するという場合には，いわゆる「別件逮捕・勾留」にあたり，当該手続を違法と解する余地が生ずるからである。

　この点については，事件単位の原則を形式的に適用し，身体拘束の基礎となった別件について逮捕・勾留の要件がそなわっていれば，別件拘束中に本件の取調べがなされても，ほとんど本件について取り調べたなどの場合は別として，逮捕・勾留は適法であるとする別件基準説がある。この説によれば，本問では，別件たる暴行罪は，逮捕の要件を具備しているし，暴行罪の取調べも行われているので逮捕・勾留は適法ということになる。

　しかし，別件逮捕・勾留は，実質上は本件の取調べを目的としたものであって，本件の逮捕・勾留の要件を裁判所が判断していない以上，令状主義の潜脱（憲法33条，刑訴法199条）となり，刑訴法203条以下で身体拘束について時間的制限を設けた規定にも反する。したがって，身体拘束の根拠とされている別件の逮捕・勾留の効力については，あくまでも本件に着目し（本件基準説），隠れた本件による逮捕・勾留であるといえる場合には，別件による逮捕・勾留は，たとえ形

式的要件を備えていてもその潜脱行為として違法と解すべきである。

その際，判例が狭山事件で示した判断基準は，捜査機関がもっぱら本件を取り調べる目的で別件の逮捕に名を借りていたかどうかという，いわゆる「捜査機関の主観的意図」の有無である。これは具体的には，以下のような客観的事情によって推知する他ない。すなわち身体拘束中の本件の取調べ状況，取調べ時間の比率，取調べの内容，別件と本件との関連性，別件と本件との軽重，などである。

本問では，暴行罪で逮捕・勾留された初日から最終日まで，暴行罪，建造物侵入罪の取調べを行っているものの，これと併行して殺人罪の取調べも行っており，本問暴行罪と殺人罪は関連性が薄く，殺人罪に比べて暴行罪は軽微である。そうすると，逮捕・勾留中の取調べ時間の大半を殺人罪の取調べに費やしたような場合には，本問の逮捕・勾留は違法な別件逮捕・勾留というべきである。

以上より，逮捕・勾留が違法であれば，それに基づく取調べも違法である。

(2) 次に，別件逮捕・勾留自体は適法と解される場合，暴行罪の逮捕・勾留を利用して殺人事件の取調べをすることが許されるのか，許されるとしたらどのような場合に許されるのか，余罪取調べの限界が問題と

なる。

　この点，身体拘束されている被疑者に取調受忍義務を認め，被疑者の取調べは強制処分であるから，事件単位の原則により，逮捕・勾留の基礎となる事実以外の余罪取調べは許されないとする考え方がある。しかし，この考え方の前提となっている被疑者に取調受忍義務を認めることは，被疑者の黙秘権を侵害することになり妥当でない。

　そこで，取調受忍義務は否定すべきであり，被疑者の取調べは任意処分と解する。では，取調べが任意処分であるとすると，任意であれば，余罪取調べは自由に許されるといえそうである（刑訴法197条1項）。

　しかし，身体拘束中の取調べは，それ自体，強制的雰囲気が伴っており，自白強要の危険性があることは否定できず，身体拘束中の取調べには何らかの司法的抑制を及ぼす必要がある。したがって，身体拘束中の取調べにも事件単位の原則を及ぼし，原則として，身体拘束の理由となっている被疑事実のみの取調べに限定すべきであると考える。

　もっとも，常に余罪取調べを否定すると，身体拘束を繰り返すことになり，被疑者にとって不当に身体拘束が長期化する場合も考えられる。

　よって例外的に，被疑者が純粋に自発的に供述した場合，余罪が軽微な場合，同種事案である場合，ある

いは本罪と密接に関連する事案の場合などには，余罪取調べは許されると解する。

　本問では，余罪は殺人罪であり軽微とはいえないし，本罪である暴行罪と同種事案ともいえず，暴行罪と密接に関連する事案ともいえない。また，設問からは必ずしも明らかではないが，Xは，当初は，殺人罪につき否認しており，勾留延長された後に認めたというのであるから，余罪について自発的に供述したとはいえないであろう。

　以上から，本問の余罪取調べは，他に，Xが純粋に自発的に供述したという特段の事情がない限り，違法といえる。

以上

（寺本倫子）

アメリカ刑事法 ワンポイントレッスン

ミランダ法理

　ミランダ法理は，被疑者取調における自白の強制を防止することを意図した法理である（Miranda v. Arizona, 384U.S.436 (1966)。なお，ミランダ法理に関する邦語文献は多いが，特に島伸一『アメリカの刑事司法』〔弘文堂，2002年〕279～282頁，小早川義則『ミランダと被疑者取調』〔成文堂，1995年〕を参照）。この法理の目的は，警察の身柄拘束下にある被疑者の受ける心理的圧力を解消することである。

　ミランダ法理が登場する以前は，自白は被疑者の自由意思すなわち任意になされたものでなければならないとする任意性基準が採られていただけであった。任意性基準の下では，通常，自白をした時点で被疑者が心身ともに不安定な状態にないことが要件とされていた。今日でも任意性基準の内容である「供述した時点での事情の総合考慮」は依然として用いられているが，捜査官がミランダ法理を告知したことが証明されなければならないとされている。

　ミランダ法理に基づいて具体的には，以下の告知がなされなければならない。「貴方には黙秘権がある。貴方が何か供述した場合には，それは裁判所において貴方にとって不利益な証拠として用いられることがあり得る。貴方には弁護人と話す権利があり，取調の間は弁護人の立会を求める権利がある。もしも貴方が弁護人を私選でさない場合には，希望すれば国選弁護を受けることができる」。さらに，権利放棄の要件として，次の質問がなされる。「私が説明した権利は全て理解できたか。これらの権利を理解した上で我々に対して供述するつもりはあるか」。

　告知すべき内容の厳密な表現方法に対しては周到な配慮が払われている。すなわち，警察官はカードを携帯し，これを読み上げなければならない。この方

策によって，告知内容を公判廷で警察官に正確に暗唱させるという弁護人の常套戦術に屈することもなくなるのである。

とはいえ，長年にわたってミランダ法理には変容が生じて来ている。

ミランダ法理に違反した取調がなされた場合には，当該自白の証拠能力は自動的に否定される。すなわち，被疑者が取調官に対して行った如何なる供述もまたその公判手続での証拠利用も許容されないのである。とはいえ，ミランダ法理に違反したからといって，それだけで無罪判決を下すべき事由とはならないし，有罪判決の破棄事由になるわけでもない。

上級審裁判所において以下の二つの原則が形成されてきた。第一のものはHarmless Error（判決に影響を及ぼさない瑕疵）法理と呼ばれる。すなわち，仮に不任意自白に基づき第一審の有罪判決が下ったとしても，有罪判決を支える別の証拠が充分に存在するのであれば当該有罪判決は破棄されないのである。第二のものは，自動的破棄法理と呼ばれる。すなわち，第一審有罪判決の基礎となった不任意自白に被疑者が弁護人依頼権を理解していなかった等の憲法上の瑕疵がある場合には，当該有罪判決は破棄を免れないことになる。

身柄拘束下での被疑者取調である場合には，ミランダ法理に基づき告知がなされなければならない。

ミランダ法理における身柄拘束とは，逮捕と同義である。自動車検問や不審事由に基づく職務質問のための短時間の停止は，ミランダ法理にいう身柄拘束概念には含まれない。また，被疑者にはいつでも通話を止める自由があるのであるから，電話での会話にはミランダ法理は適用されない。身柄拘束要件が充足されているか否かの判断には客観的な基準が用いられる。被疑者を逮捕するに際しての警察官の意図は問題とならない。むしろ問題なのは，通常人の感覚に照らして警察官の言動のゆえに被疑者には退去の自由がなかったと言えるか否かである。また，被疑者の逮捕理由の如何も問題ではない。被疑者が逮捕された場合，又は留置されている被疑者が余罪取調を受けている場合には，身柄拘束要件が充足されているものといえるのである。

身柄拘束下にあるとは，被疑者が「不慣れで敵対的環境」に置かれている場合を指すというのが一般的理解である。以下に若干の例を掲げる。

　①警察署での取調であっても，直ちに身柄拘束状況にあるとはいえない。被疑者が手錠をされて連行されたのか捜査官に伴われて任意に出頭したのかによって判断が分かれる。同様に，取調が密室で行われたか否かにより判断が分かれる。取調室は敵対的環境であると言えるが，警察署内であっても他の区画については必ずしも敵対的環境とは言えない。

　②警察車両内での取調であっても直ちに身柄拘束状況とは言えない。被疑者が遮蔽された車両の後部座席に置かれている場合には，明らかに敵対的環境にあると言える。しかし，警察車両以外の車両の前部座席で行われる取調を身柄拘束下と呼べるのかには疑問がある。

　③ミランダ法理は原則として路上や犯行現場での質問には適用されない。交通事故現場において警察官はミランダ告知をせずに「何が起きたのか」と質問するのが通例である。しかしながら，警察官がある者を逮捕しようとしていると推測するのが相当な場合には，ミランダ告知をしなければならない。例えば，交通事故の後に運転者が酒酔い状態にあることが判明し，警察官が同人に運転して帰させることが適当でないと判断した場合には，ミランダ法理が適用されるのである。

　④被疑者宅での取調であってもやはり，警察官の言動が敵対的あるいは威圧的であれば，ミランダ法理が適用されなければならないのである。被疑者と話すために午前4時に起こすようなことがあれば，威圧的な行為があったものと言える。他方で，それよりは常識的な時間帯，例えば午前8時に被疑者宅でなされる取調は威圧的だとは言えないのである。

　被疑者取調とは，単に被疑者が関与した犯罪に関して「何が起こったのか」「貴方は何をしたのか・見たのか・聞いたのか」という質問に留まるものではない。「貴方は10月13日の夜，どこにいたのか」というように，当該犯罪の

動機・アリバイの有無・被疑者に当該犯罪を実行する能力や機会があったか否かに等に関する質問の全てが被疑者取調なのである。

ミランダ法理の例外
①弁護人の立会を求める権利の放棄

ミランダ告知を受けた被疑者が取調への弁護人の立会を求める権利を放棄した後、弁護人が警察に電話して依頼人に供述しないように助言する意向である旨告げたことを被疑者に伝達することなく取調をしたとしても、ミランダ法理違反はなく自白の任意性も否定されない（Moran v. Burbine, 475 U.S.412 (1986)。鈴木義男編『アメリカ刑事判例研究第三巻』〔成文堂、1994年〕75頁以下〔勝亦藤彦〕参照）。

②留置手続

被疑者の指紋採取や写真撮影等、留置に関する手続にはミランダ法理は適用されない（Pennsylvania v. Muniz, 496U.S.582 (1990)）。

③反覆自白

被疑者がミランダ告知を受ける前に自白し、警察署でミランダ告知を受けた後に改めて自白した場合、第一次自白の証拠利用は認められないものの、第二次自白に関しては証拠利用が許容される。告知の懈怠によって直ちに後でなされた被疑者取調が無効となるわけではないのである（Oregon v. Elstad, 470 U.S.298 (985)）。渥美東洋編『米国刑事判例の動向Ⅰ』〔中央大学出版部、1989年〕99頁以下〔中野目善則〕参照、鈴木義男編『アメリカ刑事判例研究第三巻』〔成文堂、1994年〕90頁以下〔信太秀一〕参照）。

④独立証拠

在監者が覆面捜査官である他の在監者から有形力の行使による威迫を受けて自らの身を守るために真実を話すと約束した場合、当該自白は有形力行使の威圧によってなされたものではあるが、当該自白とは別個の証拠によって有罪評決を支える証明が充分になされている場合には、原判決を破棄する必要がない

(Arizona v. Fulminante, 499 U.S.279 (1991)。松尾浩也「強制による自白は絶対的破棄事由か」法学教室131号〔1991年〕69頁以下参照)。

⑤公共の安全

銃器又は規制薬物等の法禁物を一般市民の手に触れるような場所に隠匿又は投棄した疑いのある者を捕捉又は追跡している場合，当該警察官は法禁物のありかを尋ねるに際してミランダ告知をする必要がない（New York v. Quarles, 467U.S.649 (1984)。鈴木義男編『アメリカ刑事判例研究第三巻』〔成文堂，1994年〕84頁以下〔平澤修〕参照)。

⑥汚染の稀釈

違法逮捕下でなされた自白であっても，警察の違法活動による「汚染」が何らかの事情で「稀釈」されたならば，証拠利用が許容される。長時間にわたる取調ではあったが休憩を挟んでいた場合，あるいは更に一般的な例として釈放後に被疑者が取調に応じるために任意に戻って来た場合等，機会を改めて取調がなされた場合がその例である。休憩の後に被疑者が任意に供述したことで，それに先立つ警察の違法な活動による汚染は「稀釈」されるのである（Wong Sun v. United States, 371 U.S.471 (1963))。

結論

ミランダ法理は，アメリカの刑事司法制度の重要な特徴であり，違法な警察活動の抑制に貢献している。警察官が法を遵守し被疑者の権利を侵害することがないということを市民は期待しているのである。

（ウィリアム・バーナード・クリアリー＋清水　真）

第3講 訴因と過失犯

> **事例**

　被告人Xは，自動車運転免許証の交付を受けたので，さっそく購入したばかりの真っ赤なポルシェを運転し，休日に遊園地へ向かった。しかし，免許取得後初めての運転で，自己の不注意により交通事故を起こし，2人に傷害を負わせてしまった。そこで，彼は当初，次のような起訴状記載の公訴事実により起訴された。被告人Xは，「昭和××年○月○日午後△時△分頃普通自動車を運転して進行中，Z路上に差し掛かった際，「前方交差点の停止信号で自車前方を同方向に向かって一時停止中のA（当34年）運転の普通乗用自動車から後方約0.75メートルの地点に一時停止中前車の先行車の発進するのを見て自車も発進しようとしたものであるが，かかる場合自動車運転者としては前車の動静に十分注意し，かつ発進に当ってはハンドル，ブレーキ等を確実に操作し，もって事故の発生を未然に防止すべき業務上の注意義務があるのに，前車の前の車両が発進したのを見て自車を発進させるべくアクセルとクラッチペダルを踏んだ際当時雨天で濡れた靴をよく拭かずに履いていたため足を滑らせてクラッチペダルから左足を踏みはずした過失により自車を暴進させ，未だ停止中の前車後部に自車を追突させ，因ってAに全治約2週間を要する鞭打ち症の，同車に同乗していたB（当44年）に全治約3週間を要する鞭打ち症の各傷害を負わせた」。
　裁判所は，公判審理の過程で被害者Aを証人として呼び，被告人および弁護人に立ち会い・尋問の機会を十分に与えた。しかし，裁判所は検察官に釈明を求めることなく，前記公訴事実について訴因変更の手続を経ないで，被告人側の予期に反し，罪となるべき事実として前記「　」内の部分につき，次の事実を認定・判示した。被告人Xは，「自車の前に数台の自動車が一列になって一時停止して前方交差点の信号が進行になるのを待っていたのであるが，このような場合はハンドル，ブレーキ等を確実に操作し事故の発生を未然に防止すべき業務上の注意義務があるのに，これを怠

り，ブレーキをかけるのを遅れた過失により自車をその直前に一時停止中のA運転の普通乗用自動車に追突させ，因ってAに対し全治約2週間を要する鞭打ち症の，同車の助手席に同乗していたBに対し全治約3週間を要する鞭打ち症の各傷害を負わせた」。

> 設問
> 【Q1】訴因変更の手続を経ないで前記事実を認定・判示した裁判所の措置は適法か。刑法理論における過失に関する考え方の変化にも関連させて論述しなさい。
> 【Q2】結審後，弁論を再開して訴因変更をした上で，認定・判示した場合はどうか。
> 【Q3】Xの罪責について論述しなさい。

問題の所在

1　起訴状に記載された「公訴事実」と有罪認定の基礎とされた「罪となるべき事実」との間で過失の態様が異なる。このような場合には，被告人側が不意打ちを喰らうおそれがあるので，裁判所は，事前に訴因変更の手続を経てから判示すべきでないかが問題となる。

しかし，これは，単なる訴訟手続上の問題にとどまらず，実体法における過失犯に関する考え方の変化，つまり過失犯を成立させるための主要な要件が，不注意という「心理状態」から過失「行為」へと移されていくことと，密接に結びついている点も見逃してはならない。

2　次に，訴因変更が必要であるとき，そのタイミングが重要である。公判審理の終結間近に訴因変更されても，被告人側は防御の準備を十分に行う時間的な余裕がないからである。とりわけそのために結審後，再度弁論を再開するような方策が許されるかは争いのあるところである。

3　本設例においては，まず，被告人Xにつき，業務上過失致傷罪（刑法211条1項前段）あるいは過失傷害罪（同法209条1項）の成立が問題となる。そのキー・ポイントは，免許取得後初めて自動車を運転した被告人の行為が「業務」

行為といえるかにある。そして，その罪と重過失致傷罪（同法211条1項後段）との関係をどのように考えるかにより，最終的に成立する犯罪が決定する。

最後に，Xは，被害車両の運転者Aとこの同乗者Bの2名にその同一の行為により傷害を与えているので，罪数の問題が起こる。

解　説

1　【Q1】刑訴法は，起訴状には公訴事実を記載しなければならない（刑訴法256条2項2号）としつつも，それは訴因を明示して行う（同条3項）としている。ここから，審判の対象は，公訴事実なのか訴因なのかが争われてきた。

当事者主義を基礎とする現行刑訴法は，第2次世界大戦直後に制定されたが，その際，審判の対象として英米法における「訴因」を採用した。それにもかかわらず，職権主義を基礎とした戦前の旧刑訴法の下で審判の対象とされたいわゆる「公訴犯罪事実」＝「公訴事実」も残存させたことが，論争の原因である。

戦後間もない時期には，新しい訴因制度について学者や実務家が十分な知識を有していなかったために，依然として公訴事実を中心においた古い考え方が有力であり，混乱が見受けられた。しかし，彼らのなかに当事者主義および訴因についての知識が浸透するにともない，審判の対象として訴因を中心においた新しい考え方が有力になってきた。

こうして審判対象の比重が公訴事実から訴因へと移されていくのに対応し，起訴状に記載される「訴因」の意味も単なる公訴事実に対する「法的評価」から「具体的事実」そのものと考えられるようになった。その順序を学説でたどると次のようになる。

最初に登場したのは，公訴事実を基本とし，訴因はこの法的評価に過ぎないと解する，いわゆる法律説である。この説のうちでは，まず，訴因変更の必要な場合に関し，罰条に変動があるときにのみその変更が必要であるとする「罰条同一説」が現れ，次に教唆から幇助へなどの構成要件の修正形式の変更や，作為犯から不作為犯へなどの法律構成の変更についてもそれと同様に解するという「法律構成説」が示された。

それに対して，訴因を単なる法律評価ではなく，具体的な事実としなければ，訴因制度を採用した意味が失われるとの反省から，訴因を構成要件に該当する具体的事実と解する，いわゆる事実説（事実記載説）が主張された。これによれば，訴因変更が必要な場合とは，その事実に変更が生じたときになる。現在

では，当事者主義を基礎におき，訴因を審判の対象とすべきであるとの立場から，判例も通説も事実記載説に依拠している（田宮裕『刑事訴訟法［新版］』〔有斐閣，1996年〕195頁参照）。

しかし，その説に立った場合，現在の訴因と認定しようとする事実との間にわずかな変更が生じても訴因変更をしなければならないとすると，手続が煩雑になり訴訟も進まなくなる。そこでいかなる事実の変更があれば，訴因を変更すべきか，明確な基準を設定する必要性がでてきた。

2　その基準としては，一般的には「実質的な差異」が生じたときといえる（平野龍一『刑事訴訟法』〔有斐閣，1958年〕136頁，田宮・前掲書195頁）。さらにそれより詳細な基準を求めようとすると，犯罪事実は千差万別であるので困難に逢着する。しかし，訴因には，次の2つの主要な機能があることから，①形式的には，「事実の識別可能性」，そして②実質的には，「被告人の防禦の保障」を基準にすべきである（田宮・前掲書195頁）。

その主要な機能とは，①起訴事実を明確にし，他の犯罪事実と当該起訴事実を識別する，いわゆる起訴事実の「個別化・識別」ないし「審判対象の画定」機能と②攻撃防御の対象を示す，いわゆる「告知」（ノーティス）ないし「争点の明確化」機能である（殺人の共謀共同正犯における実行行為者の訴因上の記載に関する判例ではあるが，最三決平成13年4月11日刑集55巻3号127頁参照。本件について鈴木茂嗣「概括的・択一的認定と訴因変更の要否」平成13年度重要判例解説〔2002年〕195頁）。

前記の基準により，自動車事故における過失の行為態様の変更と訴因変更の要否の問題について，以下，検討しよう。

(1)　刑法理論上，過失犯の構成要件は，故意犯の原則的な形式である「閉ざされた構成要件」（＝裁判官が当該構成要件を解釈するとき，その中にすべての要素が記述されつくされているので，格別に補充を必要としないもの）に対し，いわゆる「開かれた構成要件」（＝前記とは逆に，それらが記述されつくされていないので，裁判官による補充を必要とするもの）にあたり，裁判官が法条の適用の際，行為の事情，注意義務の根拠・内容や行為態様等，当該構成要件に記述されていない重要な要素を補充して解釈しなければならない。

かつて過失責任については，その中核は，不注意という「心理状態」および「結果の発生」と考えられていた。いわば一種の結果責任のように理解されていたのである。これによると，過失犯の成立には，「不注意により一定の結果

が惹起したこと」が重要であるから，裁判官はその点を構成要件の解釈にあたり補充できればそれで足りた。訴因の記載についても，「一つの原因と惹起された結果とによって犯罪が特定されるから，それだけで事実としても識別可能であり」，適法なものとされた（田宮裕「訴因変更を要する場合」交通事故判例百選［第1版］〔1968年〕209頁）。

　しかし，過失犯の構造に関する理論的研究が進み，過失犯も故意犯と同様に，構成要件に該当する過失「行為」に基づく行為責任を負担するものであると考えられるようになった（過失犯の行為性を強調される学説として，内田文昭『刑法における過失共働の理論』〔有斐閣，1973年〕287～294頁参照）。このような考え方によれば，過失犯における「過失行為」も故意犯における「故意行為」とほぼ同様に理解され，それは構成要件に該当する行為として犯罪成立の中核をなすものである。したがって，過失犯を成立させる際，裁判官は構成要件の解釈にあたり，過失の行為態様を明らかにし，これを補充したうえでその判断をしなければならない。

　その結果，訴因についても当該過失の行為態様をできるかぎり特定して記載する必要がある（内田文昭「訴因変更を要する場合(2)」刑事訴訟法判例百選［第3版，1976年〕101頁）。また，その行為態様の変更は，「罪となるべき事実」の基本的内容を形成する「方法」（刑訴法256条3項）の変更にあたるので，原則として訴因変更を要することになる（田宮・前掲交通事故判例百選209頁，香城敏麿「訴因制度の構造（中）」判時1238号〔1987年〕8～9頁）。

　(2)　しかし，その場合であっても，現在の訴因における過失の行為態様と変更後に予定される過失の行為態様との間の差異がわずかであり，①「事実の識別可能性」が害されず，そのままでも②「被告人の防禦の保障」に影響を及ぼさないときは，例外的に訴因変更は不要である。

　まず，①について，これは，起訴状に訴因として記載された各具体的犯罪事実が，客観的にみて，個別化され，当該犯罪と他の犯罪が区別・識別しうるかという，概括的・中立的判断である。したがって，次に述べる②よりもゆるやかなものであり，訴因の基本的な構成事実として重要な部分，たとえば行為態様，因果関係，結果等について，個別化が計られ，区別・識別が可能であれば足りるであろう。

　そして，②「被告人の防禦の保障」については，次のように考えられる。「防禦の保障」とは，裁判官が訴因を変更せず，これと異なる事実を突然認定すると被告人側は不意打ちを喰らい，今まで行ってきた防禦活動も無意味にな

るので，そのようにならないような保障を被告人側に与えることである。その内容に関して次の2説に分けられる。ⓐ具体的防禦説とⓑ抽象的防禦説である。ⓐ説は，審理の経過を含め，ケース・バイ・ケースで現実に被告人の防禦の利益が侵害されたか否かを判断するものである。ⓑ説は，その現実的な侵害を問題とせず，その可能性がある訴因変更の大枠を事前に観念的・類型的に定め，これにしたがって判断するものである。判例はおおむねⓑ説に立っている（最三判昭和36年6月13日刑集15巻6号961頁，最三判昭和41年7月26日刑集20巻6号711頁等）。

　次の理由から判例理論を支持する学説もある。具体的防禦説においても，具体的な防禦の保障を要求するものではないから，結局，「たまたま防禦活動をしていれば訴因変更の要はないという免責の論理を認める考え」にすぎず，その内容が不明確である（田宮・前掲書198～199頁）。しかし，通例は，類型的・抽象的に防禦上不利益を生じないかを判断しうるとしても，個々のケースにおいては，訴訟の経緯に照らし，現実に「防禦の利益」を考慮すべき場合もあるので（それを考慮した判例として，たとえば最三決昭和55年3月4日刑集34巻3号89頁），第一次的には抽象的防禦説の観点から判断し，第二次的には具体的防禦説の観点も考慮するという，いわゆる「二段構えの防禦説」（二段階防禦説）によるべきであろう（三井誠『刑事手続法Ⅱ』〔有斐閣，2003年〕198～199頁。なお，松尾浩也『刑事訴訟法上［新版］』〔弘文堂，1999年〕263頁，大谷直人「訴因変更の要否」刑事訴訟法判例百選［第7版］〔1998年〕101頁，田口守一『刑事訴訟法［第3版］』〔2001年〕215頁等もほぼ同趣旨に解される）。

　3　本設例について，前述したところを参考に検討しよう。本設例では，起訴時の訴因によれば，被告人は，車列にしたがって停止中，自動車を発進しようとした際，濡れた靴をよく拭かずにはいていたためクラッチペダルから足を踏みはずして自車を暴走させた，過失責任を問われている。しかし，認定事実によれば，被告人は，それと行為態様の大きく異なる，走行から停止行為に移ろうとした際，ブレーキをかけ遅れ，自車を追突させた過失責任を問われた。両者は，同じ自動車の運転に伴う過失とはいえ，発進行為と停止行為という正反対の行為に関するものである。このような行為態様の相違は，犯罪を構成する基本的事実についての重要な相違にあたるから，前記①「事実の識別可能性」が害されると解すべきであろう。もっとも，起訴状には事件の日・時・場所・行為者・被害者・結果などが具体的に記載されているので，この要件について

は満たされていると解する余地も十分にある。この場合には，さらに前記②の観点から検討を加える必要がある。しかし，ここでは過失の「行為」性と訴因制度の趣旨を強調する立場から，かかる解釈をとることにする。

したがって，本設例については，「被告人の防禦の保障」を検討するまでもなく，そもそも起訴事実に関して「事実の識別」をすることができないので，たとえ公判審理において被害者Aを証人として呼び，被告人および弁護人に立会い・尋問の機会を十分与えても，その瑕疵を補填することはできないと考えられる。

過失の行為態様は，すでにくり返し述べたように，故意犯における故意行為とともに訴因の基本的な構成事実である。これを大きく異にする事実について，裁判所が訴因変更の手続を経ずに認定・判示することは，訴因制度を採用した趣旨に著しく反するので許されない（刑訴法256条3項，378条3号後段ないし379条）。したがって，本設例における裁判所の措置は不適法であると解される（最三判昭和46年6月22日刑集25巻4号588頁参照。本件解説として，鬼塚賢太郎『最高裁判例解説刑事編昭和46年度』（法曹会）133頁。同旨，福井厚『刑事訴訟法講義［第2版］』〔法律文化社，2003年〕207頁。反対，毛利晴光「訴因変更の要否」平野＝松尾編『新実例刑事訴訟法［Ⅱ］』62～63頁〔青林書院，1998年〕）。

4 【Q2】訴因は，裁判所の審判の対象であり，公判審理の過程で検察官はそこで主張した事実について証拠により立証を行い，被告人・弁護人は反証によりその不存在を明らかにしていく。このように訴因は，公判審理の中心であるから，一度掲げられた訴因を変更することは原則として許されるべきでない。しかし，現行刑訴法においては，検察官の訴追の利益と被告人の防禦の利益とを調和するため，「公訴事実の同一性を害しない限度」で検察官が訴因変更することを認めた（同法312条1項）。この「公訴事実の同一性」が現行刑訴法上明記された訴因変更に関する唯一の限界であり，これは「空間的限界」と呼ばれている。

それに対して，実務上問題とされてきたのが，訴因変更の「時期的限界」である。「時期」という言葉については，"適切な時"という意味で「時機」と書く人もいる。しかし，訴訟の進行とともに訴因変更に伴う不利益は被告人側にも裁判所にも増加するのが普通である。そこで本稿では"時の経過"を含む意味で「時期」と書くことにする。

判例は当初，訴因の設定・変更は検察官の専権に属し，法律上「公訴事実の

同一性」を除いてそれを制約する法規はないとの前提から，時期的限界の存在を否定していた（たとえば，高松高判昭和29年4月6日高刑集7巻8号1169頁等）。しかし，その後，それを肯定する判例が現れた（横浜地小田原支決昭和43年10月9日下刑集10巻10号1030頁）。また，最高裁判例上，反対意見や補足意見ではあるが，時期的限界の存在を主張するものも現れた（最三決昭和47年7月25日刑集26巻6号366頁〔田中裁判官の反対意見〕，最一判昭和58年2月24日判時1070号5頁〔団藤裁判官の補足意見，谷口裁判官の意見〕）。こうして現在では，その点について正面から判示した最高裁判例はないものの，下級裁判所判例上，訴因変更について時期的限界があると解する点で一致している。

問題は，(1)いかなる理由により，(2)訴訟がどの段階まで進むと，それは許されず，不適法となるのかである。

(1) 判例がそれを不適法とする理由は多様である。しかし，次のようにまとめられるであろう（河上和雄「訴因変更の時期的限界——東京高裁平成元年6月1日判決」判タ714号〔1990年〕55頁参照）。

第1，被告人の防禦活動に著しい不利益を与える。この内容は次のようなものである。①被告人側に不意打ちを与える。②それまで行ってきた防禦が無駄になる。③被告人側は，新たに防禦の準備をしいられるが，すでに日時が経過しているなどのため，困難を伴う。④被告人が不安定な地位におかれるため，物的・精神的に消耗する。第2，訴訟の長期化をもたらす。第3，検察官の信義則違反あるいは権限濫用にあたる。

第1の理由は，憲法31条のデュー・プロセス・オブ・ロー（適正手続の保障＝憲法31条），とりわけ当事者主義の下でのフェア・トライアル（「公正」あるいは「公平」な裁判）の保障（刑訴規則1条1項参照）に基づくものである。また，第2の理由は，迅速な裁判を受ける権利の保障（憲法37条1項）から，第3の理由は，おもにフェア・トライアルの保障から導かれるものである（刑訴規則1条2項参照）。

訴因変更が不適法な理由について，おおよそ前記のように大別されるとしても，実際の判示では，それらは組み合わされ，複合的に用いられている。また，事件によっては，それらの判断に際して，当該検察官側の諸事情，事件の重大性や新訴因に対する有罪判決の可能性なども幅広く含めて比較考量されることもあるので，統一的な理由づけがなされているわけではない。

(2) 判例上，訴因変更が許されなくなる特定の訴訟段階というものが定められているわけではない。理論的にはその早期の段階においても訴因変更を許す

べきでない場合がありうる。しかし，実際には，多くの場合，公判審理に長期間をついやし，被告人側の防御が功を奏し，現訴因では有罪判決を期待できないと検察官が考えるに至ったときである。

先例として著名な前掲横浜地小田原支決昭和43年10月9日は，結審後の訴因変更請求に関する事案であり，審理は7年余りに及んでいる。福岡高那覇支判昭和51年4月5日（判タ345号321頁）は，約2年6ヶ月の公判審理を経て検察官の立証が不成功に終わったと見られる，結審段階での訴因変更請求に関する事案であった。さらに，田中二郎裁判官の反対意見が付された前掲最三決昭和47年7月25日の事案は，詐欺罪による起訴から9年2ヶ月余り，53回の公判期日をこなし，結審直前の予備的訴因の追加であった。また，団藤裁判官の補足意見と谷口裁判官の意見が付された前掲最二判昭和58年2月24日の事案は，控訴審における結審後，弁論を再開して予備的訴因を追加したものであり，起訴から予備的訴因の追加まで4年3ヶ月，控訴審判決までは5年3ヶ月以上を要した（判例の展開について詳しくは，上口裕「訴因変更の時期的限界」福田平・大塚仁博士古希祝賀『刑事法学の総合的検討（上）』〔有斐閣，1993年〕658〜668頁参照）。

5　学説は，判例の展開を踏まえ，現在では訴因変更の時期的限界を認めている。しかし，その理由づけについては一致しておらず，また，これと関連し，訴訟の進行段階についても，これを重視するものもあれば，そうでないものもある。

たとえば，前者に属する見解として次のものがある。①訴訟の最終段階での訴因変更については，検察官に訴因変更を許す必要性が減少しているのに反して，「被告人側の利害関係は鋭さを増している」ことを理由に，それを否定する見解（松尾浩也「詐欺罪と寄附募集に関する条例違反の罪との間に公訴事実の同一性があるか」警察研究45巻11号〔1974年〕104頁）。②「無罪の見込みが判決をなしうる程度になった段階」での訴因変更は被告人の無罪判決を受ける利益を一挙に奪うが故に許されないとの見解（小田中聰樹「訴訟条件を欠く訴因に変更できるか」法学教室〔第2期〕2号〔1973年〕74頁）。③訴因変更請求をする機会があったのに，それを行わず，手続が相当程度進行してから請求するのは信義則上許されないとする説（小山雅亀「訴因変更の時期的限界」同志社法学29巻2号〔1977年〕92頁）など。

それに対して，後者に属する見解として次のものがある。④本問題の本質は，単なる「時期」の問題ではなく，「審理経過に基づく訴因変更の限界」にある

から，実質的に見て，当該訴因変更により被告人の負担する訴訟上の不利益が「合理的限界を超える」と判断されるとき，それは許されないとの見解（上口・前掲論文657，677頁）。⑤訴因変更請求が，刑訴規則1条2項に違反し，誠実な権利行使とはいえず，検察官の権利濫用にわたるときは許されないとする見解（小泉祐康「訴因変更の時期的限界」刑事訴訟法の争点［初版］〔1979年〕143頁，河上和雄・前掲評釈55頁）。⑥検察官処分権主義および防禦権の2つの観点から，新訴因による訴追を検察官が実質上すでに処分した場合と，新たな防禦活動によってまかないきれない不利益を被告人に与える場合にはそれは許されないと解する見解（香城敏麿「訴因制度の構造（下）」判時1240号〔1987年〕7～8頁））など。

以上の他にも，学説上，様々な見解が示され（詳しくは吉弘光男「訴因変更の時期」刑事訴訟法の争点［第3版］〔2002年〕127頁等参照），一致を見ていない。

6　訴因は審判の対象であり，攻防の目標であるから，いかなる訴因を呈示するかは検察官の専権であるとしても，ひとたび公訴を提起し，当事者の攻防が開始された以上，検察官の自由な判断でむやみに変更を許すべきではない。これを認めることは，被告人に不意打ちを与え，今までの防禦活動を無駄にし，早急に新たな防禦活動を準備する必要性にせまられる。そして，それまでの公判審理が長期にわたればわたるほど，その困難性は増加する。したがって，公判審理開始後の訴因変更については，新たに格別な負担を被告人にしいることになり，刑事訴訟では，組織力や資金力などにおいて圧倒的に劣る被告人側を一層窮地に追い詰め，事実上防御権を奪うに等しい。このことは，当事者主義・当事者対等の原則に反するとともに，訴因制度を採用した意味を没却することにもなる。

現行刑訴法もそのことに十分配慮し，検察官による訴因変更を「公訴事実の同一性」を害しない範囲で許したものの（刑訴法312条1項），「被告人の防禦に実質的な不利益を生ずる虞があると認めるときは，……被告人に充分な防禦の準備をさせるため必要な期間公判手続を停止しなければならない」と規定した（同条4項）。この趣旨を類推すれば，公判手続の停止によっても回避できないような実質的不利益が被告人の防禦上に生ずるおそれがある場合には，訴因変更は許されないと解される（前掲福岡高那覇支判昭和51年4月5日，浦和地決昭和63年9月28日判時1306号148頁，香城・前掲論文8頁，上口・前掲論文677頁，吉弘・前掲論文127頁等）。そして，結審後など，現在の訴因に関する実質審理が終了した後に行われる訴因変更請求については，「一般に被告人の利益の侵害を推定

させ」（鈴木茂嗣「訴因変更の時期的限界」昭和52年度重要判例解説〔1978年〕183頁参照），さらにそれにより生ずるおそれのある実質的な防禦上の不利益も，通常，「公判手続の停止」によって回避できないと推認されるので，許されない。結審後の訴因変更は，すでに被告人側が正当な手続にしたがって防禦態勢を解いた後の新たな攻撃であり，また，そのような状態にある被告人を事実上「二重の危険」に身をさらさせることにもなるからである（憲法39条後段参照）。

　検察官の訴因変更請求が信義則に反し，権限濫用にわたる場合には，その時期を問題にするまでもなく，当該変更請求が無効とされるのはいうまでもない。国家機関による権限濫用の禁止は，刑事訴訟を貫く，一般的・基礎的原則だからである（憲法31条，刑訴規則1条2項等）。しかし，そのためには，被告人側で，検察官の濫用の意図等，所定の要件を立証しなければならない。

　さて，設問【Q2】については，上述したところから明らかなように，当初の訴因に関する実質審理が終了した結審後に弁論を再開し，訴因変更請求することは許されない。その理由を要約すれば次のとおりである。かかる手続を認めることは，被告人側に対して，「公判手続の停止」によっても回避できない程度の防禦上の実質的な不利益を生ずるおそれがある，と推認されるからである（刑訴法312条4項の趣旨を類推）。

7　【Q3】被告人は，自己の過失行為により他人に傷害を負わせているので，過失傷害罪（刑法209条1項），業務上過失致傷罪（同法211条1項前段），あるいは重過失致傷罪（同法211条1項後段）の成立が問題になる。前者の罪と後2者の罪との間には，刑罰の重さの上で，前者はその上限が30万円の罰金であるのに対し，後2者は5年の懲役という大きな相違がある。また刑事手続上も前者は親告罪（同法209条2項）であるのに対し，後2者は非親告罪であるという重要な相違もある。しかし，業務上過失致傷罪と重過失致傷罪については，同一の条文に属し，それらの違いはないので，区別はもっぱら理論的な意味をもつにすぎない。したがって，まず，被告人の自家用自動車の運転行為が「業務」にあたるかを検討する。

　日常用語によれば「業務」とは，「職業」の意味に用いられるのが普通であろう。しかし，判例上は，それを超えて「本来人が社会生活上の地位に基づき反復継続して行う行為であって，かつその行為は他人の生命身体等に危害を加える虞あるものであることを必要とする」と定義されている（最一判昭和33年1月18日刑集12巻6号1090頁）。これによれば，「業務」といえるためには，次の3

要件を満たさなければならない。①社会生活上の地位に基づくこと。②反覆継続が認められること。③身体生命に対して危険な行為であること。

　定義自体が，元来わかりにくいものである上，社会の高度化・複雑化による交通事故などの増加に対応し，過失犯処罰の厳罰化を計るため，各要件の意味・内容が拡張されてきたので，「業務」の概念はますます曖昧で理解しにくいものとなっている。

　判例において，業務性が認められた行為としては次のようなものがある。前記①に関しては，日常生活における家事，育児，飲食を除き，ほぼその要件を満たすとされている。たとえば，遊びにいくための自動車の運転もそれにあたる（大判昭和13年12月6日刑集17巻901頁，大阪高判昭和32年5月20日判時120号27頁）。免許取得の有無は直接的には関係ない（大判大正13年3月31日刑集3巻259頁，最一決昭和32年4月11日刑集11巻4号1360頁および柏井康夫「業務上過失における業務性」ジュリスト381号〔1967年〕231頁など）。前記②に関しては，当該行為がまったく1回限りと認められる場合は除かれるものの（東京高判昭和35年3月22日東高刑時報11巻3号73頁），反復継続する意思があれば，必ずしもその必要はない（福岡高宮崎支判昭和38年3月29日判タ145号199頁）。前記③に関しては，自動車の運転など当該行為自体に直接的な危険性が伴うものに限られず，夜警や火元責任者などのように危険発生を防止すべき立場にある者の行為も含まれる（最二判昭和33年7月25日刑集12巻12号2746頁，最一決昭和60年10月21日刑集39巻6号362頁等）。

　学説では，判例を支持するものも多いが（大谷實『新版刑法講義各論［追補版］』〔成文堂，2002年〕57～59頁，西田典之『刑法各論［第2版］』〔弘文堂，2002年〕65～66頁等），広がりすぎた「業務」概念について，これを加重する根拠に立ち返り，再考すべきであるとの見解も有力に主張されている（内田文昭『刑法各論［第3版］』〔青林書院，1996年〕60～61頁，林幹人『刑法各論』〔東大出版会，1999年〕71頁）。すなわち，業務上過失を加重する根拠について，ⓐ一定の危険な業務に従事する業務者には，一律に通常人よりも特に重い注意義務が課される，とする判例や学説の考え方（最一判昭和26年6月7日刑集5巻7号1236頁，団藤重光『刑法綱要各論［第3版］』〔創文社，1990年〕432頁，大谷・前掲書57頁，西田・前掲書65頁等）に対して，ⓑ業務者は危険な行為を反復継続して行い，知識や経験が豊富になり，一般人より容易に結果発生の予見・回避をできたはずであるから，責任ばかりではなく違法性も高くなるのである，と考える。そして，「業務」というのは，そのような行為を集めた類型なのであり，ここから，「初めてその行為をする場合や，以前にしたことはあるが，余りにも時間が経って

いるときは，業務上とはいえない」と解するわけである（林・前掲書71〜72頁参照）。

　前記ⓐ説では，なぜ業務者には特別に重い注意義務が課せられるのか，その実質的な根拠が示されていない。とりわけ，現在の判例理論のように，「業務」の範囲を拡張してしまうと，その点が一層希薄になる。このことは，当該行為の実質的な法益侵害の危険性の程度に応じて処罰すべきである，という違法性の原則にも，また具体的な行為者の予見・結果回避能力に応じて処罰すべきである，という責任主義にも反する恐れが生ずる。したがって，「業務」は，前記ⓑ説のように解すべきである。

　8　さて，本設例の場合について，被告人Xの運転行為はどのように解されるであろうか。判例理論によれば，前述のように，「休日に遊園地へ行くため」，つまり「娯楽としての運転行為」であり，また，それが「免許取得後初めての運転」であったとしても（東京高判昭和35年11月10日東高刑時報11巻11号301頁），被告人Xについては，少なくとも将来自動車を反復継続して運転する意思は十分認められるから，「業務上」の行為にあたる。

　しかし，前記ⓑ説によれば，過去の運転実績，以前に運転してから事故までの間隔等の事情を考慮する必要がある。普通，免許を取得するためには，教習所に通い，教習中に路上運転をくり返し，教習終了後はすぐにその試験を受けるから，最後に運転したときから免許取得後初めて運転するまで，それほど長期間を置くということはあまりない。本設例でも，その点について特別の事情は示されていないので，被告人Xの運転行為は，刑法211条1項前段の「業務」にあたると解すべきであろう。

　そこで，次に，同法211条1項後段のいわゆる「重過失」致傷罪との関係が問題となる。前述のように「業務上」過失致傷罪は，実質的に法益侵害の危険性が高く，責任非難も高度な行為の類型である。しかし，社会には，「業務上」の行為でなくとも同様に処罰すべき行為は存在する。かかる行為に対する包括的な受け皿が「重過失」致傷罪である（林・前掲書59頁）。たとえば，自転車やスケートボードで，歩道上を高速で通行する行為が歩行者，特に老年者や子供など交通弱者の生命・身体へ及ぼす危険性の程度は，自動車による場合と変わらないから，それらにより傷害を与えれば「重過失」致傷罪になる。

　したがって，業務上過失致傷罪が成立する場合には，重過失致傷罪の成否を考える必要はないので，本設例の場合，被告人Xは，業務上過失致傷罪のみに

問われることになる。

　最後に，被告人は，自己の同一の業務上過失行為により2人に傷害を負わせているので，基本的には2つの業務上過失致傷罪が成立し，これらの罪数関係が問題になる。両者間に特別の関係がある場合，つまり2つの法益侵害が同じ1つの行為によるときは観念的競合（刑法54条1項前段），また各行為間に手段・目的の関係があるときは牽連犯（同項後段）にあたり，科刑上一罪としてもっとも重い刑により処断される。そのような関係が認められないときは併合罪になる（刑法45条）。

　本設例の場合には，被告人Xの同一の過失行為により2人に傷害を負わせているから，両罪は観念的競合にあたる。したがって，Xについては，結局，科刑上一罪として業務上過失致傷罪の刑の上限，5年以下の懲役の範囲で処罰されることになる（なお，本設例の論点を含め，自動車事故と過失に関する刑法上・刑事手続上の諸問題について，荒木友雄編『刑事裁判実務体系5　交通事故』〔青林書院，1990年〕所収の各論文，髙木典雄「自動車による業務上（重）過失致死傷事件における過失の認定について」司法研究報告書21輯2号〔1970年〕参照）。

発展問題

　被告人は，酒酔い運転罪（道交法117条の2第1号）の事実で起訴された。公判審理で被告人側は，「酒気を帯びておらず，従って，アルコールの影響により正常な運転ができないおそれのある状態ではなかった」として無罪を争った。その結果，検察官の立証では，「正常な運転ができないおそれのある状態」が証明できていないので，無罪判決は間違いないと予測して判決期日を楽しみに待っていた。しかし，その当日裁判所は，訴因変更手続をとらずに，意外にも酒気帯び運転の事実を認定して同罪（道交法117条の4第2号）により有罪判決を下した。

設問

【Q1】酒酔い運転罪と酒気帯び運転罪を比較対照し，その異同と罪数関係について論述しなさい。

【Q2】裁判所の手続に問題はないか，その適否について論述しなさい。

【Q3】本設例において，起訴事実の「酒酔い運転」と認定事実の「酒気帯び運転」との間に，具体的な日時・場所に相違があった

ときはどのように解されるか，論述しなさい。

【参考判例】
当該判例の下に調査官解説を付記し，最重要判例には☆印を付した。
- ☆最二判昭和26年6月15日刑集5巻7号1277頁
- 最二決昭和28年11月20日刑集7巻11号2275頁
- 最一判昭和29年1月21日刑集8巻1号71頁
- 最三決昭和29年10月19日刑集8巻10号1600頁
  吉川由己夫『最高裁判所判例解説刑事篇昭和29年度』（法曹会）299頁
- 最二判昭和29年12月17日刑集8巻13号2147頁
  寺尾正二『最高裁判所判例解説刑事篇昭和29年度』（法曹会）396頁
- 最二決昭和30年10月19日刑集9巻11号2268頁
  伊達秋雄『最高裁判所判例解説刑事篇昭和30年度』（法曹会）296頁
- 最三判昭和36年6月13日刑集15巻6号961頁
  堀江一夫『最高裁判所判例解説刑事篇昭和36年度』（法曹会）152頁
- 最大判昭和40年4月28日刑集19巻3号270頁
  海老原震一『最高裁判所判例解説刑事篇昭和40年度』（法曹会）58頁
- ☆最三決昭和55年3月4日刑集34巻3号89頁
  反町宏『最高裁判所判例解説刑事篇昭和55年度』（法曹会）61頁

【参考文献】
最重要文献には☆印を付した。
- 小泉祐康「訴因の変更」『公判法体系Ⅱ公判・裁判（1）』（日本評論社，1975年）251～271頁
- ☆吉村弘「訴因変更の要否——酒酔い運転と酒気帯び運転」昭和55年度重要判例解説（1981年）228頁
- ☆大谷直人「訴因変更の要否」刑事訴訟法判例百選［第7版］（1998年）100頁
- 毛利晴光「訴因変更の要否」平野＝松尾編『新実例刑事訴訟法［Ⅱ］公訴の提起及び公判』（青林書院，1998年）47～63頁，山室惠「訴因変更の可否」同書64～76頁
- 中野目善則「訴因変更の要否」刑事訴訟法の争点［第3版］（2002年）120頁
- 中山隆夫「訴因の変更——裁判の立場から」二井ほか編『新刑事手続Ⅱ』

（悠々社，2002年）203頁以下，河村博「訴因の変更——検察の立場から」同書219頁以下，喜田村洋一「訴因の変更——弁護の立場から」同書223頁以下
・三井誠『刑事手続法Ⅱ』（有斐閣，2003年）199〜202頁

（島　伸一）

答案例

1　設問1について

 本問では，過失の内容について，起訴状記載の公訴事実とは異なる事実が認定されている。このように過失の行為態様に変更が生じた場合に，訴因変更手続を経ることなく，起訴状記載の事実とは異なる事実を認定することができるかが問題となる。

(1)　刑訴法は，起訴状には公訴事実を記載しなければならないとし（刑訴法256条2項2号），それは訴因を明示して行う（同条3項）と規定する。そこで，審判の対象は訴因なのか公訴事実なのかが問題となる。

 この点については，当事者主義を基調とする現行刑訴法の下では，審判の対象は検察官の主張する訴因であり，訴因とは，検察官の主張する構成要件に該当する具体的事実の主張である（事実記載説）。

 この説によれば，訴因変更が必要な場合とは，事実に変更が生じたときである。しかし，わずかな変更が生じた場合にも訴因変更をしなければならないとすると，手続が煩雑になるので，事実に実質的な差異が生じたときに訴因変更が必要であると考える。

 実質的な差異が生じたかどうかの判断基準について

は，訴因の機能である①起訴事実を明確にし，他の犯罪事実と当該起訴事実を識別させる機能（個別化・識別機能）と，②被告人の防御の対象を示す機能（告知機能）の観点から検討すべきである。

(2) では，自動車事故における過失の行為態様に変更が生じた場合，訴因変更の要否はどのように考えるべきか。

この点について，従来は，行為責任を中核とする故意犯と異なり，過失犯は不注意という心理状態によって結果が惹起した場合に，結果について責任を負わせる結果責任として捉えられていた。このような過失観によれば，不注意により一定の結果が惹起されたことが具体的に示されている限り，犯罪は特定され，これが防御の主たる対象となるので，過失行為の態様が変更しても訴因変更をする必要はない。しかし，それでは不当に処罰範囲が広がる危険性があるから，過失犯も故意犯と同様に構成要件に該当する過失行為に基づく行為責任として捉えるべきである。このような新しい過失観によれば，訴因において当該行為態様をできる限り特定して記載する必要があり，審理の結果，行為態様に変更が生じ，犯罪の個別化・識別機能もしくは告知機能に影響を与える場合には，訴因変更を要することとなる。

(3) 以上を踏まえて，本問を検討する。

本問では，起訴状記載の公訴事実は，自動車を発進させようとした際に，濡れた靴をよく拭かずに履いていたためにクラッチペダルから足を踏み外して自車を暴走させたことであるのに対し，判決記載の罪となるべき事実については，走行から停止行為に移る際にブレーキをかけ遅れたというものである。前者は一旦停止した後，発進する際の過失行為，すなわち発進行為について着目している。これに対し，後者は停止しようとした際の過失行為，すなわち停止行為に着目している。両者は，発進行為と停止行為という全く異なった行為態様を問題としており，このような行為態様の相違は犯罪を構成する基本的事実についての重要な相違にあたり，前記①「犯罪の個別化・識別機能」を害するものと考える。

　従って，②の告知機能について，『被告人の防御の保障』への干渉の有無（この判断基準については，抽象的防御説，具体的防御説，二段階防御ないし折衷説の対立がある）という観点から検討するまでもなく，①の機能の観点から訴因変更を要する場合にあたる。よって，訴因変更手続を経ることなく，本件判決記載の事実を認定・判示した裁判所の措置は違法である。

　2　設問2について
　本問では，結審後，弁論を再開して訴因変更を行う

ことが許されるか，訴因変更の時期的限界が問題となっている。

　この点，刑訴法312条1項は，公訴事実の同一性の範囲内であれば訴因変更できるとするが，時間的制限を定めた規定はないことから，時期的限界はないのであろうか。

　(1)　この点，訴因は，審判の対象であり，攻防の目的であるから，ひとたび公訴提起され，当事者の攻防が開始された以上，むやみに変更を許すと，被告人に不意打ちを与え，今までの防御活動を無駄にし，新たな防御活動を準備する必要を生じさせることになる。これでは，組織力・資金力で圧倒的に劣る被告人の地位を不安定にし，事実上防御権を奪うに等しく，当事者主義の下，訴因制度を採用した意味を没却する。現行刑訴法も，被告人の防御に実質的な不利益を生ずる虞がある場合は，被告人の防御の準備に必要な期間公判手続を停止しなければならないと規定する（312条4項）。そこで，この規定の趣旨を類推して，公判手続の停止によっても回避できないような実質的不利益が被告人に生じるおそれがある場合には訴因変更を認めるべきではないと考える。下級審判例にも，一定期間経過後の訴因変更を認めないものがいくつかある。

　(2)　本問においては，当初訴因の審理が終了し，結審後に弁論を再開して訴因変更請求する場合である。

このような場合，被告人は，当初訴因について防御を尽くし終えたところが，その後，訴因変更を許せば新たに防御の準備を強いられることになる。これは，公判手続の停止によっても回避できない程度の防御の不利益が生じたといえ，訴因変更は許されないと考える。よって，かかる訴因変更を許した裁判所の措置は違法である。

3　設問3について
(1)　Xは，自動車運転の際の過失行為により，AおよびBに傷害を負わせているので，業務上過失致傷罪（刑法211条1項前段）の成立が問題となる。

業務上過失致傷罪の「業務」とは，①社会生活上の地位に基づき，②反復継続して行う，③身体・生命に対して危険な行為のこと，である。

①「社会生活上の地位」とは，日常生活における家事，育児等を除く他，人が社会生活を維持する上に継続して従事するものをいう。本問では，遊園地へ行くという娯楽目的であったとしても，自動車運転行為は社会生活を維持する上に継続して従事するものであるから，「社会生活上の地位」にあたる。

②「反復継続」については，本問のように免許取得後初めての運転の場合にもあたるのかが問題となる。

この点，業務上過失致傷罪が通常の過失致傷罪より

も重く処罰される趣旨は，一定の危険な業務に従事する業務者には，通常人よりも重い注意義務が課されるからと考える。とすれば，当該行為が全く1回限りと認められる場合は，「反復継続」行為とはいえないが，反復継続する意思があれば重い注意義務が課されるべきであり「反復継続」行為にあたると考える。

　本問では，免許取得後初めての運転行為であるが，Xにはその後も自動車運転を反復継続する意思が認められるので，「反復継続」行為にあたる。

　また，自動車運転行為は，③「身体・生命に対して危険な行為」にあたる。

　以上から，Xには，業務上過失致傷罪が成立する（同法211条1項前段）。

　(2)　次に，Xの上記行為には重過失が認められると考えられる。そこで，業務上過失致傷罪（同法211条1項前段）と重過失致傷罪（同条項後段）との関係が問題となる。

　この点，業務上過失致傷罪は，実質的に法益侵害の危険性が高く，責任非難が高度な行為の類型である。したがって，「業務上」過失致傷罪が成立すれば，「重過失」致傷罪にもあたるが，法は，前者が成立すれば後者の成否は問わないと考えたものと解するべきである。

　したがって，本問では，Xは業務上過失致傷罪のみに

問われる。

(3) 最後に、Xは、本件運転行為によって2人に傷害の結果を生じさせているので、2つの業務上過失致傷罪が成立し、その罪数処理が問題となる。

この点については、同一の過失行為により2つの業務上過失致傷罪が成立するので、両罪は観念的競合にあたる（同法54条1項前段）。

よって、Xには、2つの業務上過失致傷罪が成立するが、科刑上一罪として処罰されることになる（同法211条1項前段、54条1項前段）。

以上
（寺本倫子）

アメリカ刑事法 ワンポイントレッスン

自動車事故と過失処罰——カリフォルニア州の場合

　カリフォルニア州では，車両によるマンスローター（vehicular manslaughter）罪という犯罪がある。これは，モーターで走行する車両，つまり自動車・バイクなど（自転車は含まれない）の運転において，運転者が単なる不注意（単純過失）により他人の生命を奪う危険を惹起したとき，それを刑法犯として処罰するための規定である。その際，次のことに留意する必要がある。かかる行為については，刑法と車両法（"vehicle code"＝日本のいわゆる「道路交通法」にあたる）の二つの法律違反が問題になるということである。前者は，犯罪一般を処理するための法律であり，後者は，車両の運転に関する違反行為を処理するための特別法である。

　同州刑法192条には，(a)ボランタリー・マンスローター，(b)インボランタリー・マンスローターおよび(c)車両によるマンスローターという3種類のマンスローター罪が設けられている。これらは，いずれも謀殺（murder）の「犯意」（"malice"）なく，違法に人の死を惹起した場合（＝マンスローター）に関するものである（本書217頁所収「過失犯の処罰」参照）。

　(a)は，突発的な口論や激情により他人を死亡させた場合に適用になる。たとえば，夫が自分の家で妻と愛人が同衾しているのを発見したとき，カッとなって，その両者を殺害した場合などである。要するにそれは，被告人が自分を著しく狼狽させるような何らかの事態を認識したことにより引き起こされた故意の殺人（intentional homicide. これは，"murder"＝「謀殺」より広い概念）である。

　刑罰は，州刑務所における3年，6年または11年の拘禁である。

　(b)は，違法行為（重罪を除く）の実行中または死の危険を伴う合法的行

為の実行中に，違法な方法で人の死を惹起した場合もしくは適切な注意と慎重さを欠いたために人の死を惹起した場合に適用になる。たとえば，ハンターが狩猟中に事故により誤って同僚のハンターを撃ち殺してしまった場合などである。

刑罰は，州刑務所における2年，3年または4年の拘禁である。

（c）は，車両によるマンスローター罪に関する規定である。そこには，おおよそ次のように規定されている。

① 191.5条（薬物使用・飲酒運転など重大な車両によるマンスローター罪——筆者注）に規定された場合を除き，違法行為（重罪にあたる行為を除く）を犯して車両を運転し（たとえば，無免許運転——筆者注），重過失により人の死を惹起した場合，または死の危険を伴う可能性ある合法的行為の実行中に，重過失により違法な方法で人の死を惹起した場合には，車両によるマンスローター罪とする。たとえば，重大な制限速度違反により人を跳ねて死亡させた場合である。

刑罰は，郡刑務所における1年を超えない期間の拘禁，または州刑務所における2年，4年もしくは6年の拘禁である。

② 本項第3号（アルコールに関する未成年者の犯罪，およびアルコール・薬物に関する罪——筆者注）に規定された場合を除き，違法行為（重罪を除く）を犯して車両を運転し，重過失によらず，人の死を惹起した場合，または死の危険を伴う合法的な行為を実行中に，重過失によらず，違法な方法で人の死を惹起した場合には，マンスローター罪とする。たとえば，通常の過失（＝民事上の過失と同様のもの）により人を跳ねて死亡させた場合である。

刑罰は，郡刑務所における1年を超えない期間の拘禁である。

以下，一つの事件（People v. Bussel 118Cal.Rptr. 2d. 159(2002).）を取り上げて具体的に説明しよう。本件被告人は，11歳の娘を朝，学校に連れて行くために自動車を運転していた。彼は，交差点に来たので，右折しようとしたところ，左前方に車両が接近してくるのを現認した。同時に，故ベティ・ブラウン（女性，74歳）とジョアン・ワータの2人がその交差点の横断歩道（ただし，

ペンキで標されていない）を右前方から歩いて渡り始めた。そこには信号機が設置されており，白い停止ラインも引かれていた。被告人は信号を無視して停止ラインで停止せず，むしろ時速3から4マイルでそこを通り抜けようとした。彼は右側のブラウンとワータを認識していなかった。そのため彼の車は2人を跳ね，2人は地面に叩きつけられた。ワータは膝の擦過傷を負い，ブラウンは脳に受傷した。現場ではブラウンの頭部から出血していたものの，重傷には見えなかった。しかし，彼女は病院に運ばれた後，その傷が原因で死亡した。

その後，被告人は，カリフォルニア州刑法192条c項2号に基づき，車両によるマンスローター罪で起訴された。陪審は彼に有罪の評決を下し，量刑の結果，300時間の地域社会への奉仕活動（"community service"）を含む，3年間の保護観察処分および750ドルの罰金等が言渡された。しかし，彼は拘禁刑を免れた。

上記の事案は，カリフォルニア州では，車両により死亡事故を起こした場合に，通常の過失が運転者に認められれば，刑法上処罰される可能性があることを示している。そして，カリフォルニア州の裁判所では，交通死亡事故に関する限り，日本の裁判所が不注意な運転により死亡事故を引き起こした運転者を処罰するために業務上過失致死罪（刑法211条1項前段）を適用するように，車両によるマンスローター罪を適用しているわけである。

しかし，被害者が傷害にとどまった場合，つまり業務上過失傷害の場合，カリフォルニア州においては，検察官が加害者の「不注意」（"negligence"）の代わりに，「無謀運転」（"reckless"＝危険な運転を認識しつつ行うこと）を立証しなければ，処罰できない。また，その処罰は同州刑法典ではなく，交通法によっている（同法23104条参照）。ここには，おおよそ次のように規定されている。

車両の無謀運転により他人の身体を傷害した者は，30日以上6ヶ月未満の郡刑務所における拘禁刑または220ドル以上1,000ドル未満の罰金刑に処す。この両者は併科することができる。

以上のことから次のことがいえる。カリフォルニア州では，車両の運転者が通常の過失（単純過失）運転により人を死亡させた場合には，州刑法により，1年を超えない期間の拘禁刑により処罰される。それに対して，その被害者が傷害にとどまった場合には，州交通法により，「無謀運転」を要件として，6ヶ月未満の拘禁刑が科されることになる。もっとも，具体的な量刑では，前掲の事件に見受けられるように，拘禁刑に代えて，被告人には保護観察や地域社会への奉仕活動が命ぜられることも多々あるので，車両によるマンスローター罪で処罰される場合であっても，必ずしも現実に拘禁されるわけではない（量刑の具体的な方法について，島伸一『アメリカの刑事司法――ワシントン州キング郡を基点として』〔弘文堂，2002年〕195－205頁参照。なお，ドイツ法における交通事件に関する刑法ならびに刑事手続上の問題について，高山佳奈子「ドイツにおける交通事件処理」成城法学69号〔2002年〕61頁参照）。

（ウィリアム・バーナード・クリアリー＋島　伸一）

第4講 訴訟条件と親告罪

事例

 検察官は，次のような公訴事実で被告人Xを強姦致傷罪で起訴した。
「被告人Xは，もし強姦の相手が抵抗したならば傷害を負わせてでも姦淫の目的を遂げようと思いながら，早朝，就寝中のA方に侵入し，姦淫しようとしたところ，Aが抵抗し，助けを求めて叫んだため，それを抑圧するために，傷害を負わせることを認識しながらAの顔面を殴打し，Aに傷害を負わせ，そして姦淫を遂げた」。
 裁判所は，強姦の事実については証明十分との心証を得たが，致傷の事実については，起訴状記載の公訴事実とは異なり，強姦後，AがXの後頭部を殴ってきたので，逃走を容易にするためにXがAを殴って負わせたものであったことが審理の過程においてあきらかとなった。

設問
【Q1】審理の結果あきらかとなった事実について，Xの罪責を論ぜよ。また，起訴状記載の公訴事実についてXを強姦致傷罪で起訴したのは妥当であったか。
【Q2】起訴の時点でAの告訴がなかった場合，訴訟法上，いかなる問題点が生じるか論ぜよ。

問題の所在

 1 強姦致死傷罪における重要な論点は，①姦淫の手段としての暴行・脅迫以外の原因によって死傷の結果を生じさせた場合，そして，②行為者が傷害・死亡の結果を認識していた場合における刑法181条の適否の問題である。
 ①の論点は，死傷の結果がわいせつ・強姦の手段としての暴行・脅迫から直

接生じたことを要するかという問題である。この点について学説は分かれているが，多数説は，「姦淫の機会」に行われたならば，わいせつ・強姦の手段としての暴行・脅迫以外の原因によって死傷の結果が生じた場合にも181条を適用すべきと解している。しかし，もっぱら逃走を容易にするために加えられた暴行による傷害をも，「姦淫の機会」に加えられた行為の結果であるとして181条を適用すべきかは検討を要する。

②の論点については，故意ある場合の結果的加重犯の成立を認めるか否かにおける見解を反映するといえるが，行為者が傷害の結果を認識していた場合については，強姦致傷罪の成立を認める見解が有力であるが，死亡の結果を認識していた場合については，傷害の結果を認識していた場合と並行して考えず，分けて考える見解が有力に主張されている。

2　刑法180条は，強制わいせつ罪，強姦罪，準強制わいせつ及び準強姦罪，そして各未遂罪を親告罪と定めている。したがって，これらの罪については被害者の告訴がなければ起訴することはできない。しかし，これらの罪の行為から死傷の結果が生じた場合は，告訴がなくても検察官は起訴し得る。これは，訴訟条件の問題である。訴訟条件を具備していなければ，管轄違い，公訴棄却，免訴の形式裁判で訴訟は打ち切られる。本事例のように親告罪について告訴を欠く場合は公訴棄却となる。

訴訟条件を具備しているかどうかは，職権調査事項であるとする点については争いがないが，その存否の判断の基準については，訴因とすべきか（これを，訴因基準説という。），それとも心証とすべきか（これを，心証基準説という。）で見解がわかれている。訴訟条件を欠く場合，両見解でどのような相違が生ずるか。【Q2】では，この点について論じる必要がある。

そして，本問では告訴を欠くことから，【Q1】でXの罪責を強姦罪と傷害罪の併合罪と解した場合，適法訴因から不適法訴因への訴因変更が認められるか，認められないと解したならば，強姦致傷罪から強姦罪への縮小認定が認められるかという点について検討を要する。さらに，起訴の時点でAの告訴がなかったことから，告訴の追完の問題が関わってくるのかという点についても検討する必要がある。

解　　説

1　強姦致死傷罪における「姦淫の機会」と「死傷の結果」

(1)　刑法181条は、「第百七十六条から第百七十九条までの罪を犯し、よって人を死傷させた者は、無期又は三年以上の懲役に処する。」と規定している。刑法181条の基本となる行為が、わいせつ・姦淫行為のみならず、その手段としての暴行・脅迫をも含むという点では、学説・判例において争いはない。

問題となるのは、181条の文言が「よって」となっていることから、死傷の結果が強姦の行為または手段たる暴行・脅迫から直接生じたものに限られるべきかという点である。

この点について学説は、ⓐ181条の基本行為は、わいせつ・姦淫行為自体、またはその手段たる暴行・脅迫に限定すべきであるとする見解と、ⓑ181条の基本行為には、わいせつ・姦淫行為に密接に関連する行為も含まれると解し、死傷の結果は、わいせつ・姦淫行為、またはその手段たる暴行・脅迫から直接生じたものに限らず、「強姦の機会に行われた密接関連行為から生じたもので足りる」（前田雅英『刑法各論講義〔第3版〕』〔東京大学出版会、1999年〕100頁）とする見解に分かれている。なお、「各基本犯の遂行過程から生じたのであれば足りる」（中森喜彦『刑法各論〔第2版〕』〔有斐閣、1996年〕67頁）とする見解も主張されている。

ⓐ説は、①181条は、「よって」という文言で規定されていることからもわかるように、結果的加重犯であるが、同罪を「強姦『の機会』」や「強姦『の際』」というファクターで限界づけるならば、それは強姦致死傷罪が結果的加重犯であるという性格を失うことになるという点、そして、②「本罪を設けて重い法定刑で処罰する趣旨は、強制わいせつ・強姦罪の行為に随伴して死傷の結果が生ずる可能性が高いため、特に生命・身体の保護を図ろうとすることにある」（大谷實『新版刑法講義各論〔追補版〕』〔成文堂、2002年〕125頁）ということを根拠に、基本となる行為を強制わいせつ・強姦等の実行行為に限定すべきであると主張する。一方、ⓑ説は、被害者の生命・身体の保護を図るという刑事学的目的を根拠としているといえる。もっとも、ⓑ説も、ⓐ説と比べて「強姦の機会」というファクターで基本行為を広く解するものの、「犯罪行為を全体として考察して、全体としてみた犯罪行為からその結果を発生したとみることができれば足りる」（団藤重光『刑法綱要各論〔第3版〕』〔創文社、1990年〕495頁）という程

度まで広げる団藤博士の見解とは一線を画している点に注意を要する（大塚仁『刑法概説各論［第3版］』〔有斐閣，1996年〕105頁）。

　判例は，この点について，大判大正15年5月14日（刑集5巻175頁）で，「強姦致傷罪ハ強姦罪ヲ犯スコトニ因リテ人ヲ傷害ニ致シタル場合ニ成立スルモノニシテ其ノ傷害ハ必スシモ強姦ノ行為自体若ハ其ノ手段タル暴行行為ニ因リテ生シタルモノナルコトヲ要セス強姦行為ヲ為スニ際リ其ノ被害者ニ傷害ヲ加ヘタル場合モ亦強姦致傷罪ヲ構成スル」と判示し，戦後の判例も，被害者が強姦されそうになり全裸で逃走する際に草木などで傷害を負った事例（最二決昭和46年9月22日刑集25巻6号769頁）などについて，「強姦の機会に」や「強姦のときに」という表現を用いて，基本行為を広く解してきたと指摘されている（大谷實「強姦後に逃走のため加えた暴行による傷害と強姦致傷罪」法学セミナー409号〔1989年〕103頁）。

　(2)　両説の限界事例は，本事例で審理の過程において明らかとなった事案，つまり，強姦直後，逃走を容易にするために暴行を加え，それにより強姦の被害者に傷害が生じたような場合であるといえよう。このような事案に対して，大阪高判昭和62年3月19日判決（判時1236号156頁）は，「時間的及び場所的関係において，それに先立つ姦淫目的の暴行脅迫と接着して行われているのであって，逃走のための行為として通常随伴する行為の関係にあるとみられ，これらを一体として当該強姦の犯罪行為が成立するとみるべきもので，これによって傷害の結果を生じた場合には強姦致傷罪が成立する」と判示している。

　ⓐ説は，強姦致死傷罪を結果的加重犯であると解することから基本犯に内在する危険の範囲内の結果についてのみ犯罪が成立すると解すべきであると主張し（森井暲「強姦・強制わいせつ」西原春夫ほか編『判例刑法研究』第5巻〔有斐閣，1980年〕279頁），このような事案に強姦致傷罪の成立を認めるべきではないと解する。一方，ⓑ説の立場からは，本判決について次のような説明がなされている。強姦終了後の暴行により生じた傷害は基本的には181条を構成しないとしつつ，財物を奪取した直後に殴った場合に強盗と評価しうるのと同様に，強姦直後の暴行も，一定の範囲では「強姦の際の暴行」とみることは可能であり，本判決は，「死亡直後の者から財物を奪う行為が窃盗と評価しうるのと類似した考え方である」（前田雅英『最新重要判例250［第4版］』〔弘文堂，2002年〕135頁）とするのである。

　もっとも，前掲大阪高判昭和62年3月19日判決は，従来の判例が判断基準として用いていた「強姦の機会」という判断基準ではなく，強姦行為に「通常随

伴する行為の関係にある」という点から，姦淫後の暴行とそれに先立つ姦淫目的の暴行脅迫を「一体」として解すると判断したものであり，「『強姦の機会に』というよりも，強姦罪を犯すことに『因りて』という点に重点を置いた」（大谷・前掲論文103頁）ものとして理解することもできる。しかし，当該事案に強姦致傷罪の成立を認めた結論自体は，やはり基本行為を広く解しすぎであり，不当であろう（西田典之『刑法各論［第2版］』〔弘文堂，2002年〕96頁）。したがって，強姦した後，もっぱら逃走を容易にするために被害者に暴行を加え負傷させたXには，強姦罪と傷害罪の併合罪が成立すると解すべきであろう。

もっとも，ⓑ説も，「強姦の機会」に生じた傷害をすべて含むと解しているわけではない。同説に立つ論者も，姦淫行為に着手したところ，被害者がかねてから恨みをもっていた女性であることがわかったので，復讐の意思で暴行を加え傷害を生じた場合や，強姦の事実を内密にするよう被害者に迫ったところ応じなかったために傷害を負わせた場合等についてまで，「強姦の機会」に行われたとして181条の罪にあたると解するわけでなく，これらの場合には強姦罪と別罪を構成すると解している。

2　強姦致死傷罪における「死傷の結果」の認識

(1)　本事例で検察官は起訴状記載の公訴事実についてXを強姦致傷罪で起訴していたが，これは妥当であったのであろうか。

強姦致傷罪は，刑法181条が「よって」と規定していることからもわかるように，結果的加重犯である。そこで，本事例の起訴状記載の公訴事実のように，行為者が被害者の傷害（または死）の結果を認識していた場合，いかに解すべきかが問題となる。

傷害の結果について認識していた場合について，学説は，①傷害罪と強姦致傷罪の観念的競合とする見解，②傷害罪と強姦罪の観念的競合とする見解，③強姦致傷罪とする見解に分かれる。

①説に対しては，傷害罪で傷害の結果を評価するのであれば，強姦「致傷」罪の成立を認めると傷害の結果を二重に評価することになるとの批判がなされている。

また，②説によると，（傷害の故意のない場合は強姦致傷罪となるのに対して，）傷害の故意のある場合は強姦罪と傷害罪の観念的競合となり，刑が強姦罪の法定刑（2年以上の有期懲役）にとどまることになる。そうすると，傷害の故意がある場合の法定刑が，故意のない場合の法定刑（無期又は3年以上の懲役）より

も軽くなってしまい刑の均衡が害される点で問題がある（大谷・前掲書127頁，中森・前掲書68頁，団藤・前掲書495頁，西田・前掲書89頁）。この点について，②説の論者は，181条の法定刑が重いのは致死の場合を考慮したためであるから，致傷の場合について②説のように解したとしても「実質的にも，おそらくそれで不都合がないのではなかろうか」（大塚・前掲書106頁注六）と反論する（曽根威彦『刑法各論〔第3版補正版〕』〔弘文堂，2003年〕75頁）。しかし，判例が傷害の故意がある場合にも181条の適用に固執しているのは，この法定刑の均衡にあると指摘されている（前田・前掲書『刑法各論講義』102頁）。

　③説は，強制わいせつ・強姦の実行行為が傷害の結果を伴う場合が多いこと，通常，暴行または傷害についての未必的認識をもって行われること（大谷・前掲書126頁）などから，傷害の結果を認識している場合にも強姦致傷罪が適用されるべきであると主張する。

　(2)　一方，行為者が死の結果を認識していた場合についても，傷害の結果を認識していた場合と並行して考えると，④殺人罪と強姦致死罪の観念的競合（大判大正4年12月11日刑録21輯2088頁，最一判昭和31年10月25日刑集10巻10号1455頁）⑤殺人罪と強姦罪の観念的競合⑥強姦致死罪が主張され得る。

　判例は，④説に立っているが，その根拠については，「強姦致死罪の中に死について故意ある場合をも含むものと解して本罪の成立を認めるだけでは，単に殺人を犯したにすぎない場合よりも軽くなってしまい，刑の均衡を害するからであろう」（林幹人『刑法各論』〔東京大学出版会，1999年〕100頁。同旨，前田・前掲書103頁）との指摘がなされている。しかし，殺人罪により死亡の結果を評価するのであれば，別に強姦致死罪の成立を認めるべきではない（札幌地判昭和47年7月19日判時619号104頁）。

　先述の②説に対して加えられている刑の均衡の問題について，死の結果を認識している場合では，殺人罪と強姦致死罪の法定刑が「死刑又は無期若しくは3年以上の懲役」と「無期又は3年以上の懲役」であることから，刑の均衡の点を意識して⑥説を主張する実益はないといえよう（中森・前掲書68頁，西田・前掲書89頁）。さらに，強姦と傷害は密接に結びつくとしても，死の結果はそうとはいえないことから，傷害の結果を認識していた場合と死の結果を認識していた場合とを並行して考えず，分けて考える見解が有力に主張されている。つまり，傷害の結果を認識していた場合には③説に立つも，死の結果を認識していた場合には（⑥説ではなく）④説または⑤説を主張するのである。

　しかし，④説は，死の結果を二重に評価する点で妥当でなく，そして，立法

者が（稀である）強姦の際に殺意の存在する場合をも想定して181条を規定していたかは疑問であることから（前田・前掲書『刑法各論講義』103頁），⑤説が妥当であろう。

このように傷害の結果を認識していた場合と死の結果を認識していた場合とで区別する見解が妥当なのかという点については，犯罪類型を刑事学的に考察した場合，両者には上述のような差異——強姦の際，殺意を伴う場合は少ないが，傷害の故意は未必の故意を含めればむしろ一般的に伴うということ——があること，そして「罪数論の見地から，殺人の場合は致死の点は殺人罪に吸収させ，傷害の場合は傷害の点は強姦致傷罪に吸収させるのだとすれば，特に不都合はないであろう」（林・前掲書101頁）との見解が示されている。

この論点は，強姦致死傷罪が結果的加重犯であることから，「故意のある結果的加重犯」をいかに解するかという問題を反映している点に留意すべきである。「結果的加重犯とは，基本となる犯罪から生じた結果を重視して，基本となる犯罪に対する刑よりも重い法定刑を規定した犯罪をいう」（大谷實『新版刑法講義総論』〔成文堂，2000年〕221頁）が，重い結果について故意がある場合にも結果的加重犯が成立するかは学説上争いのあるところである。行為者の予期しない重い結果についてのみ結果的加重犯が成立すると解し，故意のある結果的加重犯を認めない通説の立場からは，③説と⑥説は採りえないことになる（大塚・前掲書104頁）。しかし，このような結果的加重犯の理解に対しては，故意のない場合に限る根拠に乏しいとの批判がなされている（大谷・前掲書〔各論〕222頁）。したがって，故意のある場合にも結果的加重犯の成立を認め，傷害を認識していた場合は③説，死の結果を認識していた場合は⑤説が妥当であると解すべきであろう。よって，検察官が強姦致傷罪で起訴したのは妥当である。

3　訴訟条件とその存否の判断

(1)　訴訟条件とは，訴訟手続を有効に成立させ，これを継続させるための条件をいう。したがって，訴訟条件は，公訴提起のときから実体審理を経て実体判決に至る，訴訟全体を通じて必要とされる条件である。訴訟条件が備わっておれば裁判所は実体判決を下すが，訴訟条件を具備していない場合は，形式裁判（刑訴法329条の管轄違いの判決と，337条の免訴判決，338条の公訴棄却の判決，339条の公訴棄却の決定）により訴訟手続は打ち切られることになる。

刑法180条は，強制わいせつ罪，強姦罪，準強制わいせつ罪，準強姦罪，そして各未遂罪を親告罪と定めている。親告罪は，①強姦罪や名誉毀損罪など，

被害者の名誉あるいはプライバシーを尊重して，または，②過失傷害罪や器物損壊罪など，被害の軽微性から，訴追意思を被害者の意思に係らせ，被害者等の処罰意思の有無を尊重して，告訴がない場合には訴訟手続を開始させないとするものである。

被害者の告訴なく親告罪である強姦罪などで起訴した場合は，338条4号に定める「公訴提起の手続がその規定に違反したため無効であるとき」に該当し，公訴棄却の判決が下されることになる。

(2) 訴訟条件の存否の判断は，原則として裁判所の職権調査事項であるという点については争いがないといってよい（例外として，土地管轄は被告人の申立てによって判断される〔刑訴法331条1項〕）。

しかし，その存否の判断が何を基準としてなされるべきかという点については，訴因を基準に判断されるとする訴因基準説と，裁判所の認定内容を基準とする心証基準説とに分かれる。

審理の対象は，訴因か，それとも公訴事実かという問題は，刑事訴訟における最も重要な論点の一つである。訴因とは，「起訴状に主張された具体的事実」（田宮裕『刑事訴訟法〔新版〕』〔有斐閣，1996年〕187頁）であり，公訴事実とは「『公訴事実の同一性』が肯定される範囲の事実」（田宮・前掲書185頁）を指す。審理の対象を訴因と考える「訴因説」と公訴事実と考える「公訴事実説」との解釈上の相違点は，いかなる場合に訴因変更手続を必要とするかという「訴因変更の要否」の問題や上述の訴訟条件存否の判断の基準の問題，訴因変更命令制度をいかに解するかという問題等にあらわれる。

具体的には，訴訟条件存否の判断については，訴因説は訴因基準説を，公訴事実説は心証基準説を主張することとなる。本事例にあてはめて説明すると，訴因基準説は，訴因たる強姦致傷罪を基準に考えるので，裁判所は強姦致傷罪の訴因に対して強姦しか認定できなかったのであるから，検察官に釈明を求め（刑訴規則208条1項)，訴因変更をするかどうか確かめ，訴因変更がなされれば，本問では被害者Aの告訴がなかったので形式裁判により公訴棄却が言い渡され，訴因変更がなされなければ，訴因である強姦致傷罪について無罪判決を下すこととなる。一方，心証基準説は，裁判所の心証たる強姦罪を基準に考えるので，訴因変更を経ることなく，訴訟条件を欠くとして刑訴法338条4号により公訴棄却となる。つまり，争点は，審理の結果明らかとなった事実（強姦）を基準とすれば訴訟条件を欠く（親告罪について告訴の訴訟条件を欠く）本問のような場合，裁判所の強姦の心証を基準に直ちに形式裁判で手続を打ち切ってよいのか，

それとも訴因変更をした上で形式裁判で手続を打ち切るべきなのかという点に帰着する。

審理の対象を訴因と解する通説からは，訴訟条件が公訴の要件（起訴条件）であるということにも鑑み，訴因を基準に訴訟条件の存否を判断する訴因基準説が妥当であると解することとなる。したがって，多数説は，訴因と心証が異なる場合，検察官が訴因変更をしたときに形式裁判を言い渡し，訴因変更がなされなければ当該訴因について無罪とするほかないと解している。訴訟対象の設定は検察官の任務であること，そして当事者主義的訴訟構造からは再起訴の可能性を留保するかどうかは裁判所ではなく検察官が判断すべきであり，無罪となれば再起訴ができなくなるにもかかわらず，それを承知で検察官は訴因変更をせず，現訴因を主張していることから，裁判所が強姦の心証を得ていたとしても無罪を言い渡すべきであろう（田口守一『刑事訴訟法［第3版］』〔弘文堂，2001年〕221頁）。

4 適法訴因から不適法訴因への訴因変更の可否と縮小認定について

(1) 本問では，検察官は強姦致傷罪の訴因で起訴したが，審理の経過により強姦の事実が判明したので，訴因と心証が異なることになる。したがって，3で述べたように，審理の対象を訴因と解する通説からは，そのままでは審理で明らかとなった事実（強姦）を認定することはできず，無罪判決を回避するためには訴因変更を要することとなる。しかし，本問のように告訴がない場合，それは適法訴因から不適法訴因への訴因変更となり，検察官の強姦罪への訴因変更請求が認められるかが問題となる。

この問題については肯定説と否定説が主張されている。否定説は，訴因に対する適法性の維持を根拠に，訴訟条件を欠く訴因（不適法訴因）への訴因変更を消極的に解し，裁判所は訴因を逸脱して事実を認定することは認められないので無罪とすべきであるが，明示されている訴因の一部として訴訟条件を欠く訴因を認定することができる場合に限って公訴棄却とすることはできる（松尾浩也・刑事訴訟法判例百選［第5版］105頁）等と主張されている。

これに対し，訴因の変更を認める肯定説は，訴因変更制度は，もともと有罪獲得に向けられた制度であることから，形式裁判となれば再起訴が可能となる場合があるのであるから，この場合（親告罪と判明したが告訴がないことから不適法訴因への訴因変更を請求する場合）にも訴因変更制度が機能すべきであると考えることは十分可能であること，この場合に訴因変更請求が許されるかどうか

という問題と，変更の結果，実体審理ができなくなるかどうかとは別の問題であることから，検察官が訴因変更請求をしたならば，それを許し，変更された訴因を基準として形式裁判をなすべきと主張している（田口・前掲書221頁）。

　(2)　もっとも，本問の場合，訴因変更せずに強姦罪への縮小認定が認められないだろうか。なぜなら，強姦致傷罪と強姦罪が全体と一部の関係にあると解し縮小認定が認められるならば，訴訟条件の存否の判断基準を訴因に求めるとしても，訴因変更なしに，強姦致傷罪のまま公訴棄却を言い渡すことができるからである。

　縮小認定とは，「訴因の中に包含された犯罪事実を認定するには訴因の変更を要しない」（田宮・前掲書199頁）とする原則であるが，先の点については，ⓐ否定説とⓑ肯定説とに分かれている。ⓐ説は，訴因基準説を厳格に解し，審理の結果，強姦の事実が判明したが告訴がなかった本問のような場合，縮小認定の理論は認めず，強姦への訴因変更がなされないかぎり，強姦の嫌疑があっても無罪とすべきであり，訴因変更があった場合に初めて公訴棄却とすべきであると解する（平野龍一『刑事訴訟法』〔有斐閣，1958年〕153頁）。しかし，同見解に対しては，「有罪認定の場合と形式裁判の場合とで縮小認定に関して厳格な区別をする理由が必ずしもあきらかでない」（田口・前掲書222頁）との批判がなされている。一方，ⓑ説のように，検察官が訴因変更をせず，あくまでも現訴因を主張している場合に縮小認定をして形式裁判を言い渡せば，それは検察官の意思に反することになろう。

　そこで，検察官の訴追意思を基準として，検察官が縮小訴因を予備的に主張していると認められる場合には縮小認定を認めるとする見解（以下，ⓒ説という。）が主張されている。同説によると，縮小訴因が予備的に主張されていると認められる場合は，縮小訴因を基準として訴訟条件の存否を判断してよいとし，縮小訴因に対して訴訟条件を欠く場合は訴因変更なしに公訴棄却をすることも許されるとするのである。なぜなら，このような場合は，被告人に防御の機会が与えられていた，つまり被告人にとって不意打ちとはならないからであると主張する。したがって，検察官が予備的に主張しているとは認められない場合，たとえば検察官が予備的訴追を拒否している場合（田口・前掲書222頁）や，縮小訴因で訴追する意思がないことが明らかな場合（福井厚『刑事訴訟法講義［第2版］』〔法律文化社，2003年〕230頁），そして，罪質・刑量が著しく異なり検察官によって縮小訴因が予備的に主張されているとは認められない場合（田宮・前掲書199頁）には，縮小認定は許されないと解する。

判例は，古くから縮小認定の原則を認めており，たとえば，強盗から恐喝（最二判昭和26年6月15日刑集5巻7号1277頁），殺人から同意殺人（最二決昭和28年9月30日刑集7巻9号1868頁），殺人未遂から傷害（最二決昭和28年11月20日刑集7巻11号2275頁），強盗致死から傷害致死（最二判昭和29年12月17日刑集8巻13号3147頁）などについて縮小認定を認め，訴因変更を不要としている。これら実体裁判だけでなく，形式裁判の場合にも縮小認定を認めており（福井・前掲書231頁），訴因基準説は，これらの判例について，縮小認定が可能な事例であり，予備的に縮小訴因が主張されているとして訴因変更をせずに形式裁判が下されたと説明する（後藤昭「予備的訴因と訴訟条件」芝原邦爾ほか編『松尾浩也先生古稀祝賀論文集下巻』〔有斐閣，1998年〕354頁）。

　しかし，このように形式裁判を下すとすると，一事不再理の効力は生ぜず，再訴の余地を残すこととなる。つまり，以下のような問題点がでてくる。当初の訴因について形式裁判が下された場合，縮小訴因について訴訟条件を整えて起訴することは，二重の危険が発生しないので適法となる。そして，それを当初の訴因に変更することも可能であり，そうすると，当初の訴因について有罪認定ができなかったことから形式裁判が言い渡されたにもかかわらず，再び当初の訴因について被告人に防御を余儀なくさせることとなり，実質的に二重の危険にさらすことになる。つまり，訴訟条件を欠く訴因を予備的に主張できることから，「本位的訴因に証明なしの判断をしながら，予備的訴因に対して形式裁判をして，再起訴の可能性を残すことは，不当である」（後藤・前掲論文367頁）とする指摘である。そこで，告訴がないまま，（非親告罪である）A罪の訴因で起訴し，審理の結果，（親告罪でA罪の縮小訴因である）B罪であることが判明した場合，①（訴因変更の意思の有無について釈明を求めた後）検察官が訴因変更をしなければ，A罪について無罪判決を言い渡し，告訴を得たとしてもB罪の訴因での起訴は一事不再理効により禁止する。②検察官が訴因をB罪に変更した場合は，告訴がないことからB罪について形式裁判を下し，告訴を得ればB罪での起訴は禁止しないが，当初の訴因（A罪）への訴因変更や再起訴は原則として禁止すべきとの主張がなされており（福井・前掲書232頁），その根拠づけとして刑訴法340条を準用すべきとの見解が主張されている（後藤・前掲論文370頁）。

　(3)　それでは，本問の場合，縮小認定は認められるであろうか。思うに，検察官が予備的に縮小訴因を主張していると認められる場合は，被告人に防御上の不利益を生ずるものではないので，ⓒ説が妥当であると思われる。したがっ

て，検察官の訴追意思を確認し，予備的に強姦罪が主張されているかどうかによることになる。予備的主張が認められれば，強姦を縮小認定して公訴棄却すべきとなるが，強姦罪と強姦致傷罪では，一方は親告罪，他方は非親告罪であり，強姦致傷罪はその犯罪の重大性から告訴を不要としているのであるから両者は質的に異なるといえ，（縮小訴因である）強姦罪が検察官によって予備的（または黙示的）に主張されていたと解すべきではないのではないだろうか。特に本問の場合，検察官は告訴を得ていなかったのであるから，強姦罪を予備的に主張していたとは認めがたい。このように解するならば，本問では，縮小認定は認められず，強姦致傷罪の訴因のままでは公訴棄却はできず，無罪とせざるを得ないであろう。

なお，強姦致傷罪から強姦罪への縮小認定は認められないとしても，強姦致傷罪（非親告罪）から強姦罪（親告罪），さらに暴行罪（非親告罪）へ二重に縮小認定し，非親告罪である暴行罪として有罪判決を下すことは許されるであろうか。この二重の縮小認定の可否の問題について，学説は，否定説と肯定説に分かれている。肯定説は，強姦の事実は強姦致傷の審理で明らかになっているので被害者のプライバシーや名誉を考慮する利益に乏しいこと，そして暴行罪について有罪判決を言い渡す方が，強姦罪を認定して公訴を棄却するよりも被告人にとって有利であることを根拠としている。しかし，否定説が主張するように，このような二重の縮小認定を認めると，強姦罪を親告罪としている法の趣旨に反するというべきであろう。

5　訴訟条件の追完——告訴の追完を中心として——

(1)　適法訴因（強姦致傷罪）から不適法訴因（強姦罪）への訴因変更が認められると解したとしても，本問では起訴時に被害者Aの告訴がないわけであるから，そのままでは実体審理をすることは許されず，訴訟条件を欠くとして公訴棄却されることとなる。

それでは，被害者Aの告訴を後に得た場合，告訴の追完が認められるであろうか。つまり，公訴提起のときには訴訟条件が備わっていなかったが，後に訴訟条件が具備された場合，それ以後，公判を有効として実体審理・判決をしてよいかという問題である。

訴訟条件の追完は，このような，告訴の追完をめぐって議論されているが（田宮・前掲書228頁），告訴の追完としては，①告訴なく親告罪の訴因で起訴した場合，②非親告罪の訴因で告訴なしに起訴したが，公判で親告罪であること

が判明した場合，③科刑上一罪が親告罪と非親告罪とからなるときに，前者につき告訴がないまま後者のみ起訴した場合に分類される。

　(2)　①について，判例は，告訴の追完を認めていない（大判大正5年7月1日刑録22輯1191頁，名古屋高判昭和25年12月25日高等裁判所刑事判決特報14号115頁）。その理由として，「親告罪の告訴は訴訟条件であるから起訴の際にその有無による訴訟係属の決定をすべきであるのに，追完をゆるせばその時期が不明確になり，さらにそれに遡及効を認めれば，公訴時効などの関係でも手続の確実性を不安定なものにすることになる等を理由とする」（土本武司『刑事訴訟法要義』〔有斐閣，1992年〕118頁）とされる。これに対して，学説の中には，訴訟の発展的・動的性格そして訴訟経済を理由に訴訟条件の追完を認める立場から①の告訴の追完についてもこれを認めるべきであるとする見解も主張されている（団藤重光『新刑事訴訟法綱要〔7訂版〕』〔創文社，1967年〕162頁）。このような場合に公訴棄却を言い渡した上で再度公訴提起を行うべきものと解するのは無用の手続を要求するものであると主張するのである。もっとも，①の場合，肯定説がその論拠とする，親告罪であるかどうかは審理の経過によってはじめて判明するという訴訟の動的性格は関係しないはずである（高田卓爾『刑事訴訟法〔2訂版〕』〔青林書院，1984年〕330頁）。

　多数説は，①の場合，告訴の追完を許さないと消極的に解している（高窪貞人「訴訟条件と訴因——親告罪の告訴」刑事訴訟法判例百選〔第7版〕110頁）。その理由としては，検察官が親告罪の訴因をかかげながら告訴なしで起訴することは許すべからざる違法な行為であり，かかる起訴に対する否定的判断を明らかにしておく必要があるということ，そしてそのような不当な起訴から開放されるべきという被告人の権利より訴訟経済の方が優越する利益とは思われないこと，告訴なしにとりあえず非親告罪で起訴しておき，審理の経過を待って告訴期間内に被害者の告訴を得ようというような時間稼ぎをするという不都合が生じ得るということ，被害者のプライバシーを保護するという観点から親告罪とされているという親告罪の趣旨を没却してしまうことなどが挙げられている（高田・前掲書330頁，光藤景皎『口述刑事訴訟法（上）〔第2版〕』〔成文堂，2000年〕329頁他）。もっとも，冒頭手続までに追完された場合や，被告人の同意があった場合，告訴なしの起訴が検察官の軽微な過誤にとどまる場合等には，追完を認めるとする見解も主張されている（平野龍一『刑事訴訟法』〔1958年〕146頁，田宮・前掲書229頁，田口守一「公訴棄却の判決」藤永幸治・河上和雄・中山善房編『大コンメンタール刑事訴訟法第5巻Ⅱ』〔青林書院，1998年〕249頁）。

(3)　以上の①の場合に対し，②③の場合は，本来の意味での告訴の追完の問題ではない（田宮・前掲書229頁）。なぜなら，②の場合とは，公訴提起の時点ではなく，審理の結果，親告罪と判明し，親告罪として審理する時点において初めて告訴が必要となった場合であり，③の場合も，現行の訴因制度の下では親告罪の部分はまだ公訴提起されていないと解される場合であることから，②については親告罪と判明したときに，③については親告罪の部分をつけ加えたときに，告訴がなされれば，「適時に告訴があったのだから，厳密な意味での追完ではない」（光藤・前掲書329頁）といえるからである。

　判例も，非親告罪である窃盗罪として起訴された後に，審理の過程で親告罪である器物損壊罪と判明した事案について判示した東京地判昭和58年9月30日（判時1091号159頁）で，非親告罪として起訴された後にこれが親告罪と判明した場合，起訴の時点では告訴がなかった点をどう考えるべきかについて，「当初から検察官が告訴がないにもかかわらず敢えてあるいはそれを見過ごして親告罪の訴因で起訴したのとは全く異な」ると述べて，①と②で一線を画し，②は「告訴の追完」が問題となる事例ではないと解しているといえよう（三井誠「非親告罪として起訴された後にこれが親告罪と判明した場合，訴因変更の手続等によって親告罪として審判すべき事態に至った時点において有効な告訴があれば，実体裁判をすることができるとされた事例」判例評論361号〔1989年〕225頁）。そして，同判決は，「訴訟の進展に伴ない訴因変更の手続等によって親告罪として審判すべき事態に至ったときは，その時点で初めて告訴が必要となったにすぎないのであるから，現行法下の訴因制度のもとでは，右時点において有効な告訴があれば訴訟条件の具備につきなんら問題はなく実体裁判をすることができると解する」としている。

　本問が該当する②の場合，起訴状記載の訴因については，告訴がなくても非親告罪であるから訴訟条件を具備しており——検察官が親告罪（強姦罪）の事案であることを知りながら，告訴が得られないのでとりあえず非親告罪（強姦致傷罪）で起訴していたというような場合ならばともかく，本問にはそのような記述はないので——公訴提起自体は適法であり，手続上の瑕疵はない。そして，その後，親告罪と判明した時点で告訴を得たならば，当該親告罪についても訴訟条件を具備していることとなる。「現行法の訴因制度において，告訴の追完を論じるとすれば，それは，告訴を欠いた親告罪の事実についての起訴が後日告訴を得ることにより適法なものとなりうるかといった場合」（三井・前掲論文225頁）についてであるから，本問は，告訴の追完の問題ではなく，起訴時

に告訴がなくても，親告罪（強姦罪）と判明した時点で有効な告訴があれば，実体審理を進めることができる。

発展問題

設問

【Q1】本事例で，検察官が，被害者Aの告訴が得られないので，事案が親告罪たる強姦罪であることを知りながら，非親告罪である強姦致傷罪で起訴していた場合，告訴の追完は認められるか。

【Q2】強姦後，犯行の発覚をおそれて被害者を殺害した場合の罪責を述べよ。

【Q3】夜，海岸で強姦しようとしたところ，被害者が逃走し，海に入って溺死した場合，何罪が成立するか。

【Q4】B女は，会社帰りの夜道で突然Xに襲われ，強姦された。Xは過去に数人の女性に対して同様に強姦を繰り返しており，警察にマークされていたが，いずれも被害者からの告訴がなかったため，起訴できずにいた。今回も被害者は告訴しなかったが，検察官はB女の告訴がないにもかかわらずXを強姦罪で起訴した。その後，証拠調べにより，B女は恐怖のあまり犯人はXだけだと思っていたが，Xは犯行前に居酒屋で意気投合したYと共にB女を強姦していたことがわかった。そこで，検察官は，非親告罪への訴因変更請求をした。裁判所はいかなる措置を採るべきであろうか。

【Q5】名誉毀損罪から侮辱罪への縮小認定は認められるか。

【Q6】告訴がないまま親告罪である刑法244条2項の親族相盗例で起訴したが，審理の結果，親族相盗例に該当しないことが判明した場合，非親告罪である窃盗罪への訴因変更は許されるか。

【関連判例】

当該判例の下に調査官解説を付記し，最重要判例には☆印を付した。

・最二決昭和29年9月8日刑集8巻9号1471頁
　天野恵一『最高裁判所判例解説刑事篇昭和29年度』255頁

- 東京高判昭和30年6月1日高裁刑事裁判特報2巻16＝17号805頁
- ☆最一判昭和31年4月12日刑集10巻4号540頁
  吉川由己夫『最高裁判所判例解説刑事篇昭和31年度』98頁
- ☆最一決昭和35年2月11日最高裁判集刑事132号201頁
  吉川由己夫『最高裁判所判例解説刑事篇昭和35年度』46頁
- 甲府地都留支判昭和42年12月25日判タ218号263頁判時512号74頁
- 福岡高那覇支判昭和49年4月24日判時747号118頁
- ☆東京地判昭和58年9月30日判時1091号159頁
- ☆最二判平成2年12月7日判時1373号143頁
- 東京地判平成9年9月25日判タ984号288頁
- 東京高判平成12年2月21日判時1740号107頁

【参考文献】
最重要文献には☆印を付した。
- 寺崎嘉博『訴訟条件論の再構成』（成文堂，1994年）
- 岩橋義明「告訴の追完」研修610号（1999年）841〜850頁
- ☆大谷實＝前田雅英『エキサイティング刑法〔各論〕』（有斐閣，2000年）37〜55頁
- ☆田淵浩二「訴因と訴訟条件」刑事訴訟法の争点［第3版］（2002年）128頁
- 前田雅英ほか編『条解　刑法』（弘文堂，2002年）
- 三井誠『刑事手続法Ⅱ』（有斐閣，2003年）
- 松本時夫＝土本武司編『条解　刑事訴訟法［第3版］』（弘文堂，2003年）

（岡本昌子）

第5講 訴訟能力と責任能力

事例

　Xは、重度の聴覚障害があり、学校にも行っておらず、適切な教育を全く受けていないため、読み書き、手話、読唇・発語もできず、意思疎通の手段を全く持たない。家族にしか通じない簡単な身振り動作をしていたのみである。Xは、万引き事件を起こし、同種余罪とともに起訴された。被告人の意思疎通の能力は3歳児程度であり、動作性の知能は9歳のレベルに止まる。権利告知はもちろん、弁護人が事実の聴取を行おうと思っても、全く意思疎通をはかることができない。

設問

【Q】Xに対して、裁判所はどのように手続を進めるべきか。

問題の所在

　Xは、充分に言語の獲得ができておらず、意思疎通に事欠くばかりでなく、抽象的な事項の理解力、判断力も充分ではなかった。
　また、Xに対しては、起訴状の朗読をしてもその意味を通じさせることができず、黙秘権等の権利告知もできない。
　このような場合、Xの責任能力、訴訟能力をどのように考えるべきか。また、裁判所は、訴訟手続を停止するべきか、公訴を棄却するべきか、無罪判決により手続を終了させるべきか。

解説

1 聴覚障害の特殊性

本件のような被告人の存在は決して特異なものではない。

聴覚障害があっても言語的な能力を身につけることは可能である。しかしながら，健聴者は，幼いときから耳から入ってくる大量の音声情報によって言語を習得し，人とのコミュニケーションを覚え，社会性を身につけていくことが容易であるのに比べ，聴覚障害は言葉の習得自体が難しい場合がある。とくに聴覚障害者が，学校に通う機会を持たなかったり，家族が無関心であったり，聴覚障害がある者のコミュニティーで成長する機会を持たなかった場合には，音声言語はもちろん，手話や読み書きなどの言語的な能力を全く身につけないままで成長してしまうことがある。言語的な能力の欠如は，抽象的な思考をすることや自己の意思の伝達，相手の意思の理解が，全て不可能であることを意味する。

2 責任能力と訴訟能力

(1) 責任能力があるといえるか

改正前刑法では40条で，瘖唖者の責任阻却または刑の減軽の規定を定めていた。しかしながら，この条文は，ろう教育の進展や聴覚障害者への差別の助長の可能性を有するものとして平成7年に削除された。本件のように言葉を持たない聴覚障害者は，家族がいればその庇護の元に生活することもあるが，雑役等の現業に従事したり，社会保障の給付を得ながら買物をしたりして，独立して社会生活を営み得ることもある。

責任能力とは，自己の行為の是非・善悪を弁別し，かつ，その弁別に従って行動する能力をいうものとされ，過去の裁判上は，専ら，精神の障害によってこのような能力を欠いたり，減少したりした場合には心身喪失，心身耗弱と判断されてきた。

本件のような場合には，社会的な適応の力があり，精神自体には障害がないのだから，責任能力を問い得るという考え方も可能であろうが，言語的なレベルが幼児並みであり，動作的な能力も小学校低学年程度に止まっているような特異な状況の者が，違法性の認識や判断ができるといいうるだろうか。このような場合には刑法39条を準用して，あるいは，期待可能性の問題として責任を

阻却ないし減少させるという考えもとり得るのではなかろうか。

(2) 訴訟能力はあるといえるか

また，刑訴法314条1項は「心身喪失の状態」の者については訴訟手続を停止すべきことを定めている。この規定は「訴訟能力」について定めた規定であるとされ，訴訟において被告人に保障された諸権利を行使することができないような場合には訴訟を進めるべきではないという考えに基づく。

訴訟能力の有無の判断基準は，刑事手続において自分が置かれた立場，各訴訟行為の内容，黙秘権などに関する一般的・抽象的な概念の理解や意思疎通の能力まで必要とするのか，そこまでの能力は必要でなく，具体的・実質的・概括的な理解能力や意思疎通の能力があればいいのか，考え方の対立がある。前説は，刑訴法314条1項が，被告人の防御能力を尊重して，手続が公正に進められることを目的とした規定であることや比較法的な考察を重視する。後説は，前説を，ここまでの能力まで必要とすれば，責任能力よりも高い能力を要求することになり，憲法や刑事訴訟法が迅速な裁判を要求する趣旨が没却される，海外では保安処分や治療処分があるから訴訟能力がないと判断された者をそのような手続にそらすことが可能であるが，日本ではそのような手続は用意されていない等と批判する。

最高裁は，訴訟能力について，「被告人としての重要な利害を弁別し，それに従って相当な防御をすることのできる能力を欠く状態」とする（最三決平成7年2月28日刑集49巻2号481頁。なお，これについて川口政明『最高裁判所判例解説刑事篇平成7年度』125頁）。また，この判例は，精神病等のために意思能力を欠く場合だけでなく，本件のように教育を受けられなかった聴覚障害者について，弁護人等と意思疎通をする能力を欠いて（少なくとも大きな制約を受けて）おり，言語的能力の不足によって理解力や判断力を欠いている場合についても，同条を適用できるものとした（なお下級審では同条を準用している）。

なお，最高裁は，上記決定の後，このような障害をもつ被告人について，社会内で自活していたことや，過去何度か刑事裁判を受けた経験，刑事手続での被告人の供述や対応などについて詳細に判断し，訴訟能力を肯定する判断をした（最一判平成10年3月12日刑集52巻2号17頁）。しかしながら，社会内で自活し得たかどうかと，抽象的な思考力やコミュニケーションの能力を持ち得たかどうかは全く別な問題である。しかも，聴覚障害者の言語特性等について知識を充分に持たない法律家が多い現状で，過去刑事裁判を受けたことを重視することには疑問を禁じ得ない。とくに，実刑とならないような事件であれば，早期

に身柄を解放し，手続を終了するのが被告人の利益にかなうと考え，責任能力，訴訟能力を全く争点としないまま裁判が進められることが多いのが現実であろう。

なお，ある程度若年の被告人であれば，刑事手続中に言葉を覚えていく可能性がある。どの時点で，何をどこまで理解していたかについて，きちんとした証拠を残さないで，この点を判断することは極めて危険である。法廷での供述や対応を判断に入れるのであれば，これを後で検証できるように，法廷において被告人の動作をビデオに残すなどの配慮が本来不可欠と思われる。

3　起訴状の送達は訴訟無能力者に対しても有効か

では，訴訟能力の欠けている者に対して，起訴状が送達された場合，起訴状送達があったといえるか。意味を解さない者に送達をしても無意味だから，刑訴法271条2項に定める期間に有効な送達がなかったものと考えることも可能である。そうであれば，手続は，同法339条1項1号で公訴棄却すべきということになる。

起訴状の送達は，裁判が提起されたことを知らせることが目的であり，訴訟を継続するに足る能力までは必要なく，弁護人等の助力によって訴訟能力を含めた争点について裁判で防御することが可能なのであるから，起訴状送達自体を無効と考える必要はないものとするのが通説のようである（なお，東京高決昭和39年2月4日判時363巻47頁）。

しかしながら，このような言語力のない者に，裁判が起こったこと，裁判で争われる公訴事実を弁護人がどうやって説明することができるのか。そもそも，弁護人がどういう立場の者であるかを理解させることすら不可能であろう。家族間の身振り程度の抽象度の言葉では時間軸，仮定などを表現し得ないし，もともとそういう概念を持たない当該被告人には理解させることができないであろう。このような実態を考えれば，送達自体を無効とする考え方も決して不合理なものではない（なお，宇都宮地決昭和38年9月6日判時350巻39頁）。

4　訴訟能力と訴訟の進行

刑訴法314条1項は，心身喪失の状態にある者について訴訟手続きを停止することを定めており，本件についてXが心身喪失状態といえるのであれば，裁判を停止すべきということとなる。

裁判所は，このような能力の有無について，裁判の進行上，訳した言葉がど

の程度通じているか等をみて，鑑定によらずに判断することも不可能ではないが，語彙やコミュニケーションの能力等であれば聴覚障害者の相談業務等を行っているソーシャルワーカー等によって容易に鑑定することが可能であり，出所後の体制整備を事実上行ううえでも，このような鑑定をすることが望ましい。しかも，裁判所の体験のみで判断をしてしまえば，上訴された場合に，裁判所が判断の根拠とした動作等が証拠として残らないという問題が起きてしまう（前述のように，法廷での被告人の動作等を逐一ビデオにとっていれば別だろうけれども）。

　手続停止には問題もある。314条1項は，主として精神に障害を来した場合を想定している。例えば，統合失調症の陽性症状は，投薬等により数ケ月以内でおさまるのが通常で，それがおさまれば裁判を開始することも可能となろう。

　しかしながら，コミュニケーション能力がない当該被告人のようなケースについては，そのような能力が回復し得るとしても何年，何十年の長いタームが必要となり得るし，そもそも，言語習得については十代が臨界点といわれ，それ以上の年令の被告人には言語能力の回復はあり得ないとも考え得る。その間，このような者を，被告人として裁判を再開され得る地位におき続けることは極めて不合理であり，人権を侵害するものであろう。そもそも，訴訟手続の停止は当然に勾留を停止することを意味するものではなく，現実に，本件と同じような聴覚障害者が，公判手続が停止された後も勾留され，1年近くたってやっと勾留が取り消された例もある（東京地八王子支部勾留決定平成3年5月13日昭和63年（わ）第662号，未公刊）。このような者を勾留していても何ら教育的，福祉的な効果はあげ得ず，早期に釈放して，聴覚障害者の自立支援施設等と連携をとり，手話を覚えさせたり生活スキルを身につけさせることが必要である。裁判所は87条1項の職権発動により直ちに勾留を取り消すべきであるし，それがなされない場合，弁護人または公益の代表者たる検察官は直ちに勾留取消請求を行うべきである。

　このように，公訴手続の停止では被告人が不安定な立場におかれることから，公訴棄却による終局処理が望ましいとも考えられる。前述のように，起訴状送達の無効による公訴棄却も可能である。また，捜査段階からこのような訴訟能力の欠如がわかっていたのに取調べ，公訴提起がなされたとすれば，権利告知等を欠いた取調べとしか評価しえず，刑訴法338条4号で公訴棄却すべきと考えることが可能である。また，訴訟能力の欠如が鑑定で明らかとなれば，それが欠如していたのに公判手続を進めたこと自体が手続の違法をもたらすものと

して，公訴棄却判断をすることも不可能ではない（岡山地判昭和62年11月12日判時1255巻39頁。上記最三決平成7年の第一審）。

更に，被告人の無罪が明らかな場合には，公訴棄却の判断よりも無罪判決をすべきとも考え得る。上記のように，責任能力に問題があるという考えをとるのであれば，あるいは，被告人が表現能力がないのに非常に詳細な供述調書が作成され，それをもとに他の証拠が採集されているような場合には，任意性のない供述とそれに基づく毒樹の果実たる証拠の証拠能力を否定して，無罪を主張し得るものと考える。

なお，上記最三平成7年決定は，地裁判決から10年近い年月を経た。このように裁判が著しく長期化した場合には，時効完成に準じて，免訴判決による手続の打ち切りをすべきとの考え方もある。裁判をこのように長期化させないで，早期に手続が終了することをまず考える必要があろう。

5 手続を進める場合の配慮

手続を進める場合には，極力被告人に現在裁判所で何を行っているかを伝える努力をなすべきである。被告人には，裁判で何が行われているかを知る権利があるからである。過去の例では，手話通訳者とろう教育や発達心理学の専門家，聴覚障害をもったソーシャルワーカー等が通訳を行ったり，特別弁護人として出廷するなどしている。また，身振りの場合には，全身を使って表現をすることもあるから，被告人や通訳をする者の全身がお互いに見える位置に立つようにするなど，通常事件とは全く異なった配慮も必要となろう。

このように，障害を持った人の刑事裁判手続には，その障害の特性に応じた手続の進め方を考える必要がある。例えば，重度の知的障害者であれば，捜査官の暗示や誘導に極めて影響を受けやすい。イギリスでは，小学生程度の少年の取調べには保護者を立ち会わせたり，知的障害がある人にはその障害特性についてよく知った立会人を立ち会わさせるといった工夫がされている。もちろん，法廷においても，イギリスでは，手続の進行や事実確認等を本人にわかりやすく，また本人がどの程度理解しているかを充分に確認しながら進行をしているし，過去の取調べについては，録音テープを活用することによって，正確なやりとりを裁判官が判断材料にできるようにしている。日本においてもこのような工夫は不可欠であろう。

このような障害のある人に対する裁判を考えることは，現在の調書中心の裁判を見直していくための一つの大きな原動力となり得るのではなかろうか。

発展問題

　Aは，重度の知的障害がある。Aは，ひらがなを半分程度読むことができるが，文章を書く能力は全くない。相手からの問いに対して簡単な受け答えはできるものの，会話を成立させる能力がない。また，時間的な概念がなく，事実関係を系統だって説明することができない。

　Aは，A宅近隣で起きた放火事件の犯人として逮捕され，当初は否認していたが勾留満期直前の数日間に自白調書が数通作成され，起訴された。しかし，この自白調書の内容は変転しており，消防署の火災原因報告書の放火原因とは明らかに異なった記載がされている。起訴後選任された弁護人に対して，Aは放火をしていないと話している。

　本件の第一審の裁判手続はどのように進められるべきか。

【参考判例】
・広島高岡山支判平成3年9月13日判時1402号127頁
　最三判平成7年の原審
・大阪地決昭和63年2月29日判時1275号142頁
・東京地八王子支決平成2年5月29日判タ737号247頁
・三条簡決昭和34年8月18日判時199号36頁
・都城簡決昭和49年9月2日判時757号131頁
・最三判昭和53年2月28日刑集32巻1号83頁

【参考文献】
○設問関連の最高裁決定に関して
・渡辺修「聴覚障害者と刑事裁判の限界」判タ897号38頁
・青木紀博「判批」判時1561号230頁
・川口政明「判批」ジュリスト1079号106頁
・酒巻　匡「判批」ジュリスト1180号92頁
・安村　勉「判批」ジュリスト1157号186頁
・中谷雄二郎「判批」ジュリスト1137号107頁
・清水　真「判批」法学新報105巻8・9号265頁

○聴覚障害者の裁判全般に関して
・松本晶行・石原茂樹・渡辺修編集『聴覚障害者と刑事手続き』（ぎょうせい，1992年）
○知的障害のある人の裁判に関して
・上田誠吉・後藤昌次郎『誤った裁判』（岩波書店，1960年）
・佐藤和喜雄「島田事件」日本臨床心理学会編「裁判と心理学能力差別への加担」（現代書館，1990年）
・浜田寿美男「野田事件」同上書

（宮田桂子）

アメリカ刑事法 ワンポイントレッスン

心神喪失の法理

　心神喪失の法理は、通常の者ならば有しているような平均的な弁別能力に欠ける犯罪者を、有罪判決を経ずに拘禁する権限を、政府に与えるものである。この抗弁は、通例、犯罪が非常に重大で、刑罰が苛烈な場合にのみ見られる。心神喪失の抗弁に成功することは自由になることを意味するのではない。心神喪失は、一定の種類の精神疾患が脳に影響することによって、メンズレア（mens rea. 刑法上の故意過失、犯罪の主観的要件、責任条件。犯罪が成立するためには、原則として客観的なactus reus〔悪しき行為〕と主観的なmens reaが存在しなければならない）に影響する。このことを指して、心神喪失は法律上の概念であり、精神疾患は医学上の概念であると言われることもある。法は、治療可能性（cureability）が重要なのではないとする余地を残している。

　精神障害は、積極的抗弁である。すなわち、この抗弁は、主張者が証明しなければならない。もっとも、実務においては、法廷に最初にこの点を主張した者は、説得責任（burden of persuasion）を負うとされている。長年にわたり、心神喪失であるか否かを決定するため、以下に述べるようなものを含む、多くのテストが用いられてきた。

●マクノートンルール（M'Naghten rule、もしくは正邪テスト right-wrong test）
　1843年にイギリスの貴族院が判示した刑事責任能力の基準に関する準則で、正邪を判断する知的能力や行為の真の意味を把握できるという純粋な知的認識の側面に着目する。あるものごとを感覚的・感情的に悪だと感じる点につ

いてではない。

●抵抗不能の衝動テスト（irresistible impulse test）
　このテストは、マクノートンルールの修正版であり、被告人が自らの犯罪行為を抑止するために自由意思を行使し得たか、または、自らの行為を抑止する能力を突然に失ったほど、強度の「精神の疾患」に罹っていたかという、意志作用（volition）に着目する。もし犯罪が精神疾患そのものから生じたものであれば、ダラムルール（Durham rule）を満たし、責任能力を欠くと考えられていた。

　現在有力な実質的能力テスト（substantial capacity test）は、「全体としての（total）」責任の欠如ではなく、「実質的な（substantial）」欠如に着目する。このテストは、模範刑法典が推奨したためほとんどの法域で用いられ、「行為時に精神の障害もしくは疾患のため、自ら行為の犯罪性を識別または自らの行為を法が求めるところに従わせる実質的な能力を欠いた場合」とするアメリカ法律協会（American Legal Insitute）による定義に従っている。
　　　　　　　　（ウィリアム・バーナード・クリアリー＋亀井源太郎）

第6講 共謀共同正犯の訴追とその成立要件

事例

　Xは政党軍事組織の地区委員長であるところ、Y方において、Aを殺害しようとY・Zと相謀り、具体的な実行の指導ないし連絡についてはYがその任に当たることを決めた。決行当日、Zは、Yの連絡示唆によって合流したWと、Aの後頭部を凶器で乱打し、同人を脳挫傷により死亡せしめた。
　検察官は、X・Yを殺人罪の共同正犯として起訴した。

設問

【Q1】実行行為そのものに関与しなかったX・Yの罪責を論ぜよ。
【Q2】Xを殺人罪の共謀共同正犯で有罪とする場合、罪となるべき事実として「共謀の上」と記載するのみで足りるか、謀議の行われた日時・場所・謀議内容の詳細（実行の方法・各人の行為の役割分担等）も記載する必要があるか。
【Q3】Xが共謀に加担した事実を立証する際、Xの「自分は共謀に関与した」旨の供述のみで有罪認定することができるか。
【Q4】Xが共謀に加担した事実を立証する際、Yの「Xは共謀に関与した」旨の供述のみで有罪認定することができるか。

問題の所在

1　Z・WはAの殺害を謀議し、各々がAの頭部を凶器で乱打し、それによってAを死亡させたのであるから、殺人罪の共同正犯となる。
　それでは、X・Yはどうであろうか。両名は現場に赴いていないので、殺人の実行行為そのもの（設例でいえば殴打行為そのもの）を自らの手で実行したわ

けではない。もし、「正犯者になるためには実行行為（あるいは少なくともその一部）を自らの手で遂行しなければならない」とすると、Xは、実行行為そのものは全く行っていない以上、共同正犯にはならず、狭義の共犯にとどまることとなる。たしかに、刑法60条の「二人以上共同して犯罪を実行した」という文言を形式的に解釈すれば、そのような結論になりそうでもある。しかしながら、刑法60条の文言が、そのような解釈を要求するかはひとつの問題である。ここから、実行行為そのものに関与しなかったX・Yの罪責が問題となる。

2　共謀共同正犯概念を肯定し、X・Yも共同正犯に該当すると考えた場合、判決理由中、罪となるべき事実には、いかなる記載をなすべきか、具体的には、「共謀の上」とする記載で足りるか、謀議の行われた日時・場所・その内容の詳細等につき記載する必要があるかが問題となる。

3　Xが共謀に加担した事実を立証する際、Xの「自分は共謀に関与した」旨の供述のみで有罪認定することができるか、それとも、共謀についても補強証拠が必要か問題となる。ここでは補強証拠が要求される事実の範囲が問題である。

4　Xが共謀に加担した事実を立証する際、Yの「Xは共謀に関与した」旨の供述のみで有罪認定することができるか、あるいは、「共犯者の自白」に本人の自白と同様に補強証拠を要求すべきかが問題となる。

解　説

1　共謀共同正犯概念の是非

刑法典の各則は、原則として単独犯を暗黙の前提として規定されている。たとえば、「人を殺した者は、死刑又は無期若しくは三年以上の懲役に処する」と規定する刑法199条は、単独で人を殺害する事態を前提に規定されているのである。

しかし、実際には、複数の者が協力しあって犯罪を実行することは少なくない。また、犯罪を行うようにそそのかしたり、犯行を容易にするために力を貸したりする場合もある。刑法典は、このような場面について、共同正犯（刑法60条）、教唆犯（刑法61条）、従犯（刑法62条）の規定を置いて対処しようとして

いる。

　共同正犯とは，2人以上の者が，お互いに意思を通じ共同して犯罪を実行した場合であり，各関与者は，たとえそれぞれが実行行為の一部しか分担していなくても，「すべて正犯と」され，実現された結果全体について責任を負う（**一部行為全部責任の原則**）。たとえば，甲・乙がともに殺意をもって丙を狙って発砲したところ，甲の弾丸は命中し丙を死亡させたが，乙の弾丸は外れたとしよう。この場合，甲・乙の間に，丙殺害についての意思の連絡があれば，実際に弾丸を命中させた甲のみならず，乙も殺人既遂罪の共同正犯となる。甲が暴行を，乙が財物奪取を分担した強盗の共同実行の場合も同様である。

　それでは，殺人の謀議では主導的役割を果たしたが，現場には全く行かなかった者の罪責はどうであろうか。

　判例は古くからこのような場合も共同正犯となるとしてきた（**共謀共同正犯**）。自ら実行行為を行っていなくても，その実行行為を行うことについて共謀した者は共同正犯になるとしたのである。このような考え方の基礎にあるものは，実行担当者の背後でこれを操る黒幕を（共同）正犯の名の下に重く処罰することである。判例は，当初，詐欺罪等の知能犯に限って共謀共同正犯を認めていたが，次第に実力犯・粗暴犯にまで拡大し，この概念を全犯罪類型に妥当する一般的なものとした。

　これに対し，当初は学説の多くは，関与者各自が少なくとも実行行為の一部を実行しなければ共同正犯は成立しないと考え（**形式的正犯概念**），共謀共同正犯概念には批判的であった。実行行為を行った者こそもっとも重く評価されるべきで，それ以外の関与者は相対的に軽く評価されるべきだと考えたのである。この解釈によれば，実行行為そのものは全く行っていない本件X・Yは，共同正犯とはされない。このように，共謀共同正犯の問題は，判例と学説が大きく乖離している領域だったのである。

　このような中にあって，**共同意思主体説**は共謀共同正犯概念の理論的基礎づけを試みた。共謀により同心一体的共同意思主体が形成されると考え，そこから，そのうちの1人の実行は当該「共同意思主体」の活動であるから，民法上の組合の責任と同様にその責任は各人に帰属されると説明したのである。もっとも，このように個人を離れた「主体」を想定することは個人責任の原則と矛盾すると批判され，多数説とはなり得なかった。

　他方，判例も，新しい理論化の動きを生じさせた。判例が参考とした練馬事件に関し，最高裁は，「共謀共同正犯が成立するには，2人以上の者が，特定

の犯罪を行うため，共同意思の下に一体となって互に他人の行為を利用し，各自の意思を実行に移すことを内容とする謀議をなし，よって犯罪を実行した事実が認められなければならない。したがって右のような関係において共謀に参加した事実が認められる以上，直接実行行為に関与しない者でも，他人の行為をいわば自己の手段として犯罪を行ったという意味において，その間刑責の成立に差異を生ずると解すべき理由はない。さればこの関係において実行行為に直接関与したかどうか，その分担または役割のいかんは右共犯の刑責じたいの成立を左右するものではないと解するを相当とする」と述べた（最大判昭和33年5月28日刑集12巻8号1718頁，傍点引用者）。ここでは，共同意思主体説的な精神的な結びつきではなく，**各関与者相互の利用・補充関係**が強調されることとなった。

　さらに，学説においても，なおも有力な反対説は存在するものの，共同実行の実質的理解から共謀共同正犯を肯定する見解が現在では有力になっているといえよう（**実質的実行共同正犯論**）。「数十年にわたって裁判所が法律によらない裁判をしていると考えるのは，あまりに観念的」（平野龍一『刑法の基礎』〔東京大学出版会，1966年〕248頁以下）であること，「社会事象の実態に即してみるときは，実務が共謀共同正犯の考え方に固執していることにも，すくなくとも一定の限度において，それなりの理由があ」り，「共犯正犯についての刑法60条は……一定の限度において共謀共同正犯をみとめる解釈上の余地が充分にあるようにおもわれ」，「共謀共同正犯を正当な限度において是認するとともに，その適用が行きすぎにならないように引き締めて行くことこそが，われわれのとるべき途ではないかと考え」られること（最一決昭和57年7月16日刑集36巻6号695頁における団藤重光判事補足意見）がその理由である。

　実質的実行共同正犯論は，当初，「謀議者が単に謀議に参与したというだけでなく，直接実行者の意思に現実に作用し，それをして遂行せしめている」場合に正犯性を認めるものや（平場安治『刑法総論講義』〔有信堂，1952年〕158頁），共謀によって，実行担当者が「約束によって拘束され，実行するかしないかを自分の自由意思であらためて決定することはできず，自己の一存で，実行の意思を放棄することは許され」ず，「実行担当者は……他の共犯者の道具としての役割を果たす」として，**間接正犯のアナロジー**から正犯性を肯定するものであった（藤木英雄『可罰的違法性の理論』〔有信堂，1948年〕334頁以下）。

　もっとも，このような考え方では，**支配型**の共謀共同正犯は説明できても，**対等型（分担型）**の事案は説明ができない。また，支配型であっても，共謀共

同正犯の実行担当者は「一方的に道具のように支配されている」とまではいい得ない。

このため，実質的実行共同正犯論からは，「共謀者が実行者に強い心理的影響力，心理的支配力を及ぼすことにより，実行に準ずるような重要な役割を果たした場合に共謀者の共同正犯性を肯定」しうると考えるべきである（西田典之「共謀共同正犯について」内藤謙＝松尾浩也＝田宮裕＝芝原邦爾編『平野龍一先生古稀祝賀論文集上巻』〔有斐閣，1990年〕375頁）。

もっとも，このような見解の中でも，いかなる場合に共謀共同正犯が肯定されるかについての具体的な限界づけについては議論が分かれる。他人が実行行為をしている段階で指示・命令をするような形態で関与した者のみを，実行行為を行った者に準じて共謀共同正犯とする，共謀共同正犯の成立範囲を比較的限定する見解から，事実的・客観的に実行行為に準ずる寄与をした者を共謀共同正犯とする見解，関与者相互の精神関係に基づいて区別する見解等，議論は帰一していないのである（酒井安行「共同正犯と幇助犯（2）」刑法判例百選［第5版］〔2003年〕153頁）。もっとも，**犯行全体に対して重要な役割を果たしたことを重視すべき**と考えるのであれば，客観的事情（①被告人と実行行為者との関係，②被告人の犯行の動機，③被告人と実行行為者間の意思疎通行為，④被告人が行った具体的加担行為ないし役割，⑤犯行周辺に認められる徴憑的行為等）によって総合的に検討して，犯行実現に主導的な役割を果たした者を正犯者とすべきであろう（【Q1】）。判例も，かつては共同意思主体説もしくは主観説によると考えられてきたが，現在では「自己の犯罪」か否かという文言の下で同様の判断をしているといえよう）。

上述のような要素に基づいて正犯性を限界づける方法に批判的な見解は，「本来，個別具体的な責任や量刑の判断に当たって考慮されるものや，問題とされている不法とは異なる法益を侵害するものとして（別の構成要件により）独自に評価されるべきもの，あるいはそもそも行為刑法における評価とは無関係な心情要素に過ぎないと思われるものが含まれている」と批判するが（照沼亮介「共同正犯の正犯性」法学政治学論究〔慶應義塾大学〕51号〔2001年〕283頁），これらの諸要素は当該被告人が犯行において果たした役割の重要性を認定するための間接事実として用いられていると考えるべきであり，批判は必ずしも妥当しないように思われる（この点については，後述3（3）参照）。

なお，前述の共同意思主体説は，今日でも有力に主張されてはいるが，現在では共同意思主体という概念を用いつつ，その中で正犯と共犯を区別する見解が有力であるため，共謀共同正犯を基礎づけるものではないと理解すべきであ

る。このような共同意思主体説は，共謀共同正犯の共犯性を基礎づける説明に変容しているからである。

2 共謀共同正犯と罪となるべき事実

共謀共同正犯を巡っては，このような「そもそも共謀共同正犯という概念を肯定することが刑法上可能か」「共謀共同正犯概念を肯定したとして，いかなる場合にその成立を認めるか」という実体法上の問題だけでなく，訴訟法上の問題も激しく議論されてきた。

刑事訴訟法335条1項は，「有罪の言渡をするには，罪となるべき事実，証拠の標目及び法令の適用を示さなければならない」と規定する。**罪となるべき事実**の記載は，①当事者の立場から見れば，裁判所が証拠により認定した事実を正しく理解して上訴するかどうか判断するための資料となるものであり，また，②上訴審の立場から見れば，そこでの審査の対象を明示する等の機能を有する。

それでは，共謀共同正犯の場合，罪となるべき事実はどのように記載すべきであろうか。先の設例のX・Yは，現場に赴いて自ら手を下すようなことは一切していない。現に手を下したW・Zがした行為のみを記載すれば足りるのだろうか。

かつては，そもそも共謀が罪となるべき事実に含まれるかということ自体が争われ，古い判例は，共謀は罪となるべき事実に属さず，そのため，数人共謀して犯罪を犯した場合，共謀をした日時場所は必ずしも判示する必要はないとしていた（最三判昭和23年7月20日刑集2巻8号979頁）。

しかし，前述の練馬事件判決は，「『共謀』または『謀議』は，共謀共同正犯における『罪となるべき事実』にほかならない」としたので，「共謀は罪となるべき事実に該たる」とする点では，実務上は，決着がついたといってよい。このため，謀議のみに関与した者を共謀共同正犯として有罪とする場合，罪となるべき事実の中に，共謀について記載しなければならない。

もっとも，謀議は，密かに人目につかない所でなされる場合が少なくない。したがって，謀議が，いつ・どこで・どのようになされたかを，裁判の場で証拠によって明らかにするのは，必ずしも容易なことではない。この点に配慮してか，練馬事件判決において最高裁は，「『共謀』の事実が厳格な証明によって認められ，その証拠が判決に挙示されている以上，共謀の判示は，前示の趣旨において成立したことが明らかにされれば足り，さらに進んで，謀議の行われた日時，場所またはその内容の詳細，すなわち実行の方法，各人の行為の分担

役割等についていちいち具体的に判示することを要するものではない」とした。

このような論理からは、「謀議がなされた」ことのみを証拠によって明らかにすれば、その謀議が、いつ・どこで・どのようになされたかは必ずしも証拠によって明らかにしなくてもよいということにもなりうる。このため、練馬事件判決の判示には批判も少なくない。批判的な見解は、判例が共謀共同正犯概念を肯定するのは、この概念を否定して狭義の共犯として事件処理するよりも裁判官・検察官にとって楽だからであり、その分、被告人が不当な負担をさせられているのだとする。すなわち、「わが裁判の実務においてはびこり広がり牢固として抜くべからざる勢力を有することの真の理由は、実は、教唆犯または従犯としての事実の認定や判示が——さらに遡って検察官にとっても起訴状に教唆幇助を事実的に特定して明確に記載することが——共謀共同正犯としての処理に比し面倒だからである」とされるのである（佐伯千仭「共謀共同正犯」竹田＝植田還暦祝賀『刑法改正の諸問題』〔有斐閣、1967年〕104頁）。

もっとも、このような批判は必ずしも妥当しないであろう。判例も、共謀の具体的認定の必要性を掲げて共謀共同正犯の成立を合理的な範囲に限定しようとはしているからである（東京高判昭和52年6月30日判時886号104頁、最一決昭和57年7月16日刑集36巻6号695頁等参照）。

したがって、問題は、いかなる場合に、共謀をどこまで具体的に認定し、どこまで具体的に罪となるべき事実として記載することが必要になるかという点にシフトしつつある。結論を分けるポイントとなるのは、公判における被告人の防御権への配慮を、いかなる形で、どの程度、実現すべきと考えるかである。当事者間に共謀についての争いがない場合や、判決書には現れなくとも公判の経緯に鑑み充分に立証されたといいうる場合には、罪となるべき事実として「共謀の上」と記載するだけで足りるであろう。これらの場合まで、常に、詳細な共謀の記載を求めることは、捜査に過度の精密さを求めることにもつながり、かえって被疑者・被告人に不利益をもたらしかねず、妥当でない。しかし、個別具体的な公判の経緯に鑑み、被告人の防御権に実質的な不利益をもたらしたと考えられる場合には、共謀についての抽象的な罪となるべき事実における記載は許されないと考えるべきである（【Q2】）。

3 共謀の立証

共謀共同正犯における共謀を立証するためには、①情況証拠による立証、②共謀者本人の自白による立証、③他の共犯者の供述（いわゆる「共犯者の自白」）

による立証の3つの方法がある。もっとも，①については，共謀共同正犯固有の問題があるわけではないのでここではこれ以上の詳論は要しないであろう。これに対し，③も実は共謀共同正犯固有の問題ではないが，従来，共謀共同正犯の立証をめぐってとりわけ「共犯者の自白」の問題が論じられてきたため，若干の言及を要する。以下では，②，③について検討する。

(1) 共謀者本人の自白による立証

共謀者本人の自白による立証については，**補強証拠の必要な範囲**に共謀の事実が含まれるかが問題となる。

通説は補強証拠の必要な範囲一般について，補強証拠は罪体の全部——少なくともその重要部分——について存在することを要し，かつそれで足りるとする**罪体説**に立つが（もっとも，客観的な法益侵害の存在とその法益侵害が犯罪行為に起因するものであることで足りるか，被告人と犯人の同一性についても補強証拠を要するかには，罪体説の中でも争いがある），判例は，補強証拠は「自白にかかる事実の真実性を保障し得るものであれば足りる」としていわゆる**実質説**を採用する。ここから，判例は，共謀につき，「犯行の謀議の一過程に属する事実は，被告人の自白だけで認定しても，憲法38条3項に違反しない」とし，補強証拠は不要とした（最三判昭和22年12月6日刑集1巻88頁，最大判昭和23年6月9日裁判集2巻371頁，最三判昭和32年1月22日刑集11巻1号103頁等）。実質説からは，罪体の一部であるか否かにかかわらず，自白のいずれかの部分にのみ補強証拠があれば足りることとなるので，共謀についての補強証拠は要求されないのである。

なお，共謀共同正犯概念を否定した場合でも，教唆の事実について補強証拠を要するかが問題となるが，「複数の自白がない限り，教唆という行為の性質上その補強証拠が十分に存在するということは稀であろうと思われるし，被告人と犯罪との結びつきについてまで補強証拠を要するものではないとする判例・通説の立場からすれば，教唆の事実自体についての補強証拠は不要と解すべきことになるであろう」との指摘があることに注意を要する（安廣文夫「判解」最高裁判所判例解説刑事篇昭和57年度302頁）。このため，実務上「共謀に補強証拠が不要である」とされることも，共謀共同正犯は狭義の共犯に比べて検察官の立証の負担が軽いということに直結しないのである（【Q3】）。

(2) 共犯者の供述による立証

共犯者の供述による立証をめぐる問題は，従来，いわゆる「共犯者の自白」の問題として議論されてきた。その核心は，A・Bが共犯関係にある場合，Aが共謀に加担した事実を立証する際，Bの「Aは共謀に関与した」旨の供述の

みで有罪認定することができるか，それとも，Bの供述以外の証拠を要するかにある。

判例は，最三判昭和23年2月27日（刑集2巻2号120頁）が，3人の供述のみを証拠として犯罪を認定したケースで，「共同被告人の検事に対する陳述は被告人の裁判外の自白と同一視すべき性質のものでないから，共同被告人等に対する検事の聴取書並に前記各証言等を引用して判示事実を認定した原判決に対し，被告人の自白のみによつて事実を認定したという非難は当を得ない」とし，さらに，最大判昭和33年5月28日（刑集12巻8号1718頁，練馬事件判決）も，「憲法38条3項の規定は……いわゆる完全な自白のあることを前提とする規定と解するを相当とし，従って……自由心証主義に対する例外規定としてこれを厳格に解釈すべきであって，共犯者の自白をいわゆる『本人の自白』と同一視し又はこれに準ずるものとすることはできない」から，「かかる共犯者又は共同被告人の犯罪事実に関する供述は……自由心証に委かさるべき独立，完全な証明力を有するものといわざるを得ない」として，「共犯者の自白」に補強証拠が必要ないとした。そして，この後も，判例は一貫して不要説に立つ。

これに対し，学説上は，補強証拠必要説と不要説が対立している。**必要説**は，共犯者の自白の危険性を指摘し，このような危険を防止するために，「共犯者の自白」にも補強証拠を要求する。このうち，「共犯者の自白」が有する危険性は本人の自白と同様であると解する見解は，憲法38条3項の趣旨を自白の偏重を避け誤判を防止することにあると解し，このような視座からは，①本人の自白と共犯者の自白とのあいだに区別はないこと，②否定説では共犯者中の1名が自白をし他の1名が否認した場合，もしその自白以外の証拠がなければ自白をした者は無罪となり，否認をした者は共犯者の自白があるから有罪となるという結果になり不合理であること，③共犯者間でなるべく法律関係の合一的確定をはかるべきであることを理由とする。また，「共犯者の自白」に，本人の自白が有するそれとは異なる固有の危険性を指摘する立場は，④共犯者の自白には自らの罪責を軽く見せるための引っ張り込みの危険や，⑤犯罪の全過程について熟知した共犯者が九つの真実に一つの虚偽を織り交ぜて被告人を引っ張り込んだ場合，それに関する知識をほとんど持たない被告人側にとっては，反対尋問によってその虚偽を暴露することが非常に困難であることを根拠とする。

これに対し，**不要説**は，①「共犯者の自白」は厳密には自白ではないこと，②証明力の判断の問題として自由心証主義の合理性の問題とすれば足りること，

③現行法は共犯者の自白に関して直接的な規定を設けていない上，憲法38条3項及び刑事訴訟法319条2項を適用ないし準用できるかも疑問であること，④共犯者の自白はむしろ警戒の目をもってみられるので証拠評価の心理にも差異があること，⑤積極説によったとしても「補強」の範囲が罪体に限られるなら引っ張り込みの危険は防止できないこと，⑥共犯者の自白の証拠能力を認める前提として反対尋問権が認められているので被告人の防御権を保障するに十分であることを理由とする。

　必要説も不要説も，共犯者の供述の危険性を承認する点では一致しているので，実際上は相互に接近している。不要説も，共犯者の供述の危険を認識し，共犯者の供述の証明力の評価については慎重でなければならないとし，通常は，被告人が犯人であることについて共犯者の自白を裏づける他の証拠がない限り，その認定は，自由心証主義に反する不合理なものといわなければならないとする。したがって，必要説との差異は，常に形式的に補強証拠を要求するわけではない点にのみ存する。不要説による判例実務も，この「共犯者の自白」の危険性につき，「共犯者の供述の信用性を判断するに当たって留意すべき外在的事情」として「共犯者の供述が事件全体で占める位置と程度」，「共犯供述をすることによって得る利益・不利益の程度」，「共犯者の属性」，「特に問題となる間接事実（被告人と共犯者の利得の比較，被告人と共犯者との関係）」を，「共犯者の供述の信用性を判断するに当って検討すべき個々的事項」として，「①他の証拠との符合性，②供述内容の自然性・合理性・体験性，③供述経過，④供述態度」を，それぞれ，詳細に検討しているのである（司法研修所編『共犯者の供述の信用性』〔法曹会，1996年〕4頁以下，9頁以下）。

　このように共犯者の供述に関しては，不要説からも，事実上必要説に接近した取り扱いがなされている。このため，「共犯者の自白」の問題の核心は，共犯者の供述の危険性を承認した上で，その危険性を排除する方策として，自由心証の合理性の問題として考慮すればよいのか，あるいは，それだけでは足りず常に法律上補強証拠を要求すべきだと考えるのかという点にある。

　なお，「共犯者の自白」の危険性は，共謀共同正犯の場合に固有の問題ではない。たとえば，犯人が自らの刑事責任を軽くするために無実の被告人を引っ張り込むための供述をするケースでは，かりに共謀共同正犯概念を否定したとしても，実行犯であるAが自らの罪責を軽くするために「Bにそそのかされた」と虚偽の供述をすることによって無実のBを教唆犯として起訴し有罪としてしまう危険性は同じように存在するからである（【Q4】。西田・前掲371頁）。

(3) 補論――共謀立証の間接事実

前述のように，現在の多数説及び判例は，客観的事情（①被告人と実行行為者との関係，②被告人の犯行の動機，③被告人と実行行為者間の意思疎通行為，④被告人が行った具体的加担行為ないし役割，⑤犯行周辺に認められる徴憑的行為等）を総合的に検討して，犯行実現に主導的な役割を果たした者を正犯者としている。これらの要素が，共謀共同正犯の立証・認定に際し果たす役割を整理しておこう（上野智「共謀の認定」〔大阪刑事実務研究会・事実認定の実証的研究〕判例タイムズ254号〔1971年〕16頁以下，石井一正＝片岡博「共謀共同正犯」小林充＝香城敏麿編『刑事事実認定（上）』〔判例タイムズ社，1992年〕341頁以下参照）。

①被告人と共犯者の関係は，動機原因事実としての側面を有すると共に，被告人が犯行全体についてどのような役割を果たしたのかを知る上で，指標的な機能を有する。

②被告人の犯行の動機は，共謀認定の一資料となる上，被告人自身の犯意，意思疎通行為を認定する資料となる。

③謀議行為その他の意思疎通行為は，共謀に直結する重要な事実である。謀議における関与者の地位，意欲，態度，発言内容等が重要な意味を有するとされる。

④実行行為その他の加功行為も，それが実行行為そのものといえる場合には要証事実である。また，実行行為といえる場合，及び，そうはいえない場合であっても犯罪遂行に重要で欠くことのできない行為である場合は，被告人の実行意思を端的に示す間接事実としても機能する。

⑤犯跡隠蔽行為，分け前の分与，他の実行行為者からの事後報告等の犯行前後の徴憑行為も，一定の範囲で，被告人と共犯者との関係や動機との関係で考慮されうる。ことに，財産犯等の利得が生ずる犯罪の場合，分け前の分配の有無は，被告人と他の共犯者の関係を認定する間接事実として重要であろう。

発展問題

設問

【Q1】被告人は，生活費に窮したため，同人が勤務するスナックの経営者C子から金品を強取しようと企て，自宅にいた長男B（当時12歳10か月，中学1年生）に対し，「ママのところに行ってお金をとってきて。映画でやっているように，金だ，とかいって，モ

デルガンを見せなさい」などと申し向け，覆面をしエアーガンを突き付けて脅迫するなどの方法により同女から金品を奪い取ってくるよう指示命令した。Bは嫌がっていたが，被告人は，「大丈夫。お前は，体も大きいから子供には見えないよ」などと言って説得し，犯行に使用するためあらかじめ用意した覆面用のビニール袋，エアーガン等を交付した。これを承諾したBは，上記エアーガン等を携えて一人で同スナックに赴いた上，上記ビニール袋で覆面をして，被告人から指示された方法により同女を脅迫したほか，自己の判断により，同スナック出入口のシャッターを下ろしたり，「トイレに入れ。殺さないから入れ」などと申し向けて脅迫し，同スナック内のトイレに閉じ込めたりするなどしてその反抗を抑圧し，同女所有に係る現金等を強取した。被告人の罪責を論ぜよ（最一決平成13年10月25日刑集55巻6号519頁参照）。

【Q2】 X・Yの供述が対立する場合，両被告人に同一の国選弁護人を選任することは，刑事訴訟規則29条2項に反するか（名古屋高判平成9年9月29日高刑50巻3号139頁参照）。

【Q3】 共同正犯の訴因に対し，教唆を認定する場合，訴因変更を要するか。また，訴因変更は可能か。

【Q4】 自白によって教唆を認定する場合，教唆した事実につき補強証拠を要するか。また，教唆が行われた日時・場所等につき，特定する必要があるか。

【関連判例】

本文掲記のもののほか

○実体法上の論点に関して

・最一判昭和25年7月6日刑集4巻7号1178頁
・横浜地川崎支判昭和51年11月25日判時842号127頁
・福岡地判昭和59年8月30日判時1152号182頁

○手続法上の論点に関して

・最一判昭和51年10月28日刑集30巻9号1859頁

【参考文献】

　最重要文献には☆印を付した。

○実体法上の論点に関して
・☆西田典之「共謀共同正犯について」『平野龍一先生古稀祝賀論文集上巻』（有斐閣，1990年）373頁
・園田寿「共謀共同正犯」刑法の争点［第3版］（2000年）98頁以下
・照沼亮介「共同正犯の正犯性」法学政治学論究〔慶應義塾大学〕51号（2001年）263頁以下
・亀井源太郎「実務における正犯概念」判タ1104号（2002年）23頁以下
・酒井安行「判批」刑法判例百選［第5版］（2003年）152頁以下

○手続法上の論点に関して
・司法研修所編『共犯者の供述の信用性』（法曹会，1996年）
・宮城啓子「判批」刑事訴訟法判例百選［第7版］（1998年）178頁以下
・亀井源太郎「共謀共同正犯の『共謀』をめぐる訴訟法上の問題」東京都立大学法学会雑誌40巻2号（2000年）255頁以下およびそこに引用の諸文献
・久岡康成「共犯者の自白」刑事訴訟法の争点［第3版］（2002年）178頁以下
・☆三井誠「共犯者の自白と補強証拠」法学教室261号（2002年）93頁

（亀井源太郎）

答案例

1 小問(1)について

ZとWは，共同でAを殺害することを企て，Aの後頭部を凶器で乱打して同人を殺害したので，「二人以上共同して犯罪を実行した者」として，殺人罪の共同正犯となる（刑法60条，199条）。

これに対して，XとYは，A殺害の謀議をしただけであり，直接，現場に赴いていない。したがって，直接には殺人罪の実行行為を自ら行っていないことから，「共同して犯罪を実行した」といえるのか。

そこで，X，Yのように犯罪の謀議では主導的役割を果たしたが，現場には赴かず，直接，実行行為を担当していない黒幕的な存在を，単に教唆犯（同61条）とするのではなく，共同正犯として処罰できないかが問題となる。

刑法60条の共同正犯の規定は，二人以上の者が，互いに意思を通じ共同して犯罪を実行した場合，各関与者は，たとえそれぞれが実行行為の一部しか分担していなくても，「すべて正犯」とされ，実現された結果全体について責任を負うとの一部実行全部責任を定めた規定である。したがって，実行行為の一部も担当して

いない者については，共同正犯は成立しないかに見える。

しかし，刑法60条の一部実行全部責任の趣旨は，共犯者が相互利用・補充関係に基づいて特定の犯罪を実現する点にある。とすれば，共犯者が直接には実行を分担していないが，犯罪全体に重要な影響力を及ぼしたような場合は，共謀者と実行担当者との間には刑法60条の予定する相互利用・補充関係を認めることができる。

実際にも，直接には実行行為を担当していないが，実行担当者の背後においてこれを操る黒幕を処罰することができないのではあまりにも実情にそぐわない。そこで，これを処罰するための理論として共謀共同正犯概念を認めるべきと考える。

共謀共同正犯概念を肯定するとしても，犯罪に関与した者について広く共謀共同正犯を認めてしまえば，無用に処罰範囲が広がり妥当ではない。そこで共謀共同正犯の成立要件が問題となる。

この点については，二人以上の者が，特定の犯罪を行うために，共同意思の下に一体となって，互いに他人の行為を利用し，各自の意思を実行に移すことを内容とする謀議をなし，よって犯罪を実行した事実が認められる場合に，共謀共同正犯が成立すると考える（判例同旨）。このような内容の謀議に参加した者は，

他人の行為を自己の手段として犯罪を行ったと見ることができるので共同正犯として処罰することができると考える（判例に同旨）。

　すなわち，単に共犯者間の精神的な結びつきのみでは足りず，各関与者相互の利用・補充関係を要すると考える。このように考えれば，不当に処罰範囲が広がることを防止することができる。

　本問では，Xは，政党軍事組織の地区委員長の立場の者であり，その影響力が強いものと考えられ，そのXが，Y・ZとA殺害を謀議し，その謀議の中でYが具体的な実行の指導ないし連絡の任に当たることを取り決め，実際にもYの連絡指示によりZ・WがA殺害を実行している。したがって，XはYらの行為を利用してA殺害を実行したといえる。次に，Yも，X・ZとA殺害についての謀議をし，Y自らが具体的な指示，連絡を行って，Z・Wがその意を受けてAを殺害したものである。よって，Yは，Zらを利用し，自己の犯罪意思を実現したといえる。よって，XおよびYには，Aに対する殺人罪の共謀共同正犯が成立する（刑法60条，199条）。

2　小問(2)について

　X・Yが共謀共同正犯に該当する場合，判決理由中，罪となるべき事実には，「共謀の上」との記載で足りるのか，謀議の行われた日時・場所，その内容の詳細等

につき，記載する必要があるのかが問題となる。

　刑訴法335条1項の「罪となるべき事実」の記載は，①当事者にとって，上訴するかどうかの判断の資料となり，②上訴審では，審査の対象を明示する等の機能を有する。とすれば，「罪となるべき事実」は，構成要件に該当する具体的事実を示して，他の事実と区別できる程度に特定するために，犯罪の日時・場所，犯罪の手段・方法等についてもできる限り具体的に示すべきである。

　この点，共謀のみに参加した者であっても，前述のように共謀共同正犯とされれば処罰されるのであるから，共謀の事実は犯罪事実である。従って，「罪となるべき事実」として記載を要する事項である（判例同旨）。

　しかし，謀議は，人目につかないところで行われるのが通常であるから，日時等を証拠によって明らかにするのは必ずしも容易ではない。そこで，共謀共同正犯においては，「共謀」の事実が証拠によって認定され，その証拠が判決に挙示されていれば足り，謀議の日時，場所，内容等が明らかにされる必要はないというべきである（判例同旨）。

　もっとも，このことから，被告人の防御が害されてはならないし，「共謀」の認定が安易に行われてはならない。被告人が，共謀について争っていたような場合には，「共謀の上」との抽象的な記載は許されず，さら

に具体的な事実を記載することが必要であると考える。本問では，Xが特に争っていたような場合を除いて，「共謀の上」と記載すれば足りる。

　3　小問(3)について
　本問において，Xは，共謀のみに加担した者であり，「自分は共謀に関与した」旨のXの供述は，自己の犯罪事実の全部または主要部分を認める被告人の供述であるから，自白にあたる。憲法38条3項，刑訴法319条2項は，自白が自己に不利益な唯一の証拠である場合には，有罪とされない旨を規定しており，自白に証明力を認めるためには補強証拠が必要であることを規定している。そこで，共謀のみに加担した者の共謀の立証について，共謀者本人の自白によって立証する場合に，どの範囲で補強証拠が必要であるか，具体的には補強証拠の必要な範囲に共謀の事実が含まれるか否かが問題となる。
　この点，自白とは自己の犯罪事実の全部または主要部分を認める被告人の供述であるから，補強証拠は犯罪事実について必要である。では，犯罪事実のどの部分に補強証拠を要するか。
　これについては，罪体の全部または重要部分について存在することを要するとの罪体説と，自白にかかる事実の真実性を保障し得るものであれば足りるとの実

質説との争いがある。

　共謀が犯罪事実であると考えれば，理論的には共謀の事実について補強証拠が必要となろう。

　これに対し，実質説では，補強を要するのがどの範囲の事実かは重要ではなく，自白にかかる事実の真実性を担保するに足ればよいので，共謀について補強証拠は要求されないこととなる。自白にかかる事実の真実性が担保されるかを実質的に考えた方が，実務的であり，この立場によるべきと考える。共謀が，「罪となるべき事実」にあたるからといって，共謀について補強証拠が必要とはいえないのである。判例もこの立場をとっている。

　本問では，Xの供述の真実性が補強証拠で担保されれば，有罪認定できる。

4　小問(4)

　Yの「Xは共謀に関与した」旨の供述のみで，Xを有罪にすることができるか。いわゆる共犯者の自白に補強証拠を要するかが問題となる。

　この点，共犯者の自白は本人の自白と同様の危険性があることを重視して補強証拠を要するとの見解（必要説）がある。しかし，①共犯者の自白は，本人自身の自白ではないし，②自白をした者が無罪で，自白をしなかった者が有罪となるのは自白は反対尋問を経た

供述よりも証明力が弱いから当然であること，③引っ張り込みの危険については，必要説に立っても補強証拠を罪体についてだけ要求するのであれば危険防止はできないので意味がない。よって，補強証拠は要しないと考える（不要説）。判例も同旨である。

　ただ，共犯者の自白は，引っ張り込みの危険性があることは否定できない。したがって，共犯者の自白を裏付ける他の証拠がない限り，その認定は自由心証主義に反する不合理なものとして許されないと考える。すなわち，共犯者の自白の重要部分について，他の客観的証拠との符合性，供述内容の自然性・合理性・体験性，供述経過（変遷の有無），供述態度などを十分に検討する必要があると考える。

　本問では，Yの供述の主要部分について，他の客観的証拠と符合し，供述内容が自然かつ合理性があり，自ら体験したかのような臨場感があるなどの場合には，Yの供述のみでXを有罪とすることができる。

以上
（寺本倫子）

アメリカ刑事法 ワンポイントレッスン

コンスピラシー

　アメリカ法におけるコンスピラシーの本質は合意である。合意は，書面によってなされる必要はなく，その存在は，通常，事実経過や状況から推認される。法域によっては，合意は犯罪を目的とするものでなくてもよく，「不法」なことについてのものでも足りる。いくつかの州法のもとでは，公衆衛生・公衆道徳・自由な通商を害する行為，司法を妨げる行為が，コンスピラシーの目的となりうる。

　コンスピラシーは，それ自体，独立の犯罪である。対象犯罪（target crime）が遂行されればこれに加えて未完成犯罪（inchoate crime. 犯罪の完成前の段階であって，それ自体犯罪とされているものをいい，attempt〔未遂〕, conspiracy〔共同謀議〕, solicitation〔独立教唆〕などがこれにあたる）によって処罰されることは通常ないが，コンスピラシーの場合は，対象犯罪が遂行されても，なお，共謀者はコンスピラシーによっても訴追されうる。したがって，ある行為者が謀殺罪と謀殺罪についてのコンスピラシーの双方で訴追されるということもありうる。

　コンスピラシーは，検察官が好む道具である。訴追を容易にするような多くの推定（ある事実〔前提事実〕の存在から他の事実〔推定事実〕の存在を推定すること）その他の訴追上の原則が存在するからである。コンスピラシーで有罪を獲得するのは容易である。検察官は，あらゆる証拠を提示し，裁判官をして，陪審員に対し，合意が存在したか否かを決定するために用いられるべき原則を説示させるのである。

　コモンロー上は，コンスピラシーは不法な合意のみで構成され，なんらのオーバート・アクト（overt act. コンスピラシーが機能していたこと，心の中で計画しているだけに止まらないものだったことを示す外部的行為）も要求されていない。今

日でも，制定法によって変更されていない法域や，いくつかの巡回裁判所判決においては，同様である。もっとも，現在，多くの法域では，オーバート・アクトの証明が要求される。たとえば，カリフォルニア州刑法184条は，「いかなる合意も，カリフォルニア州内において，合意の目的に影響を与える行為が，合意を為した関与者のうちの1名以上の者によって為されない限り，コンスピラシーと評価しえない」と規定する。

さらに，同法182条（b）は，「コンスピラシーで有罪とするためには，コンスピラシーを促進するような『合意を為した関与者のうちの1名以上の者による』オーバート・アクトが為されたこと，被告人及び他の者が犯罪の諸要素を遂行する意図を持っていたこと，犯罪の遂行を合意もしくは計画する意図を持っていたことが証明されなければならない」とする。

オーバート・アクトを要求する目的の一つは，共謀者に翻意する機会（locus penitentiae）を与え，さらなる一歩を踏み出す前に合意を破棄しうるようにすることにある。この場合，コンスピラシーは処罰されない。

さらに，共謀した者であれば誰でも（被告人自身でなくともよい），コンスピラシーを完成させるオーバート・アクトを遂行しうるということが，留意されるべきである。犯罪遂行のために2名以上の者が結合した場合，陪審員は，誰が何をなしたかという点について正確に一致する必要はない。その被告人の役割が正確にはどのようなものであったかに関わらず，被告人が犯罪を遂行したということが確信されれば足りる。2名のうちいずれの者が犯罪を遂行したのか明らかではないが，両名のいずれかが為したことは明白である，あるいは，少なくとも1名が為したことが明白であるということもありうる。

コンスピラシーの構成要素は次の通りである。

（1）メンズ・レア（mens rea. 刑法上の故意過失，犯罪の主観的要件，責任条件。犯罪が成立するためには，原則として客観的な actus reus〔悪しき行為〕と主観的な mens rea が存在しなければならない）　少なくとも1名との連携によって特定の犯罪目的を達成する意図。その目的は，記録保存の懈怠や秘密の会合等の，組織の活動を取り巻く状況から推認されうる。

ウォートンズ・ルール

コンスピラシーは社会に対する危険性を有するものであり、犯罪遂行のために2名以上の共謀者を要する。したがって、姦通・重婚・近親相姦を目的とするコンスピラシーには、少なくとも3名の者が存在しなければならない。

(2) アクトゥス・レウス　コンスピラシーのアクトゥス・レウスの証明に必要なのは合意の証明である。書面によらない意思疎通の証明で十分である。

コンスピラシーには、鎖型と車輪型の2種類がある。鎖型コンスピラシーは、ドラッグ等の流通のように、各人が、製造、流通、販売の各段階のような一連のプロセスの異なった段階で物品を取り扱うことが通例である。車輪型コンスピラシーは、関与者のうち特定のグループ(「媒介者」middlemen)が、あたかも車輪の軸のように活動全体の中心となり、全体を取り仕切る。これにより、末端にいる下位者(車輪のスポークにあたる)には活動の一部のみにしか関与させず、上位者も下位者も保護されることとなる。

抗弁その他の諸問題

警察官がコンスピラシーを新たに生じさせることは許されない。この場合は、罠(entrapment)となる。しかしながら、警察官が、共犯者の1人であるように装いつつ、既存のコンスピラシーに参加する機会を提供することは許される。

いくつかの法域ではコンスピラシーの中止(abandonment)が認められるが、それが認められるための基準は高く、被告人は、自らの関与を警察官にすべて告げ、コンスピラシーを進行させないようにする手段を講じて、完全に離脱したと示さなければならない。

また、前述の通り、コンスピラシーは、独立の犯罪であり、犯罪遂行を合意したことと、実際にそれを遂行したことの双方で処罰されうる。このことは、二重の危険の違反ではない。政府が関心を有しているのは、犯罪を抑止し、人々が犯罪遂行を計画しそれに合意することを抑止することだからである。

(ウィリアム・バーナード・クリアリー＋亀井源太郎)

第7講 名誉毀損罪の真実性の証明とその誤信

事例

　被告人Xは，自ら経営する新聞社が発行する夕刊紙に，「吸血鬼Aの罪業」と題し，A本人または同人の指示のもとにA経営の新聞社の記者が和歌山市役所土木部課長に向かって「出すものを出せば目をつむってやるんだが，チビリくさるのでやったるんや」と聞こえよがしの捨てぜりふを吐いた上，上層の某主幹に向かって「しかし魚心あれば水心ということもある，どうだ，お前にも汚職の疑いがあるが，一つ席を変えて一杯やりながら話をつけるか」と凄んだ旨の記事を掲載，頒布した。

設問
【Q1】Xの罪責を論ぜよ。
【Q2】Xが記事内容の真実性を証明できなかった場合，Xは処罰されるか。
【Q3】Xが真実性の証明をなす場合，いかなる方法・程度で証明しなければならないか。

問題の所在

　刑法230条は，公然と事実を摘示し人の名誉を毀損した者を，その摘示内容が真実であるか否かに関わらず処罰する。
　しかし，このような者をすべて処罰していては，表現の自由の保護が十分とはいえない。このため，刑法230条の2第1項は，一定の場合に，その摘示内容の真実性が証明されれば不処罰とする。
　それでは，相当な根拠に基づいて事実を摘示したものの，この真実性の証明に失敗した場合，当該行為者は処罰されるのであろうか。ここでは，「事実で

あることの証明があったとき」という訴訟におけるできごとが，実体法上の犯罪の成否といかなる関係に立つのか，刑法230条の2が「これを罰しない」とする根拠はどこにあるのかが問題になる。

さらに，刑法230条の2は真実であることについての挙証責任を被告人に転換しているが，このことを認める根拠はどこにあるのか，被告人はどの程度の証明を，どのような方法ですべきなのかもあわせて問題となる。

解　説

1　刑法による名誉の保護

刑法230条1項は，「公然と事実を摘示し，人の名誉を毀損した者」を「その事実の有無にかかわらず」，処罰の対象とする。

一般に「名誉」という概念は，人の人格的価値そのものである**内部的名誉**，人の人格的価値に対する社会的評価である**外部的名誉**，人の人格的価値に対する自己評価である**名誉感情**に分けられるが，このうちの外部的名誉が名誉毀損罪における保護法益であると解するのが通説・判例である（大判昭和8年9月6日刑集12巻1590頁。なお，外部的名誉が保護法益であると解しつつ，名誉の性質と内容を区別する見解として佐伯仁志「名誉とプライヴァシーに対する罪」芝原邦爾＝堀内捷三＝町野朔＝西田典之編『刑法理論の現代的展開各論』〔日本評論社，1996年〕76頁以下）。

そして，通説・判例によれば，刑法230条1項は摘示される事実が真実であるか否かを問わないので，虚名をも含んだ現に存在する社会的評価が，刑法によって保護されていると解されるのである。

2　憲法上の価値の相克とその調整——真実証明による免責

(1)　刑法230条の2の立法趣旨

しかしながら，外部的名誉をすべて刑法によって保護するのでは表現の自由が十分に保護されるといえないため，戦後の憲法改正を受けて，昭和22年に刑法230条の2が新設された。

同条1項によれば，「前条第一項の行為が公共の利害に関する事実に係り，かつ，その目的が専ら公益を図ることにあったと認める場合には，事実の真否を判断し，事実であることの証明があったときは，これを罰しない」と規定し，①公共の利害に関する事実を，②もっぱら公益を図る目的で摘示した場合，③

その真実性が証明されれば行為者は不処罰となる。

同条新設以前は，(旧) 新聞紙法および (旧) 出版法において，新聞記事または出版による名誉毀損についてのみ真実性の証明が認められていたにすぎなかったが，真実性の証明があった場合を一定の範囲で不処罰とすることにより，表現の自由と名誉の保護の調和をはかったのである (最大判昭和44年6月25日刑集23巻7号975頁参照)。このように，名誉毀損罪における真実性の証明は，個人の人格権に由来する名誉の保護と表現の自由という2つの憲法上の価値が衝突する場合の調整の問題なのである (宍戸常寿「Videant judices et philosophi」法律時報75巻8号〔2003年〕51頁以下参照)。

(2) 真実性証明の法的性格

それでは，刑法230条の2が，真実性の証明があった場合に，刑法230条に該当する行為を「罰しない」とする根拠は何であろうか。

ここでは，大別して，ⓐ犯罪そのものは成立し処罰のみが阻却されると解する**処罰阻却事由説**と，ⓑ違法性や構成要件該当性が阻却されそもそも犯罪が成立していないとする**違法性（構成要件該当性）阻却事由説**が対立する。

ⓐ処罰阻却事由説は，①刑法230条が，事実が真実であるか否かを問わず名誉毀損罪を処罰するため，摘示事実が真実であってもその摘示を違法と考えるべきこと，②「事実であることの証明があったとき」のみ「これを罰しない」とする刑法230条の2の文言を素直に解釈すれば同説に至ること，③裁判において真実と証明できたか否かは行為後の事情に過ぎず，犯罪の成否とは関係がないはずであることを根拠とする。

これに対し，ⓑ違法性（構成要件該当性）阻却事由説は，刑法230条の2が表現の自由に配慮して正当な言論を保護しようとしていることから，同条を，犯罪の成立を否定する規定であると理解する。

(3) 真実性の誤信

いずれの見解からも，真実性の証明に成功した場合には，行為者を不可罰とする結論に差がない。両説の違いが顕在化するのは，真実性の証明に失敗した場合である。そこで，以下では，真実性の誤信と呼ばれるケースに焦点を当てつつ，さらに議論を敷衍する。

前述のように，ⓐ処罰阻却事由説からは，行為者がいかに真実を摘示したつもりであったとしても，真実性の証明は犯罪の成否とは無関係とされる。このため，行為者が真実と誤信して事実を摘示したとしても，証明に失敗した以上免責の余地はない。最高裁も，最一判昭和34年5月7日 (刑集13巻5号41頁) に

おいて，真実性の誤信につきなんら言及することなく，「被告人についてはその陳述する事実につき真実であることの証明がなされなかったものというべく，被告人は本件につき刑責を免れることができない」とした（もっとも，下級審の裁判例は，戦後早い時期から，「相当の根拠がある真実性の誤信は故意を阻却する」とする立場であった）。

　しかし，この帰結には批判が少なくなかった。合理的な根拠に基づいて事実を摘示したが裁判で真実性の証明に失敗したという場合をすべて処罰したのでは，結局，表現の自由に対する過度の萎縮効果が働いてしまい，表現の自由と名誉の保護を調和させようとした刑法230条の2の趣旨に合致しないからである。

　このため，判例は，まずは民事事件において，「行為者に於てその事実を真実と信ずるについて相当の理由あるときには，右行為には故意または過失がなく，結局不法行為は成立しない……（このことは，刑法230条の2の規定の趣旨からも十分窺うことができる）」とし（最一判昭和41年6月23日民集20巻5号1118頁），さらに，刑事でも，最大判昭和44年6月25日（刑集23巻7号975頁）が，前掲昭和34年判決を変更し以下のように判示した。「刑法230条の2の規定は，人格権としての個人の名誉の保護と，憲法21条による正当な言論の保障との調和をはかったものというべきであり，これら両者間の調和を考慮するならば，たとい刑法230条の2第1項にいう事実が真実であることの証明がない場合でも，行為者がその事実を真実であると誤信し，その誤信したことについて，確実な資料，根拠に照らし相当の理由があるときは，犯罪の故意がなく，名誉毀損の罪は成立しないものと解するのが相当である」。このような考え方からは，真実性の誤信があった場合，一定の場合には名誉毀損罪が成立しないこととなる。

　もっとも，最高裁は，単なる真実性の誤信だけでは足りず，確実な資料・根拠に基づいて事実を真実と誤信したときのみ名誉毀損罪の故意を欠くとしたが，なぜそのような場合にのみ故意がないといえるのか，特段の理由は示さなかった。この点につき，学説は，当初，ⓑ違法性（構成要件該当性）阻却事由説を前提としつつ，真実性の証明に失敗した場合の処理を(イ)錯誤論に求めた。もっとも，違法性阻却事由の錯誤があった場合に事実の錯誤であり故意を阻却するとする多数説によれば，「事実だと信じた以上すべて不可罰」という結論に至らざるを得ない。このような結論では，名誉の保護があまりにも軽くなってしまう。

　このため，錯誤論に基づきつつ，事実が真実であることそれ自体が違法性

（構成要件該当性）阻却事由であると解するのではなく，事実の摘示が(ロ)**証明可能な程度の真実に基づいていたことを違法性**（構成要件該当性）阻却事由と考えるアプローチが生じた。すなわち，「真実であることの証明があったときは罰しない」という訴訟法的な表現を，実体法の面から捉えた場合，「事実が証明可能な程度に真実であった」ことが，違法性（構成要件該当性）を阻却するのであり，行為当時に存在した客観的な資料・根拠に基づいて真実だと誤信して事実を摘示した場合には故意が否定されるが，単なる噂などにより合理的根拠なしに事実を真実だと軽信して行為に出た場合には，故意責任は阻却されないとしたのである（団藤重光『刑法綱要各論〔第3版〕』〔創文社，1990年〕524頁以下参照。ただし，団藤博士は後に(ハ)説に改説された。同書527頁）。しかし，このような説明に対しては，「真実であることの証明があったとき」という訴訟法的な事実に対応する実体法上の概念は「真実であること」であるはずで，「証明可能な程度に真実であったこと」ではないというべきであるし，また，証明可能な程度の資料・根拠を有していれば真実性の立証が可能なはずであり，真実性の証明に失敗した場合でもなお誤信による免責を認める余地がこの見解から残るかは疑問も残るとの批判がある（町野朔「名誉毀損罪とプライバシー」石原一彦＝佐々木史朗＝西原春夫＝松尾浩也編『現代刑罰法大系3巻』〔日本評論社，1982年〕71頁以下）。

そこで，近時有力な見解は，真実性の誤信の問題が十分に理論的に解決されていないのは，問題を錯誤論の枠内で考えること自体に無理があるためとの発想から，(ハ)**違法論からアプローチ**する（藤木英雄「真実性の誤信と名誉毀損罪」法学協会雑誌86巻10号〔1969年〕1頁以下）。すなわち，確実な根拠，資料の存在を認識したことにより真実性を確信した場合は刑法35条により正当化される，あるいは，相当な資料に基づく発言は客観的に価値が高いので正当な行為であり刑法35条によって正当化される，とするのである（平川宗信『名誉毀損罪と表現の自由』〔有斐閣，1983年〕88頁）。もっとも，前者の説明は違法論を過度に主観化するものであり，後者のように解すべきである。表現の自由が名誉に対して優越的地位に立つといえる限りでは前者が尊重されるべきであるので，一応真実と考えられる程度に相当の根拠がある場合には，憲法21条に基づく法令行為として刑法35条が行為の違法性を阻却すると解するのである（この見解は，さらに，230条の2を処罰阻却事由と捉える見解と，処罰阻却事由と違法阻却事由双方を含んだ規定であると捉える見解に分かれる）。

このようなアプローチにも批判がないわけではない。有力な批判説は，虚偽

の事実摘示には優越的利益が認められないとし，㈡**過失犯としてのアプローチ**を採る（佐伯・前掲83頁以下，山口厚『問題探究刑法各論』〔有斐閣，1999年〕9頁）。すなわち，真実の言論についてのみ違法性の減少・消滅を認め，虚偽の事実についてはその虚偽性の認識が欠ける場合に過失責任を問題とするのである。このように理解すれば，虚偽の事実を摘示した者がその虚偽性を認識していなかった場合，認識しなかったことについて過失があれば名誉毀損罪として処罰されるが，過失がなければ処罰されないということとなる。しかし，実質上明文なき過失犯処罰を認めることになる点で疑問が残る上，虚偽の事実摘示には優越的利益がないとする前提自体も疑問なしとはしない。表現の自由の保護範囲がやや狭きに失するようにも思われるのである。憲法が，客観的に真実である言論のみならず，相当な合理的根拠がある虚偽の言論も保護しているとすれば，㈥説のように理解すべきである。

3 挙証責任の転換
(1) 刑事手続における挙証責任

当事者および裁判所が立証を尽くした場合でも，証拠には限りがあり，裁判官の能力も有限なので，裁判所の心証の上ではある事実の存否がどちらとも決し得ない場合がある。

しかし裁判所は，このような場合でもその点につき判断を回避して手続を中断したままにしておくことはできない。このため，裁判所は，事実の真偽が不明でも，当該事実につき決着をつけなければならない。このことは，いずれかの当事者が，真偽不明であるということから生ずる不利益を被ることを意味する。挙証責任とは，このような，立証が尽くされても事実の存否がいずれとも不明な場合，不利益な判断を受ける一方当事者の地位をいう（**実質的挙証責任**）。

刑事訴訟においては，**無罪推定の法理**が妥当するので，犯罪事実およびそれに準ずる事項について真偽不明の場合には，検察官に不利益な事実を認定する。このことを指して，検察官が実質的挙証責任を負っているという。刑事訴訟における事実認定は，合理的な疑いを超える証明がなされたことを要求するので，この程度までの証明がなされなかった場合，検察官が実質的挙証責任を負うのである。

検察官が実質的挙証責任を負う範囲には，構成要件該当事実のみならず，違法性・有責性を基礎づける事実，処罰条件，刑の加重減免事由，量刑に関する事実も含まれる。もっとも，これらの事実につき検察官が実質的挙証責任を負

うといっても，検察官がこれらの事実の有無につき常に立証を行わなければならないわけではない。一般に，構成要件該当事実に立証がなされれば，違法性阻却事由や責任阻却事由は存在しないのが通常であるから，被告人側が抗弁をなさない限り，検察官から積極的に立証する必要はないと解される（川出敏裕「挙証責任と推定」刑事訴訟法の争点［第 3 版］〔2002年〕158頁）。

(2) 真実性の証明と挙証責任の転換

刑法230条の 2 は，「真実であることの証明があったときは，これを罰しない」と規定する。この規定は，摘示した事実の真偽が不明である場合には被告人を名誉毀損罪によって処罰すると規定するのであるから，真実性の証明につき実質的挙証責任を被告人に転換しているものである。

もっとも，「公共の利害に関する事実に係り，かつ，その目的が専ら公益を図ることにあったと認める場合」には，裁判所は，事実の真否につき職権調査義務を負う（最二判昭和30年12月 9 日刑集 9 巻13号2633頁は，このように判示した原審・東京高判昭和28年 2 月21日高刑集 6 巻 4 号367頁を維持した）。このため，被告人が実質的挙証責任を負うのは，裁判所も当事者も立証を尽くしたがなお真実であるかどうか不明な場合に限られることには留意すべきである。

このような挙証責任の転換を認めることにつき，学説は，前述した真実性証明の実体法上の法的性質から，説明を試みてきた。

すなわち，有力な学説は，事実証明が犯罪の成立条件に関わる違法性阻却事由であれば挙証責任の転換を正当化することはできないが，処罰阻却事由と解せば，事実証明と犯罪の成否は関係がないので挙証責任の転換を正当化できると整理してきたのである。真実性の誤信につき過失のアプローチを採る見解のうち，事実の虚偽性が法益侵害結果を基礎づけるものではないと構成する見解（山口・前掲90頁）も同様である。

もっとも，真実性証明の法的性質を処罰阻却事由であると説明しようが，違法性阻却事由であると説明しようが，いずれにしても，摘示事実の真実性が被告人を処罰するか否かを左右すること，すなわち，真実性が当罰性に関する事由であることに変わりはない。したがって，処罰阻却事由であると解しても，それだけでただちに挙証責任の転換が正当化されるわけではない（田宮裕「表現の自由と名誉の保護」中山研一＝西原春夫＝藤木英雄＝宮澤浩一編『現代刑法講座』5 巻〔成文堂，1982年〕187頁，佐伯・前掲85頁，鎮目征樹「名誉毀損」法学教室261号（2002年）35頁。なお，奥平康弘『憲法裁判の可能性』〔岩波書店，1995年〕155頁以下も参照）。挙証責任を転換するということは，このような性質の真実性につき，

立証を尽くしても真実であるか否か不明な場合に，なお，名誉毀損罪の成立を認めるということであるため，処罰阻却事由か，違法性阻却事由かという説明の相違は，単なる名称の違いであり，本質的な問題ではないのである。問題は，真実性証明の実体法上の性質をどう説明するかではなく，事実の真偽が不明な場合を被告人にとって不利益に扱うことに合理的な根拠があるといえるかどうかにある。

挙証責任を転換する規定の許容性につき，学説は，①検察官にとっての立証の困難性，②検察官が証明する事実から，被告人が挙証責任を負担する事実への推認が合理性を持つこと，③その事実を証明する資料が通常被告人側にあること，④挙証責任が転換されている部分が，行為の可罰性とは無関係であるか，あるいは，仮にそれと関係するとしても，その可罰性が，それを除いた部分と法的評価において差がない等の事情から判断すると説明する（川出・前掲160頁）。

もっとも，名誉毀損罪における真実性の証明においては，その実体法上の法的性質について議論が分かれる上，前述のように，処罰阻却事由と解したとしても当罰性を左右する事由であることに違いはないので，④は挙証責任の転換を正当化する理由にはならないように思われる。また，230条に該当することを証明しても真実性がなかったと推認できることにはならないので，②も理由とならない。

そこで，①・③が，真実性の証明につき挙証責任を転換する根拠となりうるかこそが重要である。前述のように，真実性の証明に失敗しても，相当な根拠に基づいた事実の摘示であった場合には有罪としない結論には，判例・学説ともに一致が見られるが，そのような相当な根拠に基づく事実摘示であったことを公判で証明しうる資料・根拠は，被告人側が持っていることが通常であろう（清水真「公正な論評と名誉毀損罪・信用毀損罪・業務妨害罪の成否」土本武司編『現代刑事法の論点刑法編』〔東京法令出版，1995年〕179頁参照）。したがって，捜査機関と被告人の証拠収集能力の差を考慮してもなお，検察官にとって，真実でないこと，もしくは相当の根拠がないことの証明は困難である。このため，裁判所に前述の職権調査義務を負わせた上で被告人へ挙証責任を転換することも許容される。なお，前述のとおり，このことは実体法における230条の２の法的性質とは関わりがないと解すべきである。

4 証明の対象

摘示事実は，重要な部分において真実であることが証明されれば足り，必ず

しも枝葉末節までの証明は必要ない（大阪高判昭和25年12月23日高刑判特報15号95頁，東京地判昭和49年6月27日判タ316号275頁）。

また，「Aが○○という行為を行ったという噂がある」というように噂や風聞，第三者の発言の引用などの伝聞形式で名誉が毀損された場合，真実性証明の対象は，そのような噂などの存在それ自体ではなく，その内容たる事実の存在と解される（最一決昭和43年1月18日刑集22巻1号7頁。佐伯・前掲85頁以下，大塚仁=河上和雄=佐藤文哉=古田佑紀編『大コンメンタール刑法［第2版］12巻』〔青林書院，2003年〕38頁以下〔中森喜彦〕52頁以下参照）。人の名誉を毀損するのは噂の存在そのものではなく，その内容たる事実が実在するという印象によるものであるので，真実性証明の対象も，噂が真に存在しているという事実ではなく，その内容そのものである。

もっとも，伝聞形式での事実摘示が，あくまでも噂などの存在自体を主張するにとどまり，その内容たる事実の存在については留保していると外形的に明白な場合，換言すれば，噂などの内容が真実であると受け取られないというる場合には，真実性証明の対象は，噂などの存在それ自体と考えられるべきである（町野・前掲329頁以下，山口・前掲84頁。反対，佐伯・前掲85頁，中森・前掲52頁。なお，前田雅英=松本時夫=池田修=渡邉一弘=大谷直人=河村博編『条解刑法』〔弘文堂，2002年〕624頁参照）。このため，犯罪容疑についての報道に関しては，真実性証明の対象は，「犯罪を行ったこと」ではなく，「犯罪の疑いが存在したこと」と考えるべき場合が通常であろう（平川・前掲145頁参照）。

5 証明の方法と程度

真実性証明の方法・程度につき，下級審の裁判例は，**厳格な証明**により，**合理的な疑いを超える程度に**証明されなければならないとする。たとえば，月刊ペン事件差し戻し後の控訴審判決である東京高判昭和59年7月18日（高刑集37巻2号360頁）は，「個人の名誉の保護と表現の自由の保障との調和均衡を図った同条項の立法趣旨からすれば，表現の自由のほうを重視する立場から，刑法230条ノ2第1項の真実性の証明に限り，刑訴法320条1項（伝聞排除）の規定の適用を除外して，被告人の立証の度合いを一般原則の場合より緩和する立法政策もありうるであろう」，「しかし，現行法は，刑法に前記のような挙証責任の転換の規定を設けただけで，刑訴法に特段の規定を置いていないことにかんがみれば，右真実性の立証についてのみ『自由な証明』で足りるとしているとは解されない」とする（最高裁の態度は明らかでない。中森・前掲54頁）。

学説上は，証明の程度につき，**証拠の優越**で足りるとする見解が有力である。①私人の証拠収集能力が捜査機関のそれに比して低いこと，②検察官に合理的な疑いを超える高度な証明度を要求する趣旨は誤った有罪判決を防止するためであるから真実性証明の場面では証明の程度は低いもので足りること，③摘示事実が犯罪である場合に証拠の優越程度の心証で被告人の処罰が否定されても，被害者がその犯罪を行ったと認定されるわけではないことが理由としてあげられる（山口・前掲85頁，西田典之『刑法各論［第2版］』〔弘文堂，2002年〕115頁）。

　これに対し，反対説は，①真実性の証明は犯罪事実の成否に関するものである以上，高度な証明が要求される，②事実の真否の調査は裁判所の義務であり，被告人が立証義務を負っているわけではない，③証拠の優越だけで真実性の証明があったとされれば，犯罪事実を摘示して名誉を毀損した場合，被害者は法的には有罪とされるだけの証拠がないのに，犯罪者の烙印を事実上押されることになってしまうなどと主張する（中森・前掲55頁）。

　現行法は，名誉の保護と表現の自由を調整するため，原則として，真実か否かを問わず名誉毀損罪の成立を認め，公共の利害に関する事実につき公益目的でなされた摘示行為についてのみ，真実性の証明を認めた。このような法の立場からは，証拠の優越で足りるとしては，とりわけ犯罪事実を摘示した場合に，個人の人格権に由来する名誉の保護が軽すぎるということになろう。たしかに，犯罪事実についての真実証明も，厳密には事実を摘示された者がその犯罪を行ったと確定するものではない。しかしながら，現在のわが国の社会においては，裁判所が一定の認定を行うことによって生ずるスティグマは軽視し得ないであろう。このため，合理的な疑いを超える証明を要求すべきである（なお，篠森真之「名誉毀損罪における『真実証明』の証明形式と責任」判タ818号〔1993年〕18頁以下参照）。

発展問題

設問

【Q1】宗教法人の会長の私的行動を摘示した場合，刑法230条の2第1項の「公共の利害に関する事実」として不処罰とする余地はあるか（最一判昭和56年4月16日刑集35巻3号84頁）。

【Q2】公共の利害に関しない事実につき名誉毀損罪で訴追された者が，情状立証のため，摘示した事実が真実であった旨の立証をする

ことは許されるか。
【Q3】摘示した事実が事実の公共性・目的の公益性の要件を満たしていると認められるにも関わらず，裁判所が事実の真否につき職権調査義務を履行しなかった場合，どのような手続法上の効果が生ずるか。

【関連判例】
・最一判昭和34年5月7日刑集13巻5号641頁
・最大判昭和44年6月25日刑集23巻7号975頁

【参考文献】
最重要文献には☆印を付した。
・☆田宮裕「表現の自由と名誉の保護」中山研一＝西原春夫＝藤木英雄＝宮澤浩一編『現代刑法講座』5巻（成文堂，1982年）199頁
・町野朔「名誉毀損罪とプライバシー」石原一彦＝佐々木史朗＝西原春夫＝松尾浩也編『現代刑罰法大系3巻』（日本評論社，1982年）301頁以下
・☆平川宗信『名誉毀損罪と表現の自由』（有斐閣，1983年）
・野村稔『未遂犯の研究』（成文堂，1984年）168頁以下
・☆佐伯仁志「名誉とプライヴァシーに対する罪」芝原邦爾＝堀内捷三＝町野朔＝西田典之編『刑法理論の現代的展開各論』（日本評論社，1996年）76頁以下
・三井誠「挙証責任と推定（3）」法学教室218号（1998年）127頁以下
・山口厚『問題探究刑法各論』（有斐閣，1999年）77頁以下
・堀内捷三「真実性の誤信」刑法の争点［第3版］（2000年）150頁以下
・☆川出敏裕「挙証責任と推定」刑事訴訟法の争点［第3版］（2002年）158頁以下
・伊東研祐「名誉毀損罪における事実の真実性に関する錯誤」刑法判例百選1［第5版］（2003年）38頁以下
・大塚仁＝河上和雄＝佐藤文哉＝古田佑紀編『大コンメンタール刑法［第2版］12巻』（青林書院，2003年）38頁以下〔中森喜彦〕

(亀井源太郎)

答案例

 1　設問1について

　Xの行為については，Aに対する名誉毀損罪の成否が問題となる（刑法230条1項）。名誉毀損罪は，公然と事実を摘示し，人の名誉を毀損した者を，その摘示内容が真実であるか否かに関わらず処罰する罪である。

　(1)「公然」とは，不特定または多数人が知りうる状態をいう。Xは，夕刊紙に記事として掲載，頒布しているので，不特定多数人が知りうる状態においているので「公然」にあたる。

　(2)「事実を摘示」とは，人の社会的評価を害するに足りる程度の具体的事実をいい，非公知の事実か公知の事実かを問わない。本問では，Xは，「AまたはAの指示のもとにA社の記者が和歌山市役所土木部課長に向かって『出すものを出せば目をつむってやるんだが，チビリくさるのでやったるんや』と言った上，上層の某主幹に向かって『お前にも汚職の疑いがあるが，一つ席を変えて話をつけるか』と凄んだ」旨の記事を掲載している。かかる記載内容は，人の社会的評価を害するに足りる具体的事実であるから，「事実を摘示」したといえる。

(3)　「名誉」とは，人の人格的価値に対する社会的評価である外部的名誉を意味する。本問では，Xは，AまたはAの指示のもとにA社の記者が市土木部課長や主幹に対して汚職をネタに金員をゆすったかのような記載をしているので，Aの人格的価値に対する社会的評価を害し，「名誉を毀損」したといえる。
　(4)　以上から，Xには，Aに対する名誉毀損罪が成立する（同230条1項）。

　2　設問2について
　(1)　刑法230条の2第1項は，刑法230条1項に該当する行為があっても，真実性の証明があれば処罰しないと規定する。名誉毀損罪は，死者に対する場合を除いて，摘示された事実の真偽に関わらず成立し，名誉という個人の人格権に由来する重要な権利を保護するものである。他方で，報道の自由や真実を述べる権利は表現の自由として，憲法の定める重要な権利である（憲法21条1項）。そこで，個人の名誉の保護と表現の自由の調和を図ったのが刑法230条の2の規定である。
　(2)　真実性の証明に失敗した場合は，つねに処罰を免れないのであろうか。この点について，従来の見解は，次のように考えていた。
　まず，同条は，表現の自由に配慮して正当な言論を保護しようとした規定であるから，真実性の証明があ

った場合には，犯罪は成立しないと考えられ，同条の規定は，構成要件または違法性阻却事由を定めたものと考える。しかし，名誉毀損罪は，事実の存否を問わず成立することから，真実性の証明があったとしても，構成要件該当性まで否定されるべきではない。よって，違法性阻却事由説が妥当と考える。

　次に，違法性阻却事由説をとった場合，真実性の証明に失敗した場合には処罰を免れないのか，問題となる。

　この点，従来の見解では，これを錯誤論によって考えていた。すなわち，真実性の証明に失敗した場合には，違法性阻却事由の錯誤を事実の錯誤と解する多数説を前提とすれば，故意は阻却され，「真実だと信じた以上すべて不可罰」となるといえる。しかし，このような結論では，名誉の保護があまりにも軽視されてしまう。

　そこで，事実が真実であることそれ自体が違法性阻却事由と考えるのではなく，事実の摘示が証明可能な程度の真実に基づいていたことを違法性阻却事由と解する説が主張された。すなわち，「真実であることの証明があったときは罰しない」という訴訟法的な表現を実体法的に読み直し，「事実が証明可能な程度に真実であった」ことが，違法性を阻却すると考えるのである。この説によれば，行為当時存在した客観的な資料・根

拠に基づいて真実だと誤信して事実を摘示した場合には，故意は阻却されるが，単なる噂などにより合理的根拠なしに事実を真実だと軽信して行為に出た場合には故意は阻却されないこととなる。

(4)　しかし，証明可能な程度の資料・根拠を有していれば真実性の立証は可能なはずであるし，裁判時に真実性の証明に失敗した場合にもなお錯誤による免責を認める余地があるのか，疑問が生じる。したがって，錯誤論で考えるのではなく，以下のように違法論から考えるべきである。

　すなわち，相当な資料に基づく表現は正当行為として刑法35条により違法性が阻却されると解する（正当行為説）。表現の自由は名誉に対して優越的地位に立つとの憲法の解釈を前提とすれば，前者をより尊重すべきであり，一応真実と考えられる程度の根拠がある場合には，憲法21条1項に基づく法令行為として刑法35条により，違法性が阻却されると考えるのである。このように解すれば，表現の自由と名誉の調和を図った同条の趣旨にも合致する。

　本問では，正当行為説によれば，Xが真実性の証明に失敗したとしても，相当な資料に基づいて，本件の記事を掲載したのであれば，処罰されないこととなる。

3 設問3について

　刑法230条の2は,「真実であることの証明があったときは,これを罰しない」と規定する。これは,法が規定した挙証責任の転換の規定であると解される。

(1) しかし,刑事訴訟においては,無罪推定の法理,「疑わしきは被告人の利益に」の原則が妥当する（憲法31条）。したがって,犯罪事実の存在については,原則として,検察官が実質的挙証責任を負担しており,合理的な疑いをいれない程度に立証しない限り,被告人には無罪の判決が言い渡される（刑訴法336条）。

　そうすると,刑法230条の2において,被告人が真実性の立証に失敗すると処罰されることになり,「疑わしきは被告人の利益に」の原則との関係で合憲性を認める根拠が問題となる。

　一般に,挙証責任転換規定の合憲性が認められるためには,①検察官にとっての立証困難性,②被告人が挙証責任を負担する事項が,検察官が立証する事実から合理的に推認されること,③その事実を証明する資料が被告人にあること,の1つまたは複数を満たすことを要すると解する。

　前述のように,名誉毀損罪については,真実性の証明に失敗しても,相当な資料に基づいた事実の摘示であったのならば,処罰されない。その場合,相当な資料に基づく事実摘示であったことを証明する資料は,

被告人が有していることが通常であり（③），検察官にその不存在を立証させることは困難である（①）。よって，①および③を満たすので，真実性の証明についての挙証責任転換規定は，合憲と考える。

(2) では，証明の方法・程度をどのように考えるべきか。

この点，一般に，犯罪事実の証明には，適式な証拠調べによる証拠能力ある証拠によって認定される厳格な証明を要し，証明の程度については，合理的な疑いを超える程度が必要である。

これに対し，真実性の証明のように，被告人が立証責任を負う場合には，私人の情報収集能力が検察官のそれに比して低いこと等を理由に，自由な証明で足り，証明の程度についても証明の優越で足りるとの見解もある。

しかし，①真実性の証明は犯罪事実の成否に関するものであるし，②証拠の優越だけで真実性の証明があったとすれば犯罪事実を摘示して名誉を毀損した場合，名誉毀損罪の被害者は法的には有罪とされる証拠がないのに，報道されることによって容易に犯罪者の烙印を事実上押されることになりかねない。よって，真実性の証明は厳格な証明による（伝聞法則の適用も排除されない），合理的な疑いを超える程度の証明を要すると考える。下級審の裁判例も同様の結論をとったもの

がある。
　よって，Xは，真実性の証明をなすにつき，厳格な証明による，合理的な疑いを超える程度の証明を要する。

以上

（寺本倫子）

第8講 自由心証主義・鑑定と不作為犯の成否

設問

　Xは暴力団組員であるが，ある日の午後11時ころ，被害者A（当時13歳の女性）をホテルの一室に連れ込み，午後11時10分ころ，Aに覚せい剤を注射したところ，まもなく，Aは頭痛，胸苦しさ，吐き気等の症状を訴え始め，翌日午前零時半ころには，更にその訴えが強くなり，「暑くて死にそうだ」などと言いながら，着衣を脱ぎ捨て，2階にある同室の窓のガラス戸を風呂場の引き戸と錯覚して開けて，戸外に飛び出そうとし，部屋の中を無意味に動き回るなど，覚せい剤による錯乱状態に陥り，正常な起居の動作ができない程に重篤な状態となったが，Xは，覚せい剤使用の事実の発覚をおそれて，Aをそのままに放置して，午前2時15分ころ，ホテルを立ち去った。
　その後，Aは，午前4時ころまでの間に，同室において覚せい剤による急性心不全により死亡した。
　その後，指名手配されたXは逃走先で逮捕され，大筋で容疑を認めたため，検察官はXを起訴した。
　Xの刑事裁判において，Xは被害者Aの死亡との因果関係を争い，弁護人の請求で裁判所が選任した鑑定人Bは，「Aが錯乱状態に至った時点で救急車を呼んでも，その救命可能性は五分五分であった」との鑑定書を提出し，採用された。その後，検察官は再鑑定を請求したところ，裁判所が選任した鑑定人Cは，「Aが錯乱状態に陥った時点で救急車を呼んでいれば十中八九救命できたが，現実の救命可能性は100パーセントであったということはできない」という鑑定書を提出して裁判所に採用された。

設問

【Q1】不作為犯の成立要件と因果関係に言及しながら，Xの罪責について論述しなさい。その際に，Xにおいて，Aが死亡するかもしれ

ないと認識・認容していた場合の罪責についても言及しなさい。
【Q2】被害者Aには，覚せい剤を服用すると錯乱状態になるという特異体質があり，本件においても，Aが錯乱状態になったのは，その特異体質が原因であった場合には，因果関係は認められるか否かについて，因果関係に関する判例・学説の状況について言及しながら，論述しなさい。
【Q3】裁判所は，どのような場合に再鑑定を認めることができるかについて言及しながら，鑑定人Bと鑑定人Cの異なる鑑定結果に対して，裁判所としてはどのように対応すべきかについて論述しなさい。

問題の所在

1　Xが被害者Aを置き去りにしてAを死亡させた行為については，保護責任者遺棄致死罪の成否が問題となる。その検討に際しては，本事案において，不作為犯の作為義務の発生根拠が何かを論述することが必要である。

また，Xが被害者Aが死亡するかもしれないと認識・認容していた場合については，殺人罪の不作為犯の成否が問題となる。殺人の主観的要件を満たしていれば直ちに殺人の不作為犯が成立するか否かについて，判例の動向に留意しつつ，論述することが必要である。

2　因果関係については，判例は伝統的に条件説を採用しているとされており，学説においては相当因果関係説が多数説であるが（その中にも，主観説，客観説，折衷説がある），最近では客観的帰属論も主張されている。

特異な体質が犯罪的結果の発生に影響を与える場合には，条件説と相当因果関係説とでは結論が異なるため，その点を意識して論述することが必要である。

3　いかなる場合に再鑑定をすることができるかについては刑事訴訟法に明文がなく，解釈に委ねられている。

そのようにして複数の鑑定結果が出され，その鑑定結果が対立している場合に裁判所がどう対応すべきかについては，刑事訴訟法318条が「証拠の証明力は，裁判官の自由な判断に委ねる。」と規定して自由心証主義を採用し，鑑定も証拠資料の一つである以上，鑑定結果の評価についても自由心証主義が妥当するとされている。

したがって，この点を意識しつつ，裁判所のとるべき対応について論述する必要がある。

解　説

1　不作為犯の成立要件と不作為の因果関係について
(1)　不作為犯について

不作為犯とは，消極的な身体活動として行われる犯罪のことをいう。構成要件自体が不作為の形式で規定されている犯罪を真正不作為犯といい，作為の形式で定められている犯罪を不作為によって実現する犯罪を不真正不作為犯という。

かつては，不真正不作為犯の問題は，専ら違法性の問題として取り扱われるのが一般的であったが（牧野英一『不作為の違法性〔増訂版〕』〔有斐閣，1920年〕81頁以下，木村亀二「不作為犯における作為義務」同『刑法解釋の諸問題・第1巻』〔有斐閣，1939年〕180頁以下〔但し，後に構成要件説に改説している。木村亀二・阿部純二増補『刑法総論〔増補版〕』〔有斐閣，1978年〕196頁〕），現在では，構成要件該当性の問題として論じられている（通説。現在においても，作為義務違反は違法性の問題として位置付けられるとする見解として，奈良俊夫『概説刑法総論〔第3版〕』〔芦書房，1998年〕114頁）。

真正不作為犯の場合には，具体的な構成要件に「保護をしない」などの不作為が規定されているから，不作為がそれに該当するかどうかを判断すれば足りる。これに対して，不真正不作為犯の場合には，結果を惹起した全ての不作為が構成要件に該当するのではなく，作為犯の実行行為と同視できる程度の不作為だけが構成要件に該当するとされている。

このように，当該不作為が，作為による実行行為と構成要件的に同価値であるといえるためには，当該不作為者が，被害法益との特別な関係に基づいて，構成要件的結果の発生を防止すべき法律上の義務（保障者的義務）を負う者（保障人）であることが必要であるとする保障人説が現在では多数説である（現在においても保障人説をとらない学説として，藤木英雄『刑法講義総論』〔弘文堂，1975年〕133頁，団藤重光『刑法綱要総論〔第3版〕』〔創文社，1990年〕148頁，香川達夫『刑法講義総論〔第3版〕』〔成文堂，1995年〕131頁，西原春夫『刑法総論〔改訂版〕』上巻〔成文堂，1998年〕305頁，前田雅英『刑法総論講義〔第3版〕』〔東京大学出版会，1998年〕135頁）。

(2) 不真正不作為犯の成立要件

不真正不作為犯の成立要件については，学説が論じるところも区々であるが，おおまかに見ると，①作為義務，②作為可能性（結果防止〔回避〕可能性），③結果との因果関係ということになろう（この①と②を指摘する学説として，前田・前掲書133頁，萩原滋『刑法概要〔総論〕』〔成文堂，2002年〕44頁以下）。

このうち，①の作為義務の発生根拠については，近年，議論が深められている。従来，ⓐ作為義務は，法令，契約・事務管理，慣習・条理によって発生するという**形式的法義務説**（形式的三分説）が通説であったが，最近では，ⓑ具体的な事案に即して法義務の発生根拠を考える**実質的法義務説**が有力になってきている。

実質的法義務説にも，㈦故意・過失に基づく行為により法益侵害に向かって因果の流れを設定した者は結果を防止すべき作為義務を負うとする先行行為説（日髙義博『不真正不作為犯の理論』〔慶應通信，1979年〕154頁以下），㈵不作為者が法益の保護を事実上引き受けた場合には，当該法益の保護は不作為者に依存することから作為義務が発生するとする事実上の引き受け説（堀内捷三『不作為犯論』〔青林書院新社，1978年〕249頁以下，同『刑法総論』〔有斐閣，2000年〕58頁），㈷不作為者が結果に向かう因果経過を事実上支配していた場合には作為義務が発生するとする支配領域説（西田典之「不作為犯」芝原邦爾ほか編『刑法理論の現代的展開・総論Ⅰ』〔日本評論社，1988年〕89頁以下）が主張されている。

しかしながら，どの見解にも難点があるとされており（山中敬一『刑法総論Ⅰ』〔成文堂，1999年〕223頁以下，山口厚『刑法総論』〔有斐閣，2001年〕83頁以下，萩原・前掲書46頁），その試みは必ずしも成功していない。

そこで，最近では，構成要件的結果の実現へ至る事態の推移に介入して，それを回避する役割を行為者に認めるべきか否かは，行為者と当該刑罰法規の保護法益との関係，行為者と法益侵害の危険源との関係を考慮して実質的に決められるべきであるとする機能説が主張されるに至っている（町野朔『刑法総論講義案Ⅰ〔第2版〕』〔信山社，1995年〕133頁，山中・前掲書225頁以下）。

本設問【Q1】については，Xに被害者Aに対する未必の故意があったとしても，それ故に，殺人罪の不作為犯が直ちに成立する訳ではなく，あくまでもXの行為が，作為による殺人行為と同視できるか（構成要件的同価値性があるか）を判断すべきである。

構成要件的同価値性の判断は，個々の構成要件に応じて行われるべきであり，当該構成要件の類型的違法性を考慮して作為義務の存否を決めなければならな

い（町野・前掲書130頁）。したがって，殺人罪の作為義務は，より軽い犯罪である保護責任者遺棄致死罪における保護義務よりも重い義務であり，後者の義務違反が認められる場合でも，殺人罪の作為義務違反は認められない場合がある。

なお，不真正不作為犯の成立要件として，作為義務を怠った態様，特にその際の作為者の主観的態度が考慮されるべきであるとし，結果発生についての単なる認容では足りず，より積極的な主観的態度が考慮されるべきであるとして，不作為犯における主観的要件を作為犯と別異に考える見解がある（藤木・前掲書135頁以下，団藤・前掲『刑法綱要総論［第3版］』151頁）。しかしながら，これを認めると，悪い意思の故に不真正不作為犯が肯定されることになるが，それは，不真正不作為犯において処罰の限界を不明確にし，処罰範囲を拡大するおそれがあるから（堀内・前掲『刑法総論』61頁），特別の主観的要件を認めるべきではない。

したがって，不真正不作為犯の成立範囲を限定するのはあくまでも作為義務によって行われるべきである（福田平『全訂刑法総論［第3版増補］』〔有斐閣，2001年〕95頁注1，町野・前掲書131頁）。

このように考えると，本設問【Q1】については，殺人の未必的故意があるとしても殺人罪の不作為犯は成立しないと考えられる。

(3) 保護責任者遺棄罪における「遺棄」の意義

ところで，従来，遺棄罪における「遺棄」については，狭義においては移置（被遺棄者を危険な場所に移転させること），広義においては置き去り（被遺棄者を危険な場所に遺留して立ち去る行為）を含むとされ，単純遺棄罪（刑法217条）の「遺棄」は狭義の遺棄，すなわち移置だけであるが，保護責任者遺棄罪（同218条）の「遺棄」は広義の遺棄を意味すると解するのが判例（最二判昭和34年7月24日刑集13巻8号1163頁）・多数説（藤木英雄『刑法講義各論』〔弘文堂，1976年〕216頁以下，団藤重光『刑法綱要各論［第3版］』〔創文社，1990年〕453頁，前田雅英『刑法講義各論［第3版］』〔東京大学出版会，1999年〕62頁以下，齋藤信宰『刑法講義各論［第3版］』〔成文社，2000年〕73頁，川崎一夫『刑法各論』〔青林書院，2000年〕62頁，前田雅英編集代表『条解刑法』〔弘文堂，2002年〕581頁等）である（第1説）。

これに対しては，多数説が前提とする移置は常に作為犯であり置き去りは常に不真正不作為犯であるとする前提自体が誤りであり，不作為の移置や作為による置き去りも観念できるとして，単純遺棄罪の「遺棄」は狭義の遺棄のほか作為による置き去りを含み，保護責任者遺棄罪の「遺棄」には作為だけでなく不作為を含むとする見解（大塚仁『刑法概説（各論）［第3版］』〔有斐閣，1996年〕

59頁，福田平『全訂刑法各論［第3版増補］』〔有斐閣，2002年〕165頁，佐久間修『刑法講義（各論）［新版］第1分冊』〔成文堂，2002年〕59頁，斎藤信治『刑法各論［第2版］』〔有斐閣，2003年〕43頁）も有力である（第2説）。

　これ以外に，単純遺棄罪についても不真正不作為犯が成立しうるとして，単純遺棄罪の「遺棄」についても，保護責任者遺棄罪の「遺棄」と同様に不作為を含むとする見解（堀内・前掲『不作為犯論』262頁，内田文昭『刑法各論［第3版］』〔青林書院，1997年〕88頁，曽根威彦『刑法各論［第3版補正版］』〔弘文堂，2003年〕45頁）や（第3説），それとは逆に，単純遺棄罪・保護責任者遺棄罪の「遺棄」はいずれも作為による遺棄のみを意味し，不作為による遺棄（移置，置き去り）は保護責任者遺棄罪の「不保護」にあたるとする見解（木暮得雄ほか『刑法講義各論』〔有斐閣，1988年〕68頁〔町野朔執筆〕，林幹人『刑法各論』〔東京大学出版会，1999年〕46頁，大谷實『新版刑法講義各論［追補版］』〔成文堂，2002年〕73頁，西田典之『刑法各論［第2版］』〔弘文堂，2002年〕32頁）が主張されている（第4説）。

　これについては多数説である第1説を理論的に整理した第2説がもっとも妥当といえよう。

　なお，保護責任者遺棄罪における保護責任者に該当するか否かの問題は，不真正不作為犯における作為義務の問題とオーバーラップすることになる（萩原・前掲書46頁）。

　そこで，本設問【Q1】については，第4説以外によれば，Xには保護責任者遺棄（致死）罪の成否が問題となり，第4説によれば，Xには保護責任不保護（致死）罪の成否が問題となる。

(4)　不作為の因果関係

　不作為犯については，従来，「無から有は生じない」として，不作為には結果惹起の原因力を求めることはできないのではないかという観点から，他行為説，先行行為説，心理的原因説，干渉説，法的又は準因果関係説，非因果関係説等，様々な学説が主張された（森下忠「不作為の因果関係」法律時報32巻12号〔1960年〕25頁以下，中山研一「因果関係」日本刑法学会編『刑法講座・第2巻』〔有斐閣，1963年〕83頁以下，内田文昭『刑法概要・上巻』〔青林書院，1995年〕353頁以下）。

　しかしながら，現在においては，不作為は何もしないことではなく，一定の「期待された行為」を行わないことを意味するのであるから，もし，「期待された行為」が行われたとすれば，通常その結果を生じなかったであろうという関係が認められれば，不作為と結果との因果関係は認められるとするのが多数説である（平野龍一『刑法総論Ⅰ』〔有斐閣，1972年〕150頁，団藤・前掲『刑法綱要総論

〔第3版〕』145頁，大塚仁『刑法概説（総論）［第3版］』〔有斐閣，1997年〕192頁，前田・前掲『刑法総論講義［第3版］』131頁，大谷實『新版刑法講義総論』〔成文堂，2000年〕149頁，堀内・前掲『刑法総論』66頁，林陽一『刑法における因果関係理論』〔成文堂，2000年〕250頁以下，山口・前掲書75頁，齋藤信宰『刑法講義（総論）［第3版］』〔成文堂，2001年〕149頁等）。

　ところで，「期待された行為」が行われたとすれば結果を生じなかったであろうという場合に，どの程度に結果不発生が見込まれれば因果関係を肯定して良いかについては，①「期待された行為」が結果不発生の一条件でありさえすれば不作為の因果関係を認めて良いという考え方と，②「期待された行為」がなされていれば，「確実に近い蓋然性」で結果が発生しないという場合に不作為の因果関係が認められるという考え方（阿部純二「不作為の因果関係」法学セミナー322号〔1981年〕21頁，同『刑法総論』〔日本評論社，1997年〕71頁，曽根威彦「不作為の因果関係」法学セミナー426号〔1990年〕130頁）がありうる（中山矼一「救急医療を要請しなかった不作為と被害者の死の結果との間に因果関係が認められた事例」判例タイムズ725号〔1990年〕56頁参照）。

　最三決平成元年12月15日刑集43巻13号879頁は，本設問とほぼ同じ事案について，被害者の女性が被告人によって注射された覚せい剤により錯乱状態に陥った午前零時半ころの時点において，直ちに被告人が救急医療を要請していれば，同女が年若く生命力が旺盛で，特段の疾病がなかったことなどから，十中八九同女の救命が可能であったというのであるから，被告人がこのような措置をとることなく漫然同女をホテル客室に放置した行為とその女性が死亡した結果との間には刑法上の因果関係があると判断した。

　本決定は，最高裁として初めて，正面から不作為の因果関係に関する上記の通説的見解をとることを明確にしたという意義があると指摘されている（原田國男，最高裁判例解説刑事篇，平成元年度〔1991年〕385頁，中山・前掲評釈56頁）。

　ところで，因果関係は，構成要件に該当する事実であり，被告人を有罪と認定するために厳格な証明が必要な事実であるから，合理的な疑いを超える程度に立証されることが必要である（町野・前掲書160頁）。

　前掲最高裁決定は，このような不作為の因果関係について，合理的な疑いを超える程度に立証される必要があるとし，「期待された行為」をしても，結果が発生したかもしれないという合理的な疑いが残れば因果関係は否定されるということを前提にして判断がなされていると指摘されている（原田・前掲書381頁）。

本設問【Q1】につき，Xに保護責任者遺棄致死罪（または，保護責任者不保護致死罪。以下同じ。）が成立するか否かは，不作為の因果関係が認められるか否かにかかっている。

前掲最高裁決定のように，直ちにXが救急医療を要請していれば，十中八九被害者の救命が可能であったと認定できる場合には，「期待された行為」（救急医療を要請する行為）が行われたとすれば結果を生じなかったであろうという「確実に近い蓋然性」があると認定できるから，保護責任者遺棄致死罪の成立を認めることになろう。

逆に，Xが直ちに救急医療を要請しても，被害者の救命の可能性が五分五分であったと認定できる場合には，不作為の因果関係は否定されることになる（原田・前掲書385頁）。

2　因果関係に関する判例・学説について

因果関係とは，実行行為と構成要件的結果との間に存する一定の原因と結果の関係をいう。結果犯においては，実行行為が存在し，構成要件的結果に当たる事実が認められたとしても，既遂になるためには，因果関係が認められることが必要である。

因果関係は，発生した構成要件的結果について，個別的・具体的な違法性・責任を論ずるための前提となるものであり，当該行為からそのような構成要件的結果が生ずることが経験則上一般的にありうるかという一般的・類型的な構成要件該当性の問題であるとするのが通説である（これに対して，構成要件該当性の問題としてではなく，行為論の問題として論じる見解として，西原・前掲書105頁等）。

ところで，因果関係についての学説は，大きく分類すると，ⓐその行為がなかったならばその結果は発生しなかったであろうという条件関係が存する限り，刑法上の因果関係が認められるとする条件説（奈良・前掲書127頁，岡野光雄『刑法要説総論』〔成文堂，2001年〕61頁）と，ⓑ刑法上の因果関係を認めるためには，単に，行為と結果との間に条件関係が認められるだけでは足りず，条件関係を前提として，結果に対する諸条件のうち，社会生活上の経験に照らして，一定の行為から一定の結果が生ずることが相当であると認められることが必要であるとする相当因果関係説（通説）がある。

相当因果関係説は，その相当性の有無を判断する基礎として，いかなる事情を考慮するかに関して，㈦行為者が行為の当時に認識した事情及び予見し得た

事情を判断の基礎にする主観説（宮本英脩『刑法大綱・総論』〔弘文堂書房，1932年〕64頁），(イ)裁判の時点に立って，行為当時に客観的に存在した全ての事情及び行為後に生じた事情のうち一般人にとって予見可能であった事情を判断の基礎にする客観説（小野清一郎『新訂刑法講義総論』〔有斐閣，1950年〕112頁，中山研一『刑法総論』〔成文堂，1982年〕180頁，内藤謙『刑法講義総論（上）』〔有斐閣，1983年〕275頁，中野次雄『刑法総論概要［第3版補訂版］』〔成文堂，1997年〕111頁，松宮孝明『刑法総論講義［第2版］』〔成文堂，1999年〕73頁，曽根威彦『刑法総論［第3版］』〔弘文堂，2000年〕83頁，山口・前掲書56頁，前田・前掲『刑法総論講義［第3版］』181頁，堀内・前掲『刑法総論』71頁，林幹人『刑法総論』〔東京大学出版会，2000年〕140頁，板倉宏『新訂刑法総論［補訂版］』〔勁草書房，2001年〕119頁，齋藤・前掲『刑法講義（総論）［第3版］』133頁，萩原・前掲書53頁），(ウ)行為時において，一般人が認識し，または予見することができたであろう一般的事情及び行為者が特に認識しまたは予見していた特別の事情を判断の基礎とする折衷説（木村亀二・阿部純二補訂・前掲『刑法総論［増補版］』183頁，藤木・前掲『刑法講義総論』100頁，中義勝『講述犯罪総論』〔有斐閣，1980年〕78頁，柏木千秋『刑法総論』〔有斐閣，1982年〕146頁，団藤・前掲『刑法綱要総論［第3版］』177頁，西原・前掲書113頁，大塚・前掲『刑法概説（総論）［第3版］』177頁，川端博『刑法総論講義』〔成文堂，1995年〕152頁，荘子邦雄『刑法総論［第3版］』〔青林書院，1996年〕129頁，吉川経夫『三訂刑法総論［補訂版］』〔法律文化社，1996年〕120頁，佐久間修『刑法講義〔総論〕』〔成文堂，1997年〕92頁，大谷・前掲『新版刑法講義総論』230頁，福田・前掲『全訂刑法総論［第3版増補］』104頁）に分かれている。

　なお，近時，わが国においても，結果との間に条件関係のある行為が法的に許されない危険を創出し，次いで，その危険が構成要件に該当する結果を実現した場合に，結果の客観的帰属が認められるとする客観的帰属論が主張されているが（山中・前掲書266頁以下），まだ大きな支持を得ていない（ドイツでは通説とされる）。

　判例は，基本的に条件説の立場をとっているといわれている（結果的加重犯に関する判決として，最一判昭和46年6月17日刑集25巻4号567頁。但し，最二決昭和42年10月24日刑集21巻8号1116頁は「経験則上当然予想しえられるところであるとは到底いえない」と判示して，相当因果関係説を採用しているかのような言い回しをしている。内田・前掲『刑法概要・上巻』382頁以下参照）。

　条件説ではあまりにも広く因果関係を認めすぎることになる。また，相当因果関係説においても，主観的相当因果関係説は，行為者の主観によって因果関

係の有無が左右されるのでは不合理であるし，客観的相当因果関係説は，逆に，行為当時に一般人に知り得なかった事情をも相当性の判断の基礎にするというのは，行為者にとっては因果関係を広く認めすぎることになる。したがって，折衷的相当因果関係説が妥当である。

本設問【Q2】については，被害者Aには，覚せい剤を服用すると錯乱状態になるという特異体質があるということであるが，条件説によれば，因果関係は認められる。主観的相当因果関係説によれば，Xにおいて，それを知っていたか又は知り得たと言えなければ，相当因果関係は否定されることになる。客観的相当因果関係説によれば，そのような特異体質があることは裁判当時に客観的に存在していた事実であり，そのようなAに覚せい剤を注射したら錯乱状態になることは経験上ありうることから，相当因果関係は肯定される。折衷的相当因果関係説によれば，行為当時，Aの特異体質について，Xも，一般人も知ることができなければ，それは判断の基礎から除かれることになるから，条件関係はあるが，相当因果関係は否定されることになる。これに対して，Xにおいて，特にAが特異体質であることを知っていたときはそれは判断の基礎となるから，相当因果関係が肯定されることになる（大谷・前掲『新版刑法講義総論』228頁以下参照）。

3 鑑定について
(1) 鑑定の意義と役割

鑑定とは，裁判所が裁判上必要な実験則等に関する知識経験の不足を補給する目的でその指示する事項につき特別の知識経験がある第三者をして新たに調査をなさしめて法則そのもの又はこれを適用して得た具体的事実判断等を報告させることをいう（最一判昭和28年2月19日刑集7巻2号305頁参照）。

裁判所における事実認定は，証拠調べ手続を経た証拠によって行われ，その証拠の評価については，「証拠の証明力は，裁判官の自由な判断に委ねる。」とされて，自由心証主義がとられている（刑訴法318条）。

証拠から要証事実を認定する過程は，証拠の存在という事実から一定の事実を推論するものであり，それは経験則の適用場面ということができる。この経験則には，一般的経験則と専門的経験則があり，後者の専門的経験則については，抽象的法則を裁判所が知り得ないだけでなく，その適用も専門家でなければ困難であることが多いことから，裁判所は，単に抽象的法則の報告を求めるだけでなく，多くはこれを適用して得た具体的判断を求めるという形で鑑定を

利用している（鹿野伸二「鑑定」平野龍一＝松尾浩也編『新実例刑事訴訟法Ⅱ公訴の提起及び公判』〔青林書院，1998年〕338頁参照）。

ところで，鑑定も証拠資料の一つである以上，鑑定結果の評価についても自由心証主義が妥当するとされている。もっとも，そうだからと言って，鑑定結果を，理由も述べないで，恣意的かつ一方的に排斥したり等することは許されない。

すなわち，鑑定結果を事実認定に用いる際には，それが被告人に有利なものか不利なものであるかを区別し，最終判断は「疑わしきは被告人の利益に」の原則に従うことが必要であり，被告人に不利な鑑定結果については，他の証拠と併せて有罪の確信に至った場合にのみ，有罪判決の根拠にすることができるとされる（浅田和茂「鑑定とその評価」同『科学捜査と刑事鑑定』〔有斐閣，1994年〕195頁以下）。

そして，裁判所が行った鑑定結果を排斥するためには，①鑑定結果と他の客観的証拠との間に整合性がないこと，②鑑定内容自体に矛盾，不整合が含まれていること，③鑑定結果がその分野では少数意見であると判明したこと，④鑑定資料など，その前提に誤りがあること，⑤鑑定人の資質や公正さに疑問があることの各事由がある場合には，判決書で排斥の理由を明確に示すべきだとされている（長岡哲次「鑑定をめぐる諸問題――裁判の立場から」三井誠ほか編『新刑事手続Ⅲ』〔悠々社，2002年〕125頁）。

(2) 再鑑定及び鑑定結果が対立した場合について

いかなる場合に再鑑定ができるかについては，刑事訴訟法に明文規定がないため，解釈に委ねられている。

この点については，上記(1)の①ないし⑤の各事由の存在が明確で，鑑定結果を信用できないとか，鑑定人を尋問しても鑑定結果に対する疑問が解消しない場合には再鑑定をすべきであると主張されている（長岡・前掲論文125頁）。

そして，再鑑定を実施したところ，最初の鑑定と再鑑定とで，鑑定結果が対立する場合において，裁判所がどのように評価するかは難しい問題である。

判例（大判昭和8年10月16日刑集12巻19号1796頁）は，殺人における複数鑑定の評価に関して，鑑定人の行った鑑定結果とその理由については，それぞれ比較して，経験常識上どちらの鑑定が正当か否かを判断することができると判断している。

本設問【Q3】については，これらを踏まえつつ，弁護人の請求で認められた鑑定人Bの鑑定結果は被告人に有利な内容（因果関係を否定）であったのに

第8講
自由心証主義・鑑定と不作為犯の成否

対して，検察官の請求で認められた鑑定人Cの鑑定結果は被告人に不利な内容（因果関係を肯定）である。

そこで，検察官の請求によって鑑定人Cによる再鑑定を認めた裁判所の措置が問題となる。上記の①ないし⑤の各事由が存在する場合でなければ再鑑定をすることは許されないと考えられるので，これらの事由の有無により場合分けをして論述する必要がある。

また，対立した鑑定結果が裁判所に証拠として提出された場合に裁判所が鑑定結果を評価する際には，「疑わしきは被告人の利益に」の原則を適用すべきである。したがって，その観点からすると，検察官の請求で認められた鑑定人Cの鑑定結果は被告人に不利な内容となっていることから，鑑定人Bの鑑定結果を，上記①ないし⑤の各事由によって排斥できなければ，鑑定人Cの鑑定結果を採用することは許されないということになり，これを採用した裁判所の措置には違法があるということになる。

発展問題

設問

【Q1】Xは，午前零時半ころの時点で，被害者AをXが運転する乗用車に乗せて病院に向かったが，その途中で，このままだと自分が逮捕されると恐ろしくなり，病院に向かう途中にある小高い丘の上にAを置き去りにして，そのまま帰宅した。その後，Aは凍死した。この場合のXの罪責について論述しなさい。

【Q2】被害者Aには，覚せい剤を服用すると錯乱状態になるという特異体質があったが，Xの刑事裁判の時点での科学水準では，その原因や効果については解明されていなかった。しかし，XはたまたまAの遠い親戚であり，Aがそのような特異体質であることを知っていた。この場合に，Xの不作為とAの死の結果に因果関係が認められるか否かについて，因果関係に関する判例・学説の状況について言及しながら，論述しなさい。

【Q3】Xの弁護人は，鑑定人Cの鑑定結果に不満があるので，裁判所に対して，再々鑑定の請求を行いたいと考えている。どのような要件があれば再々鑑定が認められるか否かにつき，論述しなさい。

【参考文献】本文中に引用したものを除く

○不作為犯，因果関係に関して
・町野朔『犯罪論の展開Ⅰ』（有斐閣，1989年）95頁以下
・林　陽一「不作為の因果関係」法学教室118号（1990年）98頁以下
・原田國男「時の判例」ジュリスト962号（1990年）95頁以下
・生田勝義「行為原理と不作為犯」同『行為原理と刑事違法論』（信山社，2002年）105頁以下
・松宮孝明「相当因果関係説」，「『不真正不作為犯』について」，「不作為犯と因果関係」
・同『刑事立法と犯罪体系』（成文堂，2003年）78頁以下

○鑑定に関して
・荒木友雄「鑑定──裁判の立場から」三井誠ほか編集委員『刑事手続・下』（筑摩書房，1988年）685頁
・石井一正『刑事実務証拠法［第3版］』（判例タイムズ社，2003年）262頁以下
・伊東研祐「判例批評」法学教室増刊・判例セレクト'86～'00（有斐閣，2002年）415頁

（山下幸夫）

第9講 実質的挙証責任と正当防衛の成否

事例

　Xは、Aを重さ約2キログラム、全長約80センチメートルの鉄パイプで一回殴打し（第1暴行）、その後、アパート2階通路の手すりの外側に上半身を前のめりに乗り出した姿勢になっていたAの左足を持ち上げて同人を約4メートル下のコンクリート道路上に転落させた（第2暴行）。これら一連の行為によって、Xは、Aに入院加療約3か月を要する傷害を負わせた。

　検察官は、Xを傷害罪で起訴したが、これに対して、被告人X側弁護人は、事象経過は以下のとおりであったとして一定の証拠とともに正当防衛の成立を主張した。「Xは、アパート2階の共同トイレで小用中に、日ごろから折り合いの悪かったAから、いきなり本件鉄パイプで頭部を一回殴打された。続けて、同鉄パイプを振りかぶったAに対し、Xは、それを取り上げようとしてつかみ掛かり、Aともみ合いになったまま同アパート通路に移動した。その間、2回にわたり大声で助けを求めたが誰も現れなかった。その直後に、XはAから同鉄パイプを取り上げたが、Aが両手を前に出して向かってきたため、その頭部を同鉄パイプで一回殴打した（第1暴行）。そして、再度もみ合いになって、AがXから同鉄パイプを取り戻し、それを振り上げてXを殴打しようとしたため、Xは階段の方へ向かって逃げ出した。Xは、階段上の踊り場まで至った際、背後で風を切る気配がしたので振り返ったところ、Aが勢い余って通路の手すりの外側に上半身を前のめりに乗り出した姿勢になっていた。しかし、Aがなおも同鉄パイプを手に握っているのを見て、XはAに近づいてその左足を持ち上げて同人を同所から約4メートル下のコンクリート道路上に転落させた（第2暴行）」。

> **設問**
> 【Q1】 Xの主張した事実が公判で立証されたならば、正当防衛（または過剰防衛）の成立する余地はあるか。
> 【Q2】 証拠調べを尽くしたが、正当防衛の成否についていずれとも決しがたい場合、裁判所はどのような判断を下すべきか。

問題の所在

　1　本事例は、最二判平成9年6月16日（刑集51巻5号435頁）を素材としたものである。【Q1】は実体法上の論点について、【Q2】は手続法上の論点についての設問である。

　【Q1】では、傷害罪の構成要件に該当するXの行為について正当防衛（または過剰防衛）の成否を判断するにあたり、正当防衛の成立要件の中でも、特に、①急迫性の要件と②防衛行為の相当性の要件について検討を要する。なお、先の最判は、防衛の意思の存否の判断において第一審、第二審と判断を異にしており、第一審、第二審が防衛の意思を欠いていたと判断したのに対し（第一審では、第2暴行は「被害者を専ら攻撃する意思に基づいたものといえる」として防衛の意思を欠くと判断している）、最高裁は「一連の経緯に照らすと」被告人は防衛の意思をもって当該行為を行ったことは明らかであると判断している。この点の検討は、本稿では、紙面の都合上割愛し、先の最判の判決要旨に掲げられている論点①、②に焦点をあてて検討することとする。

　論点①については、「急迫不正の侵害の継続の有無」、つまり、XがAを2階から転落させた第2暴行当時、急迫不正の侵害は既に終了していたと解すべきなのか、それとも継続していたと解すべきなのかが問題となる。さらに、このような、「急迫不正の侵害の継続の有無」という観点から事案を検討することの是非も問題となる。

　論点②では、Xの行為がやむを得ずになされたものといえるかどうかを検討することにより、Xの行為が正当防衛となるか、過剰防衛となるかが判断されるわけであるが、相当性を超えていると判断した場合、Xの第1暴行および第2暴行を一連の行為ととらえ、「全体として」過剰防衛とすべきなのかという点についても検討を加えなければならない。

2 【Q2】は，違法性阻却事由についての挙証責任が検察官，被告人のいずれに存するのか，そしてその証明の程度はどのように解されるべきなのかという，実質的挙証責任の問題である。この点については，法規に明文を欠いていることから，挙証責任の趣旨・意義・内容，そしてひいては「疑わしきは被告人の利益に」の原則，無罪推定をいかに解すべきかが問題となる。

解　説

1　急迫不正の侵害の終了の有無

(1)　正当防衛が成立するためには，まず，防衛行為が急迫不正の侵害に対して行われたことを要する。同要件は，正当防衛が緊急避難とともに緊急行為と呼ばれる所以である。法治国家では，個人の利益ないし法秩序は国家機関による法定手続によって保護されることを建前とするが，突如攻撃を受けた場合など，法定手続による保護が不可能な緊急状態では，私人による実力行使を認めない限り，法益保護，法秩序の維持は困難となる。そこで，例外的に，刑法36条に定める要件の下，侵害に反撃することを認め，これにより自己保全そして法秩序の存在が確証されるとして当該行為の違法性を阻却するのである。したがって，正当防衛が成立するためには，急迫不正の侵害の存在が前提条件となる（高知地判昭和51年3月31日判時813号106頁）。

刑法36条1項に規定されている「急迫」とは，「法益の侵害が現に存在しているか，または間近に押し迫っていること」（最三判昭和46年11月16日刑集25巻8号996頁）を意味する。つまり，被侵害者である防衛者の法益が侵害される危険が「切迫」していることを要するのであり（最一判昭和24年8月18日刑集3巻9号1465頁），このことから，過去の侵害や将来の侵害には急迫性は認められず，これらに対する正当防衛は認められない。

もっとも，攻撃者による暴行そのもの（暴行の一部）は終了していても，以下のような場合，判例は，侵害の継続性を認め，よって急迫不正の侵害の存在を認めている。①攻撃者による了期せぬ攻撃から，被告人による第1暴行，さらに引き続く第2暴行までが，きわめて短い時間内の連続した出来事であった場合，すなわち時間的間隔が極めて短かった場合，攻撃者による攻撃が行われた場所と，被告人が防衛行為を行った場所とが至近距離であった場合など，時間的・場所的近接性から各所為を一連の流れとしてとらえることができる場合や，一体的なものとみるのが相当である場合に，判例は侵害の継続性を認める

傾向にある（東京地判平成9年9月5日判タ982号298頁他）。

　そして，②それまでの攻撃者の攻撃態様（例えば，一方的に攻撃を加えていたなど），攻撃の程度，被告人に負わせた傷の部位・程度，引き続く攻撃者の執拗な攻撃態度から，さらなる攻撃の危険性が予測された場合（名古屋地判平成7年7月11日判時1539号143頁他）にも，判例は侵害の継続性を認め，急迫性を肯定している。この「さらなる攻撃の危険性」については，被告人が攻撃者から凶器を奪取したことにより攻撃者の攻撃力が一時的に減弱した場合に急迫不正の侵害は終了したと判断すべきかが問題とされてきた（曽根威彦『刑法総論〔第3版〕』（弘文堂，2000年）114頁）。かつて判例は，凶器奪取の事例において急迫性を否定していたが（大審院昭和7年9月29日判決），最二判昭和26年3月9日（刑集5巻4号500頁）以降，凶器奪取により攻撃者の攻撃力が減弱したようにみえても（いいかえると，被告人が優勢な立場に立ったようにみえる場合でも）攻撃者がそれを奪い返そうとしてさらに立ち向かったり，なおも攻撃する姿勢をみせていたなど，攻撃者の攻撃態様からさらなる攻撃の危険性が予測される場合には侵害の継続性を認める傾向にある。これは，被告人による凶器奪取の場合だけでなく，被告人が攻撃者の背後から馬乗りになったことで攻撃者の攻撃力が減弱した場合や，攻撃者が倒れて尻もちをついたりした場合にも同じ傾向が指摘できる。

　一方，攻撃者が被告人に背を向けて歩き出したことから，被告人に対する直接的な侵害状態がなくなり，被告人に退避可能性が存在した場合（大阪地堺支判昭和45年11月27日判タ261号292頁）や，攻撃者が被告人の第1暴行により，もはや被告人に立ち向かっていく気配を全く示していなかった場合（東京高判昭和61年4月24日判タ630号222頁，津地判平成5年4月28日判タ819号201頁）には，攻撃者による侵害は終了していたと判断する傾向にある。

　平成9年最判は，本事例でXが主張した事実に対して，第2暴行当時，急迫不正の侵害は終了していた（そして防衛の意思も消失していた）として正当防衛も過剰防衛も成立しないと判示した第一審・第二審判決を覆し，以下のように判示している。第2暴行に及んだ当時，Aは「勢い余って二階手すりの外側に上半身を前のめりに乗り出した姿勢となったものの，……その加害の意欲がおう盛かつ強固であり，間もなく体勢を立て直して再度の攻撃に及ぶことが可能であったと認められるなど判示の事実関係の下においては，相手方の被告人に対する急迫不正の侵害は終了しておらず，なお継続していたということができる」。つまり，平成9年最判は，相手方の加害意欲の存在と態勢立て直しの可

能性から②さらなる攻撃の危険性の可能性を認め，急迫不正の侵害が第2暴行の時点でも継続していたと判断したといえよう。

(2) 学説は，急迫性とは侵害の切迫性を意味するとの一致した見解のもと，侵害の急迫性については，もっぱら，防衛者が侵害を予期していた場合や，積極的加害意思を有していた場合について議論してきた。

本事例で問題となる「第2暴行当時の侵害の継続の有無」つまり，侵害の終了の有無については，(i)攻撃が中断するに至った経緯，(ii)攻撃者と防衛者の力関係，(iii)中断前に行った防衛行為と中断後に行った防衛行為の侵害の重大性などを基準として判断すべきとする見解（前田雅英「刑法の諸問題――正当防衛の急迫性と過剰防衛」警察学論集51巻12号〔1998年〕191頁，丸山隆司「時間的過剰防衛の構造とその限界」都立法学37巻1号〔1996年〕342頁）もあるが，「侵害の一部が終了したとしても，侵害者がなおあらたな攻撃を反復するおそれがあると認められる場合には，直ちに侵害は過去のものとなったとは言い得ない」（藤木英雄「正当防衛」団藤重光編『注釈刑法(2)のⅠ　総則(2)』〔有斐閣，1968年〕228頁。同旨，山口厚『刑法総論』〔有斐閣，2001年〕109頁），「侵害行為が犯罪として既遂に達していても，なお攻撃が事実として続いている限り急迫の要件は認められる」（大谷實『新版刑法講義総論』〔成文堂，2000年〕295頁），「侵害が終了したかどうかは，形式的に既遂に達したかどうかによって判断されるものではない」（山中敬一『刑法総論Ⅰ』〔成文堂，1999年〕425頁）と解するのが多数説である。

一方，本事例のように被告人によって第1暴行そして第2暴行が行われている場合，第2暴行の時点における「侵害の終了の有無」という観点からではなく，「予想される攻撃者の第2殴打の始期」という観点から「急迫性の開始時期」を問題とすべきであるとする見解も主張されている。判例や従来の学説は，Xの第2暴行の当時まで侵害は継続していたか否かという観点から，事案を全体から考察してきたのに対して，この見解は，事案を行為ごとに分断して考察するものといえる。本事例でいうと，Xによる第2暴行当時，Aによる第1殴打は終了しているのであるから，この第1殴打に対する防衛は肯定できず，したがってXによる第2暴行を，「予想されるAによる第2殴打」に対する防衛と捉え，正当防衛の成否を判断すべきであると考えるのである。このように「急迫性の開始時期」の問題と解する場合，さらに，その判断に際して，「これから初めて攻撃が加えられようとしている，いわゆる通常の場合」と，「攻撃者が既に攻撃していた場合」とで急迫性の判断が異なるべきかがさらに問題となる。この点について，平成9年最判を例に挙げて，「同じ侵害の急迫性に関する判

断であっても，判例において，侵害の開始時点（狭義の急迫性）における判断基準に比較して，侵害の終了時点（継続性）における判断基準の方が穏やかにみえる」（曽根威彦「侵害の急迫性」刑法判例百選Ⅰ総論［第5版］〔2003年〕47頁）との指摘がなされている。この点について，平成9年最判のように攻撃者が既に攻撃していた場合は「一方で，危険の消失が認定されぬ限り防衛状況を肯定できるという意味で，その（急迫不正の侵害の――筆者注）存否の判断は緩和されてよいし，他方では，特段の事情がない限り，具体的局面に拘泥せずに『当初のそれ以上の危険』を顧慮すべきだという意味で，その程度の判断でも特殊性を認めてよい」とする見解（小田直樹「『急迫不正の侵害』の継続と防衛行為の相当性」平成9年度重要判例解説151頁）に対して，「第一殴打が先行していたか否かは無関係」であるとして，両者の場合を同一に解すべきか否かであるとする見解（橋爪隆「攻撃が中断した場合の『急迫不正の侵害』の存否」判例セレクト'97・30頁）も主張されている。

　しかし，本事例のように，複数の行為が時間的，場所的に連鎖して存在する事案においては，以上のような分断的考察ではなく，事象経過の流れをとらえる全体的考察の方が妥当であろう。なぜならば，正当防衛において急迫性の要件が定められている根拠にかんがみ，官憲による法益侵害の予防・回復を求める暇がないとされるほど行為が連続して行われているとして，時間的・場所的連鎖性が認められる場合には，「侵害が継続していたか」という観点から，事象全体を一連のものとして考察し，急迫不正の侵害の存否を判断する方が実態に即しており，そして緊急状態において正当防衛を認めている法の趣旨に合致するといえるからである。

2　正当防衛か過剰防衛か

（1）　本事例で次に問題となるのは，Xの本件行為が「やむを得ずにした」ものといえるかどうかという点である。

　正当防衛は，「不正対正」の関係にあるものについてのみ認められる。したがって，防衛者は，侵害（不正）に対して正の立場にあるわけであるが，「正」だからといって，防衛のためにどのような行為を行ってもよいというわけではなく，防衛者の行為が「やむを得ずにした」ものといえることを要する。

　「やむを得ずにした」行為について，通説は，急迫不正の侵害に対する反撃行為が自己または他人の権利を防衛する手段として必要であり，かつ相当なものをいうと解し，つまり，防衛行為の必要性と相当性を要すると解する（高橋

則夫「防衛行為の相当性」刑法判例百選Ⅰ総論〔第5版〕〔2003年〕50頁）。これに対し,「侵害の排除のために必要不可欠な対抗行為であれば, いかなる法益侵害であっても許されるというのが基本的な考え方になる」（山口・前掲書120頁）とする見解や, 相当性という法原理に疑問を呈し,「『やむを得ずにした』行為とはたんに『必要な』行為を指す」（山中・前掲書443頁）とする見解, さらに, 必要性は「防衛するため」という文言から導き出されるものであり,「やむを得ずにした」とは防衛行為の相当性のみを意味するとする見解（山本輝之「防衛行為の相当性と過剰防衛」現代刑事法9号〔2000年〕54頁）等も主張されている。しかし, 必要性と相当性の概念は多義的であり, これらの説の整理自体に意味は少ないと指摘されている（前田雅英『刑法総論講義〔第3版〕』〔東京大学出版会, 1998年〕243頁）。

　通説は, 防衛行為が「やむを得ずにした」ものといえるためには,「必要性」と「相当性」を要すると解しているわけであるが（これらをまとめて「防衛行為の相当性」という）,「必要性」については, 防衛行為の中でできるだけ加害危険の少ない手段が選択されなければならないこと（相対的最小限度性）を意味するとする見解（曽根・前掲書118頁, 橋田久「正当防衛における防衛行為の相当性」刑法の争点〔第3版〕〔2000年〕48頁）もあるが, 通説は, 必要性とは防衛行為が侵害を排除するために必要な限度で許されるということをあらわすものであるという比較的緩やかな要件として理解している（奥村正雄「防衛行為の相当性(1)」『判例講義刑法Ⅰ総論』〔悠々社, 2001年〕80頁）。つまり, 必要性とは防衛に不要でない行為を意味し, したがって, 同要件はほとんど限定機能をもたず, もっぱら「相当性」の要件で限定づけており（高橋・前掲50頁）, 判例も,「主として相当性の概念が『やむを得ずにした』の限界を決定している」（前田・前掲244頁）と指摘されている。

　「相当性」については, ①緊急避難における法益権衡までは要求しない法益の均衡と②防衛行為の相当性が要求される。①では, 防衛行為のもたらした侵害が著しく不均衡でないことが要求される。結果無価値論の立場を貫くと①のみを相当性で問うことになるが, 判例は,「刑法二六条　項にいう『已ムコトヲ得サルニ出テタル行為』とは, 反撃行為が自己または他人の権利を防衛する手段として必要最小限度のものであること, すなわち反撃行為が侵害に対する防衛手段として相当性を有するものであることを意味する」（最一判昭和44年12月4日刑集23巻12号1573頁）と判示し, 防衛行為によって生じた結果がたまたま保全法益よりも大であったとしても防衛行為が必要最小限度のものであれば相

当性が認められるとした。同判決を受けて，相当性の要件は，防衛行為によって侵害した法益と防衛しようとした法益との衡量だけで判断されるわけではなく，防衛行為として用いられた「行為」が相当であったかどうかによって判断されると解されるようになり，これは下級審の実務に影響を及ぼしたとされる（山口・前掲書119頁）。このような判例の基準について，いわゆる「武器対等の原則」が導き出されたわけであるが，その後，攻撃者の素手の殴打や足蹴りに対して防衛者が包丁を腰のあたりに構えて脅迫した行為について，防衛者と攻撃者の年齢差や体力差等を総合的に考慮し，「危害を避けるための防御的な行動に終始していたものであるから，その行為をもって防衛手段としての相当性の範囲を超えたものということはできない」（最二判平成元年11月13日刑集43巻10号823頁）とする最判が現れ，判例は，①②という基本的視座は残しつつ，実質的に比較衡量するようになった。学説も，①②を要すると解し，そしてその判断は，攻撃者の侵害行為，攻撃者の年齢や体力などの性質，防衛行為の手段や方法などの事情を総合して行うべきであると解しているといえよう（前田雅英他編『条解刑法』〔弘文堂，2002年〕106頁）。

このように，防衛行為は，自己または他人の権利を防衛するために必要な限度で許されるが，必要であれば全て許されるわけではなく，その行為が自己または他人の権利を防衛する手段として相当なものであることを要するのである。

(2) 防衛行為が，(正当防衛の他の要件をみたすが) このような「やむを得ずにした」行為といえない場合，つまり，防衛の程度を超えた場合，正当防衛ではなく，過剰防衛となる。

過剰防衛は，(i)質的過剰と(ii)量的過剰の場合にわけることができる。(i)とは，たとえば，素手で攻撃してきた者に対して包丁で刺し殺した場合などが挙げられる。(ii)の場合には，①急迫不正の侵害が継続していることを前提として，その途中から防衛行為が侵害行為との対比において防衛行為としての相当性の範囲を超えるに至った場合と，②（一連の行為として全体につき過剰防衛を認めるという立場から）急迫不正の侵害が消失した後も引き続き防衛行為を行い，相当性の範囲を超えた場合の2類型が想定される（川口政明『最高裁判所判例解説刑事篇平成6年度』〔法曹会，1996年〕229頁）。

(ii)の①の場合，つまり侵害継続中に防衛行為として行われた第2暴行が相当性を超えていた場合，判例は，同一場所，同一機会，同一態様，短時間，防衛の意思が連続していたことを理由に，防衛行為は「全体として」または「一体として」過剰防衛になるとしている（東京高判昭和55年11月12日判時1023号134頁，

大阪高判昭和58年10月21日判時1113号142頁，大阪地判平成 8 年11月12日判時1590号159頁，前掲東京地判平成 9 年 9 月 5 日）。学説も，そのような場合は，全体として過剰防衛となると一般に解している。

　いわゆる時間的過剰とよばれる(ii)の②の場合は，事象経過を行為ごとに分断すると，急迫不正の侵害が終了した後の行為は，防衛行為ではなく単なる加害行為ととらえることもでき，正当防衛を論じる余地がないようにも思われる。しかし，正当防衛というのは，緊急状態で行われるものであり，また複数の行為が存在する場合が多いという実態に鑑みると，事案を行為ごとに分断して，急迫不正の侵害が存在していたかを検討して過剰防衛の成否を判断することは実態に即していないといえよう。したがって，時間的過剰を過剰防衛と認めない見解もあるが（松宮孝明『刑法総論講義〔第 2 版〕』〔成文堂，1999年〕133頁，橋田久「外延的過剰防衛」産大法学32巻 2・3 号〔1998年〕227頁），防衛行為が一連の行為と認められる限り，途中で急迫不正の侵害が終了しても過剰防衛となると解するのが学説の多数である（平野龍一『刑法総論Ⅱ』〔有斐閣，1975年〕246頁，大谷・前掲書309頁，山口・前掲書124頁他）。

　これは，過剰防衛の刑の減免の根拠についていかに解するかによって見解が変わってくる。つまり，過剰防衛の本質を責任減少に求める見解からは，緊迫した状況下における行為者の主観に着目し，同一の心理状態（驚愕など）において行われている量的過剰の場合にも過剰防衛の成立を認めることができるが，違法性の減少に求める見解からは，量的過剰の場合に過剰防衛を認めることは理論的に不可能となる（山本・前掲論文56頁。反対，丸山・前掲論文344頁）。

　判例も，最初の一撃によって相手方の侵害態勢がくずれ去った後，なお引き続き追撃行為に出て相手を殺傷したような場合には，「それ自体が全体として，その際の情況に照らして，刑法三六条……二項にいわゆる『防衛ノ程度ヲ超エタル行為』に該る」（最判昭和34年 2 月 5 日刑集13巻 1 号 1 頁）とし，②の時間的過剰の場合にも過剰防衛が成立しうるとしている。

　したがって，本事例の第 2 暴行当時，Aの急迫不正の侵害は継続していなかった（終了していた）と判断したとしても，(ii)②の過剰防衛の成立する余地はあるわけである。もっとも，1 で述べたように，本事例の場合，急迫不正の侵害は継続していたと判断するのが妥当であると解されるので，正当防衛か(ii)①の過剰防衛のいずれとなるかが問題となる。

　(3)　以上を踏まえて，Xの行為について具体的に検討してみよう。
　Xの行為が正当防衛となるか，それとも過剰防衛となるかは，先に述べたよ

うに，(緊急避難における法益権衡までは要求しないが) 防衛行為による侵害法益と保全法益の衡量だけでなく，攻撃者による侵害行為と防衛者による防衛行為の態様 (危険性) を，攻撃者の侵害行為，攻撃者の年齢や体力，防衛行為の手段や方法などの諸事情を総合して衡量することによって判断される。

　前者については本事例では特に問題はない。後者については，Aの鉄パイプによる頭部殴打という侵害行為は，生命，身体に対する危険を含んだ行為であり，この行為とXの第1暴行，第2暴行とを比較した場合，被告人の行為が相当性を逸脱しているとはいえないであろう。相当性判断に関して，判例は，手段・結果の著しい不均衡があった場合や，他に採り得る行為が存在した場合に過剰防衛とする傾向にあるが，平成9年最判は，「攻撃力の一時的減弱」と「防衛行為の危険性」を理由に相当性の程度を超えていると判断している。たしかに，Xが第2暴行を加えた当時，Aの攻撃力は一時的に減弱していたが，先に述べたように本事例では侵害の継続性が認められることから，予想されるA (攻撃者) のさらなる攻撃は鉄パイプによる (頭部への) 殴打であり，したがって，Aの侵害行為の危険性とXの一連の行為の危険性とを比較衡量した場合，Xの防衛行為が相当性を逸脱しているとはいえないと思われる。

　したがって，Aの急迫不正の侵害が継続していると解するならば，Xの行為は正当防衛といえるであろう。これに対し，(平成9年最判のように) Xの行為が相当性を逸脱していると判断した場合は，次のように解することになる。複数の行為が存在する場合が多い正当防衛の事案では，分断的考察ではなく，事象経過を全体から考察し，正当防衛または過剰防衛の成否を検討するのが妥当である。したがって，一連の行為として評価することができるならば，Xの行為は，「全体として」過剰防衛となる。

3　挙証責任が問題となる前提について——証拠法概説——

(1)　刑事訴訟法317条は，「事実の認定は，証拠による。」と定めている。これは，訴訟において問題となる事実の認定は証拠によって行われなければならないという証拠裁判主義を規定したものであり，近代裁判の大原則とされる。

　また，同規定の実定法上の意味は，犯罪事実を中核とする一定の重要な事実については，「証拠能力があり，かつ適式な証拠調べ手続きを経た証拠」による証明によらなければならないことであると解されている (田宮裕『刑事訴訟法〔新版〕』〔有斐閣，1996年〕287頁)。これは，「厳格な証明」と呼ばれ，それ以外の事実については，適宜の方法によって証明すればよいとされる (これを「自

由な証明」という）。

　いかなる事実について厳格な証明が必要かという点については，刑罰権の存否および範囲を基礎づける事実がこれにあたると解されている。なぜなら，このような事実は，公訴事実の認定を支える法律的要素だからである（田宮・前掲書290頁）。具体的に，どのような事実がこれにあたるかについては，量刑資料としての情状等については争いがあるものの，①構成要件該当事実，②違法・有責な事実，③処罰条件たる事実，④法律上の刑の加重減免事由たる事実などは，厳格な証明の対象となる事実と解されている。

　本問に関わる違法性阻却事由ならびに責任阻却事由という犯罪成立阻却事由についても，厳格な証明で証明すべき事実と解するのが通説である。国家の刑罰権の存否およびその範囲を画する事実，すなわち違法性・有責性を根拠づける事実について厳格な証明を要する以上，違法性・有責性を阻却する事実の存否についても同様とされるのである。これに対し，証拠能力のある証拠がないばかりに無罪の立証ができないとすれば正義に反すること，そして無罪判決には証拠の提示は不要であることなどを理由に，違法性阻却事由・責任阻却事由について厳格な証明を否定する見解も主張されている（田宮・前掲書290頁）。

　(2)　証拠の証明力の評価は，裁判官の自由な判断に委ねられている。これを，自由心証主義という（刑訴法318条）。自由な心証形成の結果，犯罪事実を認定するためには，当該証拠により「合理的疑いを超える」程度の証明がなされることを要する。民事訴訟では「証拠の優越」の程度の心証でよいとされるのに対して，刑事訴訟では，刑罰を科すという重大性から，高度の心証が要求されるのである（田宮・前掲書296頁）。

　以上のように，通説は，違法性阻却事由についても厳格な証明が要求されると解し，したがって，本問においてXの行為に正当防衛が成立するか否かという点は厳格な証明を要する事実ということになり，そして，それは合理的な疑いを超える程度に証明されることを要する（松本時夫＝土本武司編『条解刑事訴訟法［第3版］』〔弘文堂，2003年〕657頁）。

　それでは，その証明の必要はいつ生じるのであろうか。検察官は，構成要件該当事実等を立証した後に，本件は正当防衛ではないということを立証しなければならないのであろうか。これは，以下で述べる「実質的挙証責任とその分配」の問題である。

4 実質的挙証責任とその分配について

(1) 挙証責任は，実質的挙証責任（客観的挙証責任ともいう。）と形式的挙証責任（主観的挙証責任ともいう。）に分けて説明されることが多い（川出敏裕「挙証責任と推定」刑事訴訟法の争点［第3版］〔2002年〕158頁）。しかし，挙証責任について議論の中心となるのは，主に実質的挙証責任についてである。

実質的挙証責任とは，「個々の要証事実について，証拠調べが終了したにもかかわらず裁判所が確信を得るに至らなかった場合，不利益な認定を受ける当事者の地位」（松尾浩也『刑事訴訟法下［新版］』〔弘文堂，1993年〕21頁）を指す。当事者による立証が尽くされ，裁判官が合理的な疑いを超える程度の確信に達すれば問題はないが，証拠には限りがあり，そして裁判官の能力も有限であることから，証拠調べを終えても，真偽不明の場合がある。この場合，当事者のどちらが不利益を負担するのかというのが実質的挙証責任であり，したがって，それは「立証過程が終了し，自由心証主義の働きが尽きたところに機能する，いわば裁判所の『判定』のルールにすぎない」（田宮・前掲書300頁）のである。

これに対して，形式的挙証責任とは，「当事者の立証の負担をいい，ある事実について審理してほしいときに一定の証拠を提出する責任」（田口守一『刑事訴訟法［第3版］』〔弘文堂，2001年〕280頁）または，不利益な判断をうけるおそれのある当事者が，これを免れるために行うべき証拠提出の負担とされる。後者の定義によると，不利益な判断をうけるおそれのある当事者とは実質的挙証責任を負う者のことであるから，形式的挙証責任は実質的挙証責任の手続における反映であり，それ独自の意義はもちえないということになる（田宮・前掲書304頁，福井厚『刑事訴訟法講義［第2版］』〔法律文化社，2003年〕300頁）。

(2) 実質的挙証責任は，刑法207条や230条の2のように例外的に被告人が挙証責任を負う場合があるものの，原則として検察官が負う。刑事訴訟においては，「刑事裁判における鉄則」（最一決昭和50年5月20日刑集29巻5号177頁〔白鳥事件〕）とされる「疑わしきは被告人の利益に（in dubio pro reo）」の原則が妥当し，そして，刑訴法336条で「無罪の推定（presumption of innocence）」が定められていることから，公訴を提起した検察官が「合理的な疑いを超える」程度に公訴事実を立証できず，真偽不明の場合，被告人には無罪が言い渡されることになる。これは，一般に，憲法31条の適正手続の保障を根拠とすると解されている（田宮・前掲書301頁，三井誠「挙証責任と推定(1)」法学教室216号〔1998年〕84頁）。

それでは，本問のXの正当防衛，すなわち違法性阻却や責任阻却の事実につ

いても検察官が挙証責任を負うと解すべきであろうか。この点に関して，刑事訴訟の当事者主義化から，被告人にも例外的に立証の分担をさせるべきであるとして，構成要件該当事実は検察官が立証すべきであるが，違法性阻却，責任阻却の事実については被告人が立証すべきであるとする主張がなされた（小野清一郎「新刑訴における證據の理論」刑法雑誌 5 巻 3 号〔1954年〕376頁）。これは，挙証責任の分配などと呼ばれるが，同見解は，犯罪成立阻却事由の不存在まで検察官に立証させるのは困難であり，訴訟の遅延を招くおそれがあるという点で理由があるが，被告人に実質的挙証責任を負わせると，立証に失敗した場合，罪を犯したからではなく訴訟のやり方が拙かったために処罰されてしまい，したがって，被告人が犯罪を行ったか否かが不明であるのに処罰されるおそれがあり，「疑わしきは被告人の利益に」の原則，無罪推定の原則に反するという点で問題がある。そして，犯罪の成立を阻却する事由も，その不存在は「それが刑事責任を基礎付けるという意味において，構成要件該当事実の存在と差異はない」（川出・前掲論文158頁）ので，現在は，違法性阻却事由や責任阻却事由の不存在についても，検察官に挙証責任があると解する見解が通説である（田口・前掲書281頁）。

　この見解は，被告人に挙証責任を負わせることは妥当でないという考えに立脚している。しかし，犯罪成立阻却事由の不存在について検察官が常に積極的にそれを立証しなければならないと解しているわけではなく，当事者主義構造から，被告人は阻却事由の存在を疑わせる証拠を提出する責任を負うべきである（渥美東洋『刑事訴訟法［新版補訂］』〔有斐閣，2001年〕28頁，田宮・前掲書306頁），または（必ずしも証拠の提出によらずとも）被告人側の意見陳述や冒頭陳述などで，被告人によって犯罪成立阻却事由の争点が形成されることを要する（松尾・前掲書（下）19頁，三井・前掲論文85頁，田口・前掲書281頁）と解されている。

　英米では，正当防衛などの抗弁の存在については，被告人に証拠提出責任が課されている（加藤克佳・鈴木義男「アメリカの刑事新判例紹介」判タ664号〔1988年〕51頁以下，田宮・前掲書305頁）。これは，アメリカの訴訟，つまり陪審という訴訟構造と関連して理解する必要があるが，わが国でも，当事者主義化した訴訟構造においてこの「証拠提出責任」を用いる見解が有力に主張されている。同見解によると，正当防衛などの犯罪成立阻却事由の存在を疑わせる一応の証拠が被告人によって提出されることにより，争点が形成され，その阻却事由の不存在を立証する責任が検察官に生じることとなる。同見解の背景には，当事者主義の訴訟構造において抗弁事由にあたる犯罪成立阻却事由を主張する側に何

らかの負担を要求するのが手続の性格・構造に適合するであろうという考えが存在しているといえよう（松尾・前掲書19頁，田宮・前掲書306頁）。いいかえると，「刑事訴訟法の当事者主義化にともない，適正手続の保障に反しない限度で，被告人にも応分の証拠提出の責任を負担させるべきである，という考え方を背景にしている」（福井・前掲書302頁）。そして，通常は存在しない犯罪成立阻却事由を検察官に必ず立証させるというのは，時間と労力の無駄であるという実質的考慮がなされている（平野龍一『裁判と上訴』〔有斐閣，1982年〕68頁）。さらに，被告人は犯罪成立阻却事由に関する証拠を有しているはずであり，その証拠を提出する責任を果たさないという情況証拠から犯罪成立阻却事由不存在を推論することは合理的であるとする主張もある（渥美・前掲書328頁）。同主張は，この程度の責任を認めること（つまり，犯罪成立阻却事由が存在するのではないかという疑いを抱かせる証拠提出の責任を負わせる範囲で，挙証責任の分配を認めること）は，実務上，被告人にとって酷ではないとされる。しかし，被告人が証拠を提出しなくても犯罪成立阻却事由が存在するのではないかという疑いを裁判官に抱かせたならば，検察官はその存在を否定する立証をせねばならないであろう。

いずれにせよ，学説は，少なくとも被告人には犯罪成立阻却事由が存在するという争点を形成する責任はあると解しているといえる。構成要件的事実が証明された場合，犯罪成立阻却事由の不存在が推定されるので，この事由の存在により利益を受けるべき被告人側がその点について主張をし，少なくとも裁判官に犯罪成立阻却事由の不存在に疑念を抱かせる必要があると解するのである。したがって，検察官は，犯罪成立阻却事由の不存在について，それが争点となるまでは証明する必要はないとされ（光藤景皎『口述刑事訴訟法（中）』〔成文堂，1992年〕113頁），この限度で（つまり，被告人から犯罪成立阻却事由の主張がなされた場合には検察官がその不存在を証明するという限度で）被告人に証明上の危険を負わせることはやむをえないと解されているといえよう。

以上のような学説の状況を踏まえると，本問は，被告人は「一定の証拠とともに正当防衛の成立を主張した」とあるので，検察官に正当防衛の不存在を立証する実質的挙証責任が存在するといえる。そして，審理の結果，裁判所は正当防衛の成否についていずれとも判断できないのであるから，検察官は正当防衛の不存在を合理的な疑いを容れない程度まで立証できなかったということであり，したがって，裁判所は，刑訴法336条後段により被告人に対して無罪を言い渡さなければならないことになる。

発展問題

設問

【Q1】Xは，Aが酒に酔って絡み，手拳で顔面を殴打し，灰皿を投げるなどの暴行を加えてきたことから，Aとつかみ合いとなり，XはAを足払いにかけて転倒させ，うつぶせの状態になったAの背中に馬乗りとなった上，両腕でAの頸部を締めつけて殺害した場合，Xに正当防衛は認められるか。

【Q2】被告人の主張を待たずとも，犯罪成立阻却事由の存在が窺われる場合，検察官はその不存在を立証する責任を負うか。

【Q3】故意・過失のような犯罪の主観的要素の不存在は，当事者のいずれに挙証責任があると解すべきか。

【関連判例】

最重要判例には☆印を付した。
- 最一判昭和23年8月5日刑集2巻9号1123頁
- 東京高判昭和33年2月24日高刑集11巻43頁
- ☆福岡高判昭和34年5月22日判時193号33頁
- ☆福岡地判昭和46年3月24日判タ264号401頁
- 最一判昭和48年12月13日判時725号104頁
- ☆大阪高判昭和58年10月21日判時1113号142頁
- ☆東京高判平成6年5月31日判時1534号141頁
- ☆大阪高判平成9年8月29日判タ983号283頁

【参考文献】

最重要文献には☆印を付した。
- 安廣文夫「正当防衛・過剰防衛に関する最近の判例について」刑法雑誌35巻2号（1996年）240～250頁
- 河村博「判例研究　防衛の意思を認めた一事例について」研修596号（1998年）11～20頁
- 村井敏邦編著『現代刑事訴訟法［第2版］』（三省堂，1998年）
- 川端博「一　刑法三六条一項にいう『急迫不正の侵害』が終了していないと

された事例　二　過剰防衛に当たるとされた事例」判例評論481号（1999年）210〜214頁
・☆川端博・日高義博・井田良「《鼎談》正当防衛の正当化の根拠と成立範囲」現代刑事法9号（2000年）4〜27頁
・奥村正雄「防衛行為の相当性(2)」大谷實編『判例講義刑法Ⅰ総論』（悠々社，2001年）81頁
・森下弘ほか「特集／正当防衛・緊急避難の争い方」季刊刑事弁護31号（2002年）20〜50頁
・平田元「証拠提出責任」三井誠・町野朔・曽根威彦・中森喜彦・吉岡一男・西田典之編『刑事法辞典』（信山社，2003年）416〜417頁
・岡本昌子「刑法三六条一項にいう『急迫不正の侵害』の継続と防衛行為の相当性」同志社法学第51巻第6号（2000年）263〜276頁

（岡本昌子）

答案例

  1　設問1について

　Xは，Aを鉄パイプで殴打し，その後，2階通路から道路に転落させ，Aに入院治療約3ヶ月の傷害を負わせているので，傷害罪の構成要件に該当する（刑法204条）。これに対して，Xは，正当防衛の成立を主張している（同法36条）。

　X主張の正当防衛成否につき，問題となる要件は，急迫不正の侵害，やむを得ずにした行為，防衛の意思，である。

　(1)　急迫不正の侵害の「急迫性」とは，法益の侵害が現に存在しているか，または間近に差し迫っていることを言う。本問では，Xが鉄パイプでAの頭部を1回殴打した行為（第1暴行）については，Aがいきなり鉄パイプでXの頭部を1回殴打し，続けて鉄パイプを振りかぶった行為をしたために，もみ合いになった後，Xが同鉄パイプを取り上げてAの頭部を1回殴打したものである。かかる行為については，急迫不正の侵害に対する防衛行為にあたることは問題ない。

　これに対して，XがAを2階通路から転落させた行為（第2暴行）については，その当時，Xは階段の方へ向

かって逃げ出しており，追いかけてきたAが階段から前のめりになった状態になっていたところを足をすくい上げて落下させたものであるから，第2暴行の時点では，急迫不正の侵害は終了しており，「急迫性」の要件を満たさないのではないかが問題となる。確かに，攻撃者の暴行行為そのものが終了すれば急迫不正の侵害はないとも考えられる。しかし，例えば，暴行行為自体は終了していても，攻撃者がさらに勢力旺盛に防衛者の方へ立ち向かってくるため，防衛者が生命・身体の危険を感じ，反撃行為を行ったような場合に，一切，正当防衛が成立しないというのは，あまりにも形式的である。暴行行為自体が終了していても，より実質的に考えて侵害が継続していると考える場合を認めるべきである。それでは，侵害の継続性を認める場合があるとして，その基準が問題となる。

　この点については，侵害の一部が終了したとしても，侵害者がなお，新たな攻撃を反復するおそれがあると認められる場合には，侵害は終了しておらず，侵害の継続を認めるべきと考える。その場合，①攻撃者の攻撃行為と防衛者の防衛行為が時間的・場所的に近接しているかどうか，②攻撃者の攻撃態様，攻撃の程度，防衛者に負わせた傷害結果の程度，引き続く攻撃者の態度などからさらなる攻撃の危険性が予測されるかという点を考慮して，侵害の継続性を判断すべきと考え

る。

　本問においては，①Aが鉄パイプでXの頭部を殴打してからXがAを2階通路から落下させる第2暴行までの間は，アパート2階の共用トイレで始まり，そこから双方でもみ合いになりながら同アパートの通路に移動し，Xが階段の方へ逃げたところ，追いかけてきたAが通路の手すりに乗り出していたので，Xはその左足を持ち上げて落下させたという経路をたどっている。とすれば，当初のAの攻撃行為とXがAを落下させる行為は，最初の攻撃行為に端を発し，その後わずかの間に同一アパート2階で行われたものであり，時間的・場所的近接性があるといえる。さらに，②XがAの足を持ち上げて落下させたとき，Aは2階手すりの外側に上半身を前のめりに乗り出すという不安定な体勢となってはいるが，その姿勢に至るまでには，AとXはもみ合いになり，鉄パイプも一旦Xが奪った後にAに奪い返され，Aは逃げるXを追いかけた際も，勢い余って手すりから前のめりに乗り出すほどであり，そのときまだAは鉄パイプを握っていたことから考えれば，Aには加害の意欲が旺盛かつ強固であり，すぐにも態勢を立て直してさらなる攻撃に出ることが予測される。したがって，①，②から，Xの第2暴行の時点に，Aの急迫不正の侵害は終了しておらず，なお継続していたと考える。

　(2)　次に，「やむを得ずにした行為」にあたるか。X

は，Aが鉄パイプで殴打してきたのに対し，最終的にはAを2階の通路から落下させて入院加療約3ヶ月の傷害を負わせていることから，問題となる。

　まず，やむを得ずにした行為とは，防衛行為の必要性と相当性をいう。そして，必要性とは，防衛行為が侵害を排除するために不要ではない行為を意味する。Xの行為が，不要ではない行為であることは問題ない。

　次に，相当性については，防衛行為による侵害法益と保全法益の衡量（ただし，緊急避難における程度までは必要ない）のみならず，攻撃者による侵害行為と防衛者による防衛行為の態様を，実質的に衡量して判断すべきである。すなわち，「武器対等の原則」が妥当するが，同原則を防衛者と攻撃者の年齢差や体力差等を総合的に考慮してより実質的に判断すべきと考える。

　本問では，確かに，XがAを落下させたとき，Aは手すりから乗り出していながらも，手に重さ約2キロ，全長約80センチメートルの鉄パイプを持っており，さらに同鉄パイプでXへの殴打行為に出ることが予測される。しかし，さらなる殴打行為が予測されるとはいえ，Aは，手すりから前のめりの姿勢になっており，その時点では攻撃力は以前に比して弱まっているし，そのような状態であるAを約4メートル下のコンクリート道路に落下させるのは，かなり危険性の高い行為と考える。したがって，Xの防御行為に相当性はないと考える。同

様の事案で最高裁判例も相当性はないと判断している。

(3) では，防衛の意思については，どうか。明らかに犯罪の意図で反撃をした場合には正当防衛を認めるべきではないから，正当防衛の成立には防衛の意思が必要であると解する（判例・通説）。

本問では，Xは，Aと日頃から折り合いが悪く，反撃行為の際には憤激の意図を強く持っていたことが考えられ，防衛の意思は否定されるのではないかが問題となる。

この点，防衛の意思の内容は，急迫不正の侵害を認識しつつ，これを避けようとする単純な心理状態をいい，憤激または逆上した場合や攻撃の意思と併存しても防衛の意思は否定されないと考える（判例・通説も同様）。

本問では，Xは，Aから執拗に攻撃され，助けを求めて大声を上げ，逃げるなどした後に階下に落下させたのであるから，防衛の意思をもってしたと認めることができる。

(4) 以上から，Xには過剰防衛が成立する（刑法36条2項）。

2 設問2について
(1) 本問では，証拠調べを尽くしたが，正当防衛の成否が真偽不明となった。そこで，裁判所はいかなる

判断をすべきか。

　個々の要証事実について，証拠調べが終了したにもかかわらず裁判所が確証を得ることができなかった場合，不利益な認定を受ける当事者の地位を実質的挙証責任という。刑事訴訟法では，刑事裁判の大原則である「疑わしきは被告人の利益に」，無罪推定原則（憲法31条，刑訴法336条）から，公訴事実について真偽不明の場合，検察官が立証責任を負い，その程度は，合理的な疑いを超える程度に立証することを要する。

　(2)　それでは，正当防衛のように違法性阻却事由のような犯罪成立阻却事由の不存在についても検察官が挙証責任を負うか。この点については，犯罪成立阻却事由であっても，これを被告人が実質的挙証責任を負うとすれば，被告人が犯罪を行ったか否かが不明である場合に処罰されることになり，「疑わしきは被告人の利益に」の原則，無罪推定原則に反する。よって，犯罪成立阻却事由についても，その不存在について検察官に挙証責任があると考える。

　ただ，検察官が常に積極的に犯罪成立阻却事由の不存在について挙証責任を立証しなければならないとすると，検察官に過重な負担を負わせることとなり，ひいては訴訟の遅延を招くことにもなり，妥当でない。

　そこで，被告人が犯罪成立阻却事由の存在を疑わせる一応の証拠を提出する責任を負うべきであると考え

る。

　本問では，被告人側弁護人は，一定の証拠とともに正当防衛の成立を主張しているので，犯罪成立阻却事由の存在を疑わせる一応の証拠を提出したといえる。したがって，検察官が，正当防衛の不存在の挙証責任を負うこととなる。

　以上から，正当防衛の成否について真偽不明の状況に陥った以上，裁判所は無罪を言い渡さなければならない（刑訴法336条）。

以上

（寺本倫子）

アメリカ刑事法 ワンポイントレッスン

正当防衛に関する刑事手続と刑法上のその限界

　「正当防衛」("self-defense")は，自己（または他人）を救うため，攻撃者に対し，その侵害（＝攻撃）行為に相当する防衛行為（＝反撃）を実行しても犯罪とはならない，という特権の一つである。防衛行為としては，侵害行為の程度に応じて，暴行や事情により殺害行為も許される。誰かが致命傷を与えない程度の実力を行使して攻撃を加えてきたときには，防衛行為もそれと同程度のものに限られる。攻撃者に対して致命傷を与えるような防衛行為は，侵害行為が死または重傷を与える危険性のある実力行使にあたるときに限られる。

　以下，まず，①正当防衛に関する刑事手続について説明し，次に，②刑法上のその限界に言及し，最後に，③その成否が争われた事案を3例ほど取り上げ，②の参考に供することにしよう。

① 刑事手続

　検察官は「合理的な疑いを超える」("beyond a reasonable doubt". これを「合理的な疑いを容れない」程度と訳すこともあるが，同じ意味）程度に起訴事実を証明する責任，いわゆる「挙証責任」を負担している。構成要件に該当する事実についてはもちろん，違法性ならびに責任を基礎づける事実に関しても同様である。しかし，検察官は，常にそれらをすべて立証する必要があるわけではない。正当防衛は被告人の違法な行為を正当化する機能をもっている，いわゆる「違法正当化事由」であるが，このようなものについては，初めに被告人側でその事由があることをある程度の事実と根拠をもって主張しなければならない。この主張は「抗弁」と呼ばれるものであり，かかる抗弁が裁判所により認められた後，原告たる検察官に被告人の行為が正当防衛にあたらないことを「合理的な疑いを超える」程度に立証する必要性がでてくるのである。以下，もう少

し詳しく説明しよう。

　刑事手続上, 正当防衛は,「積極的抗弁」("affirmative defense") といわれる防禦方法の一つであり,「心神喪失の抗弁」("insanity defense") もそれにあたる。その抗弁を主張しようとする被告人側は, 被告人の行為が正当防衛にあたる旨を記載した書面を公判前にタイミング良く, 裁判所に提出すべきである。この書面に基づき, 裁判所では公判前審問の一環として正当防衛の抗弁に関する審問を実行する。ここでは, 被告人側が, その抗弁を支える, つまり正当防衛の存在を示す,「十分な証拠」("sufficient evidence") を提出する責任を負う。しかし, 証明の程度は「合理的な疑いを超える」程度より低いもので足りる。なお, その際, 注意すべきは, その抗弁の前提として, 被告人は「犯意」("malice") をもって当該犯罪を実行したこと, たとえば殺人罪 ("murder") の場合, 殺害を意図的に実行したこと ("the killing was intentional") を認める必要がある, という点である。

　こうして, 裁判官が主張された抗弁について理由があると判断したとき, 舞台は引き続き行われる陪審公判に移る。検察官はその最初の立証段階において, 被告人の当該行為に関し, 正当防衛の要件の不存在を「合理的な疑いを超える」程度に立証する必要性がでてくる。そして最終的には, その成否は陪審による有罪・無罪の評決により決せられるわけである。

②　刑法上の正当防衛の限界

　「正当防衛の限界」をめぐる問題は, アメリカ法ではおもにいわゆる「正当防衛」と「不完全な正当防衛」("imperfect self-defense") との限界をめぐる問題と考えられている。後者は, 攻撃に対して不合理な防衛行為を行ったときに起こる。たとえば, 誰かが致命傷を与えない程度の侵害行為を加えてきたのに対して, 被告人が致命傷を与えるような反撃をした場合などである (日本では「過剰防衛」の一種にあたる)。また, 被告人としては誠実に防衛行為を行ったつもりであるが, 自分の命が危険にさらされていると信じたことが不合理であった, という場合もそれにあたる (日本では「誤想防衛」の一種にあたるのではな

かろうか)。

　正当防衛の成立要件として次のことが要求される。防衛行為者が，現に生命を失いまたは重傷を負う危険にさらされており，それに対して防衛する必要性があると信じたことが真実かつ合理的であること。防衛行為の適否は「合理性」("reasonableness")の観点から客観的基準により判断される。もし，当該防衛行為について，前記の成立要件が充足されたら，被告人は無罪となり，過失犯にも問われない。しかし，被告人は本当にかかる事情があると信じて行動したものの，客観的には合理的なものと認められないときには，「不完全な正当防衛」の理論により「犯意」("malice")が阻却されるにとどまる。たとえば，殺人罪の場合には，「殺人」("murder")ではなく，マンスローター("manslaughter")罪が成立する（同罪について詳しくは，本書「自動車事故と過失処罰」〔70～71頁〕および「過失犯の処罰」〔218頁〕参照）。

　以下，正当防衛の成否が争われた事案を3つ取り上げることにする。

③　正当防衛の成否が争われた事案

（1）カーク事件（People v. Kirk, 238Cal. Rptr. 42（1986））

　本件被告人カークは，カリフォルニア州刑法417条に違反したとして起訴された者である。同条では，正当防衛の場合を除いて，威嚇するような方法で武器を人に対して取り出すことを禁じている（武器による脅迫罪）。

　ある日，被告人が自宅にいたとき，自動車のタイヤのきしむ音が聞こえたので外を覗いたところ，ピックアップトラックが路上でUターンし，近づいて来て突然停止するのを見た。車内には男1人，女1人のカップルが乗っていた。彼の妻も同じ光景を見聞し，外に出て何ごとが起こっているのかを知ろうと決心した。その直後，被告人は女性の叫び声を聞いた。そして，再度，叫び声を聞いたとき，妻は女性が攻撃を受け，レイプされかけていると信じた。被告人は，すぐさまピストルを取り出し，腰のベルトに差し込むと外に走り出て，その車の方に向かった。彼が車に近づくと，女性がヒステリックに泣き叫び，車から逃げ去ろうとし，相手方の男がそれを引きとめようとしているのを目撃し

た。そこで，被告人は，彼女がレイプされかけていると信じ，その男が身構えて向かって来ようとしたとき，ベルトのピストルを抜き，彼に銃口を向けた。男は後ずさりしながら，被告人に彼を撃とうとしているのかと尋ねた。被告人は，「いや，ただその少女と自分を守ろうとしているだけさ」，と応じた。

その後，間もなく，すでに車のところまで来ていた妻が少女に「大丈夫か」と尋ね，被告人のピストルをしまわせた。彼のピストルは，まず初めに撃鉄を起こさなければ銃弾を発射できない構造のものであり，本件では，まだ撃鉄が起こされないまま約20秒間，その男に銃口が向けられていたにすぎなかった。

こうして現場は元の静けさを取り戻したので，被告人と妻は現場を去り，家に帰った。それからおよそ1時間30分後，警察官が被告人の家を訪れた。警察官は，ピックアップトラックに乗っている男女のカップルによる個人識別に基づき，被告人に対して，州刑法417条（a）（2）違反（前記，武器による脅迫罪）を理由とする出廷通告書を交付した。

同法によれば，正当防衛の場合には，何人も自己を守るため銃を取ることが許されている。しかし，他人を守るためにもそれが許されるかについて，同法は明言していないので，本件では，その点が重要な争点となった。審理の結果，裁判所は，被告人には女性を防衛するため銃を取る権利があり，彼の行為は正当防衛にあたるから法律に違反しないとした。

(2) 服部剛丈事件

1992年10月17日午後8時30分頃，ルイジアナ州のバトンルージュで，被害者の日本人留学生服部剛丈（はっとりよしひろ）とその友人は招待を受けたパーティ会場の友人宅を捜していた。そして彼らは，ようやく見つけた訪問先とおぼしき民家の玄関のドアーをノックした。実はそれは違う家であったのだが，そのとき彼らにはそのことを知るよしもなかった。彼らの突然の訪問はその住人の気を動転させた。一度開けられたドアーはあわてて彼らの目の前でピシャと閉められた。しかたなく彼らは乗って来た自動車の方に歩きだした。少しすると，今度はカーポートのドアーが開かれる音がしたので，彼らはふたたびその家の方に振り返った。そこには，ピストルをもった本件被告人ロドニ

ー・ピアースが立っており，彼らに向かって「動くな」("Freeze")と呼びかけた。このとき服部はその家がやはりパーティ会場の友人宅であったのだと誤解し，ピアースの方に向かって歩きだして，「僕達はパーティにでるためにここにいるんだよ」と応えた。その直後，ピアースが服部を射殺した。

バトンルージュの大陪審は，1992年11月4日，ロドニー・ピアースを州裁判所にマンスローター罪で起訴した。同年12月16日にアレインメント（有罪の答弁）が行われたが，ここで被告人は無罪を主張した。その後，被告人の要求にしたがい，陪審裁判が行われることになった。公判における主要な争点は，被告人の行為が正当防衛にあたるか否かにあった。公判審理は12人の陪審員により，1993年5月17日に開始し，同月23日に無罪評決に到達した。陪審は，本件被告人による射殺行為は正当防衛であたると解したわけである。その最終弁論において，弁護人は次のように述べた。「我々は，玄関のベルが鳴った時，何人に対しても銃を手にしてドアーをあける法的権利を享有している。これが我邦の法である」。

アメリカ法における正当防衛権の範囲を考える際，「住居への不可侵」は，伝統的に手厚く保護されており，無断でそこに立ち入る者に対して同法は比較的ゆるやかに正当防衛を許容する傾向にあることに留意すべきである。

なお，本件に関しては，1993年7月13日，同一の裁判所に対して，被害者の両親（原告）がピアース夫妻とその保険会社を相手方（共同被告）とする民事訴訟（不法行為による損害賠償）を提起した。この訴訟は原告の勝利に終わった。損害賠償額は約653,000ドルであった。

刑事訴訟と民事訴訟とでは，原告の立証責任の程度が異なる。前者では，それは，絶対的評価である「合理的な疑いを超える」程度とされているのに対して，後者では，それより低く，相手方の証拠との相対的評価である「証拠の優越」("preponderance of evidence")の程度で足りるとされている。また，刑事事件における「二重の危険」の法理は民事訴訟には及ばない（本書「『二重の危険』の法理」〔264頁〕参照）。したがって，本件のように刑事事件の結果と民事事件の結果とが矛盾するように見える事態も起こりうるが，不思議でも不適

法でもない。

(3) バーンハード・ゲッツ事件

本件被告人バーンハード・ゲッツ（"Bernhard Goetz"；当時37歳，職業は電気技師の白人）は，1984年の12月22日に，ニュー・ヨーク市の地下鉄に乗り込み座ったところ，同じ車両内に4人の黒人少年がいるのに気がついた。そのうちの1人が彼に5ドルくれないかと言ってきた。とっさに，彼は彼らが自分を脅迫して金銭を強奪しようとしていると感じ，すぐさま立ち上がり，38口径のピストルをコートから取り出して彼らを撃ち始めた。その結果，少年4人全員が傷害を負ったが，そのうちの2人は重傷であった。

ニュー・ヨーク州法では，正当防衛の状況において，銃を撃つというような攻撃者に致命傷を与える危険性のある実力行使が許されることもある。しかし，検察側の主張によれば，その日，被告人は「冷血な殺人鬼」のような心で地下鉄に乗り込んだ，とされている。実際，4人の被害者のうち2人は現場から逃げようとした際，背後から撃たれ，しかもそのうち1人は頭に傷を負い，下半身麻痺となってしまった。検察官は，殺人未遂罪ならびに暴行罪等で被告人を起訴した。

公判は陪審により行われ，7週間に及ぶ審理の後，ほとんどの訴因について被告人に無罪評決が下され，ただ銃器不法所持罪に関してのみ有罪とされた。その審理における主要な争点は，被告人の前記行為について，正当防衛が成立するのかであった。この是非を決定する際，陪審は次のような判断基準に依拠した。すなわち，ある人が合理的に物事を考えられる人であるとして，その人も当該状況の下では，被告人と同じような行動をとったであろうと推測されるか否か，という基準である。これにより，陪審は，ゲッツのとった行動は防衛行為として合理的なものであり，正当防衛にあたると解した。その際，とりわけ，ゲッツが以前にも強盗の被害にあっていたとの苦い経験が，その結論を導く際に重視されたようである。

本件に関しては，前掲服部剛丈事件と同様に，下半身麻痺になった被害者1名（原告）が加害者ゲッツを相手方（被告）として，損害賠償等を求める民事

訴訟を提起した。そこではやはり正当防衛の成否が主要な争点となった。そして，1996年4月24日，陪審は正当防衛の成立を否定し，被告ゲッツに損害賠償を命じた。

　本件は，別名「地下鉄の自警団」事件（"subway vigilante's" case）とも呼ばれ，全米にセンセーションを引き起こした刑事事件である。純粋に理論的な観点から考えると，正当防衛の成立を肯定した陪審の判断は「陪審による法の無視」（"jury nullification"＝ジュリー・ナリフィケーション）に基づくのではないかという疑問が残る。それは，陪審が実体的な「正義」（"justice"）を実現するために，基礎となる法律を無視することである。

　しかし，事件当時，マンハッタンの地下鉄では，多くの善良な市民が本件のような恐喝や強盗の被害にたびたびあっており，被告人も過去にそのような経験を持つ善良な市民の1人であったことなどを考え合わせると，本件行為を一概に違法なものであると簡単に片付けるわけにもいかないように思われる。このような感情に陪審も引きずられたのかもしれない。もちろん，本件の背後には，白人の加害者に対して黒人の被害者という人種問題がからんでいることも見逃すことはできない。

　かくて，本件被告人ゲッツに対して，一方では「地下鉄の自警団」として礼賛する声が上がり，他方では「人種差別主義者」として批判する声も起こり，世論を真二つに割った論争が今もなお続いているのである（本件について詳しくは，サンフォード・ケイディッシュ著井上正仁訳「正当防衛の限界――ゲッツ事件を手掛かりにして――」北海学園大学法学研究25巻3号〔1990年〕121頁，渡辺＝佐藤共訳『正当防衛――ゲッツ事件とアメリカ刑事司法のディレンマ』〔成文堂，1991年〕）。

　　　　　　　　　　（ウィリアム・バーナード・クリアリー＋島　伸一）

第10講 反復自白と特別背任罪の共同正犯

事例

　Aは，B不動産会社を経営していたが，業績の急激な悪化に加え，業績が好調だった当時不動産の買い入れのためにした莫大な借入金の返済に行き詰まり，昭和62年12月には運転資金に不足を来たすに至った。このため，毎月C金融会社からの融資によって急場を凌いでいた。B不動産会社の経営は更に悪化の一途を辿り，C社への債務も担保割れを起こしたが，C社はワンマン経営者であったDの指示により，なおもB社への運転資金融資を継続した。ついに平成3年4月以降，C社のB社に対する融資は実質的に無担保状態に陥ったが，C社はB社に対する融資につき，Aの協力の下に迂回融資の方法を採って融資を継続した。B社は，平成3年8月にはC社以外の金融会社から融資を受けられなくなり，C社からの融資がなければ即倒産という状況に陥ったが，DらC社の融資担当者は同月から同年11月までの間，4回にわたり迂回融資の方法により，合計18億7000万円をB社に貸し付けた（本件融資）。Dらは，本件融資がC社に対する任務に違背し財産上の損害を与えることを充分認識していたが，融資申込に応じないとB社が倒産し巨額の融資金が回収不能となり，これまでの巨額放漫融資の責任を問われることを懸念し，責任回避・自己保身とB社の利益を図る目的で融資を継続していたものであった。
　Aは，B社の代表取締役として，同社に返済能力がなく，本件融資が実質的に無担保融資であり，迂回融資の方法が採られる等，明らかに不自然な形態の融資であることを十分に認識しており，本件融資がDらのC社における融資内規に違背しC社に財産上の損害を与えることを充分に認識していたが，抜本的な経営改善策を講ずることなく，C社に繰り返し運転資金の借り入れを申し入れ，C社の融資担当者が内規に違背するよう仕向けた。その際Aは，B社がC社に資金面で深く依存し財務的に破綻状況にあったにも拘わらず，C社からの継続的な運転資金借入により倒産を免れて

いたことから，Dが責任回避・自己保身目的で本件融資に応じざるを得ないことを知り，C社の前社長Eの意向に沿って，Dと個人的に親密なEと共同して本件融資に寄与した。

　本件融資の適法性に疑問を抱いた警察官FはAを逮捕した上で取り調べたが，Aからの再三にわたる弁護人との接見要求を聞き入れず，20時間以上も休憩なしで取り調べ，Aが本件融資についてC社に財産上の損害を及ぼす危険性及びCの内規に違反している旨の認識を有していた点について自白を得た。この第一次自白の翌日に身柄の送致を受けた検察官Gは，Aを弁護人と30分間接見させた後，30分間の取調で第一次自白と全く同じ内容の自白（第二次自白）を得た。

設問
【Q1】以上の事実関係の下で，Aの罪責を論ぜよ。
【Q2】Aの第二次自白が証拠能力を認められるか論ぜよ。

問題の所在

1　実体法上の論点
　DによるB社への本件融資は商法上の特別背任罪（商法486条1項）に該当する。それでは，これに協力したAは特別背任罪の共同正犯・教唆犯・幇助犯のいずれかに該当するものとなるのであろうか。しかし，①特別背任罪の実行行為は，非身分者が関与しないところで，専ら身分のある者により行われるのが通常の形態であるから，非身分者が「任務違背」「財産上の損害」について身分のある者と同様の認識を持つことは困難ではないか，②融資の申込人は，本来，身分のある融資担当者等とは利害が対立する関係にあるので，自己の利益を図って融資を申し込む等の行為は，容易に図利加害の要件を充足するものであるから，安易に融資の相手方に特別背任罪の共同正犯等の成立を認めると，経済活動に対する過大な制約となる虞があるのではないかという問題がある。

2　訴訟法上の論点
　本件設例における第一次自白に任意性がなく証拠能力がないという点では異論を見ないと思われる（刑訴法319条1項）。とはいえ，不任意自白の後に行わ

れた第二次自白は全て証拠利用が許容されないとすれば，捜査の初期の段階で生じた違法性の故に当該事件を立件することが極めて困難になってしまう。他方で，第一次自白が不合理な取調の結果として得られたのであれば，第二次自白（反覆自白）に際して供述の任意性に影響が全くないとは言い難い。

解　説

1　特別背任罪の共同正犯の成否

　DがC金融会社代表取締役として行った融資は経営状態の悪いB不動産会社への融資であるが，資本主義経済の下での企業活動には常に程度の差こそあれ投機的要素がつきまとう。目下のところ業績の芳しくない企業が，融資によって困難な状況を克服して業績を上げるようになることもあり得るので，単に業績の悪い企業への巨額融資であるからといって，直ちに背任行為であるとは言えない（藤木英雄『刑法講義各論』〔弘文堂，1976年〕346頁等）。しかし，本件融資においてDは，債権回収が困難であるにもかかわらず実質無担保である巨額の融資をB社に対して行ったのであり，しかもC社の内規に違反する融資だったのであるから，C社に対する任務に違背して同社に財産上の損害を与えたことになる。これは商法上の特別背任罪の構成要件を充足する（藤木・前掲書352頁参照）。Aは，Dに対してC社からB社への本件融資を申し込み，迂回融資の方策を整える等してこれを容易にしているので，Dによる特別背任罪の共同正犯となる可能性がある。

　もっとも，放漫融資による背任罪に関しては，融資を受ける側があってこそ犯罪が成立するのであるから，必要的共犯の一種である対向犯としての性格を有するように思われる。判例は，弁護士法違反等の幾つかの事例において，対向犯の一方のみの行為を刑罰法規が禁止している場合には，その相手側については不可罰とする趣旨であると判示し（最三判昭和43年12月24日刑集22巻13巻1625頁，最一判昭和51年3月18日刑集30巻2号212頁等），学説も支持してきた（前田雅英『刑法総論講義［第3版］』〔東京大学出版会，1998年〕378～379頁，藤木英雄『刑法講義総論』〔弘文堂，1975年〕282頁等）。そこで，融資を受ける側には特別な違法性がなければ背任罪の共同正犯とはなり得ないという見方も可能である。もっとも大審院判例は，取引の相手方に商法上の特別背任罪が成立するか否かに関しては，刑法65条1項の「共犯」には共同正犯も含まれるという判断の下に，融資の相手方について特別背任罪の共同正犯となり得る旨判示してきた（大判昭

和3年4月30日刑集8巻207頁，大判昭和8年9月29日刑集12巻1683頁等）。

　最高裁判所に係属した事案としては，まず千葉銀行事件がある。この事件は，銀行頭取が女性実業家に過大な不当貸付を行った事案である。融資の相手方となった被告人が特別背任罪の共同正犯として起訴されたところ，第一審は有罪としたものの（東京地判昭和36年4月27日下刑集3巻3・4号346頁），控訴審は「身分を有しない者をして，身分を有するものの任務違背の所為につき，共同正犯としての責めを負わせるには，その際任務を有する者が抱いた任務違背の認識と同程度の任務違背の認識を有することを必要とする」旨判示して無罪判決を下し（判例集不登載・東京高判昭和38年11月11日），最高裁も上告を棄却している（最三判昭和40年3月16日裁判集刑155巻67頁）。

　次に，富士銀行背任事件においては，借受人の被用者について特別背任罪の共同正犯の成立は否定されたものの，幇助犯の罪責を問い得る旨判示した（最一判昭和57年4月22日判時1042号147頁）。

　なお，融資に関する事案ではないが，取引の相手方が特別背任罪の共同正犯の罪責を問われた事案としては三越事件がある。これは大手百貨店の代表取締役が愛人である納入業者αと共謀の上，百貨店が海外で買い付ける商品の輸入に当たって，殊更にαの経営する企業を経由させる等して売買差益を生じさせ，百貨店に財産上の損害を与えたものであるが，最高裁は，αは特別背任罪の共同正犯の罪責を免れない旨示している（最決平成9年10月28日判タ952号203頁）。

　この他，下級審では（特別）背任罪の成立を否定した例も見られるものの（東京地判平成12年5月12日判タ1064号254頁等），肯定した裁判例が大半を占めている（東京高判昭和42年8月29日高刑集20巻4号521頁，東京高判平成2年3月22日経済取引関係裁判例集411頁，東京地判平成5年6月17日判タ823号265頁大阪地判平成6年1月28日判タ841号283頁等）。

　これら取引の相手方に（特別）背任罪の共同正犯としての罪責を認めた事案を概観する限り，融資等の取引の相手方が本人のため事務を担当する者の任務違背行為に支配的影響力を及ぼした場合，リベート提供等の社会通念上許容されないような方法を用いる等して積極的に働き掛けをした場合には，異論なく（特別）背任罪の成立を認めているようである。

　さて本件融資に際しては，AがDを始めとするC金融会社の融資担当者に支配的影響力を及ぼして任務違背をさせたという事情は見当たらない。また，リベート提供等の社会的に許容されないような方法を用いた働き掛けも特には見当たらないようである。

しかしAが，①B不動産会社に返済能力がなく，本件融資が実質的に無担保融資であり，迂回融資の方法が採られる等，明らかに不自然な形態の融資であって本件融資がDらのC社に対する内規に違背しC社に財産上の損害を与えることを充分に認識していたこと，②Dが責任回避・自己保身目的で本件融資に応じざるを得ないことを知っていたこと，③Dと個人的に親密なEと共同して本件迂回融資の実現に寄与したことに照らせば，A自身がDによる特別背任罪の実現に積極的に関わっていたものと言い得る。
　Aの罪責は特別背任罪の共同正犯である（商法486条1項，刑法60条、同法65条2項）。
　本設例の元となった平成15年判例（最三決平成15年2月18日刑集57巻2号161頁）も同様に判示している。

2　反覆自白の証拠能力について

　この問題に関しては，供述に関する被疑者の心理をどのように理解するかが関係する。すなわち，①被疑者は一旦自白してしまうと，手の内を全てさらけ出してしまっているのだから，再度の取調に際して被疑事実を否認するだけの心理的余裕は失われているという見方があり得る。逆に，②一旦被疑者が自白したとはいえ，必ずしも心理的余裕が失われ供述するか否かに関する内心の自由な自己決定が損なわれているとは限らないという見方も可能である。すなわち，不合理な接見制限・長時間に及ぶ取調等は供述の自由が損なわれたことを推定させる事情であるにとどまり，供述の自由の侵害であると断定することはできないので，第二次自白については改めて全体事情を総合して証拠能力の有無を検討するというのである。上述の①は米国判例で反対意見が採った見解であり，②は法廷意見の採った見解である。①②のいずれの見方を採るかは人間の心理をどのように理解するかにもよるであろうが，①の立場を採った場合であっても，弁護人との事前接見・取調官の交代・第一次自白と第二次自白との時間的離隔・第一次自白に証拠能力がないことの認識等の事情があれば，第二次自白に証拠能力を認めることができよう（田口守一『刑事訴訟法［第3版］』〔弘文堂，2001年〕312頁等。田宮裕『刑事訴訟法［新版］』〔有斐閣，1996年〕406頁もこの趣旨か）。これに対して②の見解によった場合には，取調官が殊更に第一次自白との不整合を指摘したり，第一次自白調書に依拠して誘導的な取調を試みた場合，あるいは，第一次自白調書をこれ見よがしにして取り調べて心理的圧迫を与えよっと図った場合等，特殊な事情がない限り，第二次自白には証拠能力

を認めることができる（渥美東洋『刑事訴訟法〔新版補訂〕』〔有斐閣，2001年〕368頁等）。

　なお，本件設例と事実関係は異なるが，第一次自白が違法な別件逮捕中に警察官に対して行われた後，行政調査である消防職員の質問調査・裁判官による勾留質問中になされた放火罪の自白について，捜査機関から独立した機関による罪責追求とは異なった目的での手続においてなされた自白であることを根拠に各々，証拠能力を認めた判例がある（最三判昭和58年7月12日刑集37巻6号791頁）。

　ところで本件での検察官Gによる取調は第一次自白の翌日に行われているので，Aとしては第一次自白の後に冷静に利害得失を再考して第二次自白をなすべきか否か検討する心理的余裕があった可能性がある。また，第一次自白とは異なり，弁護人と30分間接見した上で取調がなされているのであるから，弁護人から黙秘権等の説明を受けた上で本件事情の下では第一次自白には証拠能力が欠ける旨知らされた上で第二次自白をするに至った可能性がある。しかも第二次自白は第一次自白のように長時間にわたる取調によって得られたものでもない。さらに，第一次自白の相手方である警察官Fによる取調であれば自白を翻すことに対する心理的抵抗もあろうが，別人である検察官Gによる取調であれば第一次自白と相異なる供述をすることへの心理的抵抗も薄いのではないかと想像される。このような事情に鑑みれば，上記①②いずれの立場を採ったとしても本件第二次自白の証拠利用は許容されるものと考えられる。

発展問題

設問

【Q1】仮に，本件融資に際してA自身がDに迂回融資を働きかけていなかった場合，Aの罪責はどうか論ぜよ。

【Q2】本件融資に際して，DはC金融会社の内規に従った審査・意思決定を経ていたものの，B不動産会社の経営好転を信じ，その所有する不動産の資産価値を過大評価していた場合，A・Dの罪責はどうか論ぜよ。

【Q3】警察官Fは第一次自白の30分後にAを再度20分間取り調べ，第一次自白と全く同じ内容の自白を得た。この場合に，どのような事情があればFに対してなされた第二次自白に証拠能力を認める

ことが可能か論ぜよ。
【Q4】本件設例において，いかなる事情があれば第二次自白の証拠能力を認めることができるか論ぜよ。

【参考文献】
○特別背任罪の共同正犯に関して
・朝山芳史「時の判例」ジュリスト1249号147～148頁
・本江威憙監修『民商事と交錯する経済犯罪Ⅰ』（立花書房，1994年）354～356頁
・原田國男「特別背任罪における図利加害目的の意義」佐々木史朗編『判例経済刑法大系1』（日本評論社，2000年）103～109頁
・神山敏雄「百貨店の代表取締役の任務違反に加功した被告人の特別背任罪（三越事件）」佐々木編・前掲書120～129頁
○反覆自白に関して
・清水真「反覆自白の証拠能力」土本武司編『現代刑事法の論点――刑事訴訟法・2訂版』（東京法令出版，1996年）275～281頁
・Oregon v. Elstad, 470 U.S. 298（1985）本文中で触れた米国判例に関する邦語での紹介・解説として，渥美東洋編『米国刑事判例の動向Ⅰ』（中央大学出版部，1989年）99～118頁〔中野目善則〕
○昭和58年最判に関して，森岡茂『最高裁判所判例解説刑事篇昭和58年度』174～197頁。

（清水　真）

第11講 嘱託尋問調書の証拠能力と賄賂罪の職務権限

> **事例**

　被告人は，米国航空機メーカーR社の日本における販売代理店である大手商事会社の社長であったが，R社製航空機の，日本のZ航空会社に対する売込みに際し，内閣総理大臣Tに対し，Z社にR社製航空機の選定・購入を勧奨する行政指導をするよう運輸大臣に指揮すること（いわゆるAルート），及びT自ら直接Z社に同趣旨の働きかけをすること（いわゆるBルート）を依頼し，その成功報酬として現金5億円の供与を約束した。

　その後Z社がR社製航空機の購入を決定したため，上記約束に基づき，被告人は現金5億円を現実にTに供与した。

　検察官は，被告人の犯罪事実を立証するための証拠として，嘱託証人尋問調書の証拠調請求をした。

　本件嘱託証人尋問調書は，米国在住の事件関係者（R社社長）が，取調のための任意出頭を拒んだため，検察官が，刑事訴訟法226条に基づき，裁判官に対し，R社社長の証人尋問を，国際司法共助として米国管轄司法機関に嘱託するよう請求し，その際，検事総長及び東京地方検察庁検事正が，R社社長を起訴猶予とする旨の宣明書を発していたのであるが，それでもR社社長が日本における刑事訴追を恐れて証言を拒否したため，さらに，検事総長と最高裁判所により将来にわたり公訴提起がされないことを確約する旨の宣明がなされ，これにより偽証罪の制裁の下，米国の連邦地方裁判所が嘱託を受けて証人尋問を行い，その結果作成され日本に送付されたものである。

　尚，R社社長は，事前に日本の裁判所に証人として出廷する意思のないことを明示しており，米国の裁判所は，日本の裁判官の要請に基づき，弁護人を立ち会わせずに証人尋問を実施したという事情がある。

> **設問**
> 【Q1】 被告人の罪責を論ぜよ。
> 【Q2】 Tの運輸大臣に対する指揮が，閣議決定に基づく場合，基づかない場合に，各々結論は異なるか。
> 【Q3】 被告人が直接運輸大臣に対し，Z社にR社製航空機の購入を勧奨する行政指導をするよう依頼し，現金供与の約束をした場合の罪責はどうか。
> 【Q4】 裁判所は，嘱託証人尋問調書を被告人の犯罪事実の認定のための証拠とすることができるか。

問題の所在

1 刑法上の争点

　刑法198条の贈賄罪は，同197条1項等の公務員等がその「職務に関し」賄賂を収受等した場合の賄賂の供与等を処罰しているため，賄賂が公務員等の「職務に関し」供与されたことが要件となる。

　本設例において，Tの運輸大臣に対する指揮が「職務に関し」なされたものであるためには，①運輸大臣がZ社にR社製航空機の選定・購入を勧奨する行政指導をする行為が運輸大臣の職務権限に属するものであり，さらに②内閣総理大臣が運輸大臣に対し，行政指導するよう指揮することが内閣総理大臣の職務権限に属することが肯定されることを要する。①が必要とされるのは，運輸大臣の職務権限に属さない行為をなすよう指揮する行為が内閣総理大臣の職務権限に属することはありえないからである。

(1) 賄賂罪の保護法益

　賄賂罪の成否を検討するに際して，その保護法益をどう考えるかという点がまず問題となる。

　この点では，大きく3つの説が対立するが，本設例との関係では，「職務に関し」の範囲を広く考えるか，狭く考えるかという点に影響し，結論を左右しうる。

(2) 内閣総理大臣の職務権限

　閣議が存在しない場合に，内閣総理大臣TがZ社にR社製航空機の選定・購入を勧奨する行政指導をするよう運輸大臣に指揮する行為（Aルート）が，「職

務に関し」といえるか。この点を否定する見解は少数であろうが，職務権限に属する行為といえるか，あるいは職務と密接な関連のある行為（準職務行為）というべきか，きちんと認定してほしい。また，職務権限に属する行為であるとした場合に，内閣総理大臣TがZ社にR社製航空機の選定・購入を勧奨する行政指導をするよう運輸大臣に指揮する行為の法的根拠が問題となる。

憲法の解釈も関連する問題であるが，贈収賄罪の保護法益から積極的に自説を理由づけてほしいところである。

さらに，内閣総理大臣Tが直接R社製航空機の選定・購入をZ社に働き掛ける行為（Bルート）が内閣総理大臣の職務権限に属するかという点も問題となる。

(3) 運輸大臣の職務権限

次に，運輸大臣が民間航空会社に対し特定機種に選定・購入を勧奨するという行為は，その「職務に関し」といえるだろうか。かかる行為は，必要な行政目的が欠け，そのため適法になしうるものではないから，運輸大臣の職務権限に属するとはいえないのではないか。または職務密接関連行為といえるか。

この点でも，行政法上の問題が出てくるが，あくまで賄賂罪の保護法益を軸にして展開したい。

2 刑事訴訟法上の争点

(1) 国際司法共助による外国裁判所に対する嘱託証人尋問について

本設例において証人尋問調書の証拠能力を論ずるに当たり，まず問題となるのは，国際司法共助による外国の裁判所に対する嘱託証人尋問の手続きが踏まれているが，かかる手続は刑事訴訟法上の規定がないため違法なのではないか，という点である。

(2) 反対尋問を欠く証人尋問調書である点について

本件嘱託証人尋問は，被告人もしくはその弁護人を立ち会わせておらず，憲法31条及び被告人の証人尋問権を保障した憲法37条2項に違反し，裁判官の弁護人立会禁止要請は，裁量を逸脱したといえないか。また，証人尋問調書の証拠能力が認められないのではないか，という点も問題となる。

この点については，伝聞法則の趣旨と捜査の必要性の観点から解釈論を展開してほしい。

(3) 刑事免責を付与して獲得された嘱託証人尋問調書の証拠能力について

本件嘱託証人尋問は，検事総長が予め不起訴を確約する旨の宣明をした上，最高裁判所もこれと同旨の宣明をし，米国管轄司法機関に嘱託してなされたも

のであるが，わが刑事訴訟法上このような手続きを認める規定がないため，かかる証人尋問自体が適法であると言えるか，またその結果得られた本件嘱託証人尋問調書に証拠能力があると言えるかが問題となる。

(4) 刑事免責を付与した証言の強制が自己負罪拒否特権を侵害しないか

本設例における不起訴確約によっても自己負罪拒否特権が消滅するわけではないとすれば，証言の強制は自己負罪拒否特権を侵害し，憲法38条1項に反するので，この点問題となる。

(5) 刑事免責により証言を得ることは，心理的強制による自白であり，刑訴法319条1項，憲法38条2項に反しないかという点も，また問題となりうる。

解　説

1　賄賂罪の保護法益

まず，「職務に関し」の意義を解釈する上では，賄賂罪の保護法益を検討することが不可欠であるので，まずこの点について検討する。

賄賂罪の保護法益については，学説上は，賄賂を取得することで，公務を利益の対価とすることを禁止するのだとして職務行為の不可買収性であるとする説，賄賂によって職務を不正に行うことを禁止するのだとして職務行為の公正であるとする説，清廉であるべき公務員の義務であるとする説などが対立していた。

しかし，賄賂罪が，「職務に関し」として法文上も職務行為との関連性を要求しており単なる清廉義務を保護法益と考えることはできないし，斡旋収賄罪のように必ずしも職務が利益の対価となっていない犯罪がある以上，職務行為の不可買収性が保護法益だともいい難い。賄賂の罪は国家作用の適正な運用を保護するものであるのだから，職務の公正が第一に保護法益だといえるが，職務が公正に行われても，職務に関連して公務員が賄賂を受け取れば，公務に関する国民の信頼が損なわれ，国家作用の適正な運用が害されるので，第二に職務の公正に対する国民の信頼も保護法益であると解するのが妥当である（大谷實『新版刑法講義各論［追補版］』〔成文堂，2002年〕634頁635頁，最大判平成7年2月22日刑集49巻2号1頁，大判昭和6年8月6日刑集10巻412頁等）。

2　内閣総理大臣の職務権限

それでは，本設例における内閣総理大臣Tの行為は「職務に関し」の要件を

充たすか。

(1) 内閣総理大臣TがZ社にR社製航空機の選定・購入を勧奨する行政指導をするよう運輸大臣に指揮する行為について（Aルート）
① 内閣総理大臣の職務権限に属するか
　上記で述べた保護法益から考えると，収賄罪における「職務」とはそれにつき賄賂が収受されては，国民の職務の公正に対する信頼が損なわれかねないような行為をいうと考えるべきことになる。従って，「職務」の範囲は広く解すべきであり，判例の表現を用いれば，公務員がその地位に伴い公務として取り扱うべき一切の執務である（最三判昭和28年10月27日刑集7巻10号1971頁）。また，一般的な職務権限に属する事項であれば，内部的な事務分配によりある事務を現実に担当していなくてもよい（最三決昭和37年5月29日刑集16巻5号528頁等）。
　本設例においても，仮に閣議が存在するとすれば，問題なく内閣総理大臣Tの運輸大臣に対する働きかけにつき具体的職務権限を肯定することができる。
　問題は，本設例のように閣議がない場合に，このような運輸大臣への働き掛けが内閣総理大臣の職務権限に属するか，属するとしてその根拠は何か，である。この点については，憲法72条，内閣法6条の解釈が問題となる。
　まず，本件Tの運輸大臣への働き掛けを憲法72条の「指揮」と解することができるか。この点については，判例で問題となるまで学説上は議論されてこなかったが，2つの考えが対立する。
　ⓐ　72条の「指揮」には含まれないとする考え方
　憲法72条の「内閣を代表して」は「行政各部を指揮監督する」にまでかかると解するのが通説である（野中俊彦ほか『憲法Ⅱ［第3版］』〔有斐閣，2001年〕178頁）。そうすると内閣法6条において「内閣総理大臣は，閣議にかけて決定した方針に基いて，行政各部を指揮監督する」と定めるのは72条の具体化であり，72条と内閣法6条の指揮監督権限は同じものと解することができる。そこで，本件のような「内閣を代表」していない行為が内閣総理大臣の職務権限内であることを認めるには，総理大臣には，閣議決定がなくても，行政各部に「指揮監督」とは異なる「指示」を与える権限があると考える見解が出てくる。すなわち，66条，68条，72条などから内閣総理大臣は内閣を統率し，行政各部を統括調整する地位にあることを根拠とし，そのような地位及び権限から，内閣の明示の意思に反しない限り，行政各部に対し，随時その所掌事務について一定の方向で処理するよう指導，助言等の指示を与える権限を有すると解するので

ある。
　ⓑ　72条の「指揮」に含まれるとする考え方
　これに対して、憲法72条の指揮監督権限に「指示」も含まれるという見解もある。すなわち、72条の指揮監督権限の行使は、内閣法6条の定める場合（閣議のある場合）に限定されず、その一態様として閣議によらない「内閣総理大臣の指示」を認めるのである。
　ⓒⓐⓑに対し、内閣総理大臣の職務権限外と考える見解もある。この見解は、民間航空会社に特定機種の選定・購入を勧奨するような行政指導は、そもそも運輸大臣の職務権限には属しないことを根拠とする（下記3⑴②参照）。
　②　職務密接関連行為といえるか
　それでは、内閣総理大臣がZ社にR社製航空機の選定・購入を勧奨する行政指導をするよう運輸大臣に指揮する行為を職務権限外であるという立場からは、さらに、この行為を職務密接関連行為と考えることはできないだろうかが問題となる。
　判例は、「職務」の範囲を、原則として、法令の規定によって一般的な職務権限に属するとされるものとしているが、その範囲を超えると考えられる場合にも、その行為が職務権限と実質的に結びついているときは、賄賂罪の保護法益である職務の公正とそれに対する社会一般の信頼を害することがあることから、「職務と密接な関連のある行為」として賄賂罪の成立を認めている。すなわち、職務密接関連行為とは、公務員・仲裁人の職務を根拠として、当該公務員・仲裁人が事実上所管し執務すべき行為をいう（最一決昭和31年7月12日刑集10巻7号1058頁）。
　本設例では、「職務と密接な関連のある行為」と解することも可能である。職務権限外の行為であっても、当該運輸大臣の職務と密接な関係にある行為である場合には、内閣総理大臣の指示はその職務権限内で行われる指示と同等の事実上の影響力を持つことを根拠とすることができる（前掲最大判平成7年2月22日の草場長官以下4裁判官の共同意見参照）。
　⑵　内閣総理大臣Tが自ら直接Z社にR社製航空機の選定・購入をするよう働きかけをする行為について（Bルート）
　①　内閣総理大臣の職務権限に属するか
　この点については、設例の素材となった、前掲最大判平成7年2月22日は判断を示さなかった。しかし、行政法の解釈とも関連して対立がある。
　ⓐ　職務権限に含まれないという見解

通説は，内閣総理大臣の指揮監督権限は，内閣の行う統轄・調整のために行使されるものであるから，各主任の大臣が分担管理する行政事務については，主任の大臣に対する指揮監督権限の行使により，各大臣にそれを行わせるのであって，内閣総理大臣が直接に行政事務を行うことを認めるのは相当でないと考える。このように考えても，直接に行政指導する必要があるならば，閣議決定を経ることが可能であり，問題はない
　この見解の中でも，職務密接関連行為として収賄罪の成立を肯定する見解と否定する見解がある（下記2(2)②参照）。
　ⓑ　職務権限に含まれるという見解
　これに対し，内閣総理大臣も様々な事実行為を行っているから，関係法令を全体的にみると，総理大臣が自らの判断でこのような行為を行う権限を有するとして職務権限に含まれるという見解もある。
　②　職務密接関連行為といえるか
　内閣総理大臣Tが自ら直接Z社にR社製航空機の選定・購入をするよう働きかけることが職務権限に属しないと考えたとしても，職務密接関連行為ということはできないだろうか。
　この点，内閣総理大臣の職務権限と実質的な結びつきがあって公務を左右する性格を有するとはいえないこと等を理由に，職務密接関連行為といえるか疑問であるとする見解もある。
　しかし，航空機の選定・購入について行政指導する行為が運輸大臣の職務権限内であり，かつその運輸大臣に内閣総理大臣が指示する権限を有するのであるならば，そのような行為に対し賄賂を収受することは，内閣総理大臣の職務の公正およびそれに対する社会の信頼を害するといえるであろう。
　よって，運輸大臣を指揮して行政指導をさせたと同じ効果をもたらしうる点に着目して職務密接関連行為であるとしたロッキード・丸紅ルート事件一・二審判決は妥当である（東京地判昭和58年10月12日刑裁月15巻10号521頁，東京高判昭和62年7月29日高刑集40巻2号77頁）。

3　運輸大臣がZ社にR社製航空機の選定・購入を勧奨する行政指導をする行為について

(1)　運輸大臣の職務権限に属するか
　次に，本設例における運輸大臣がZ社にR社製航空機の選定・購入を勧奨する行政指導をする行為は，必要な行政目的が欠け，適法になしうるものではな

いから，運輸大臣の職務権限に属するとはいえないのではないか，という点が問題となる。
　① 運輸大臣の職務権限に属するとする見解
　この点につき，前掲最大判平成 7 年 2 月22日は，運輸大臣の職務権限に属すると判示している。運輸大臣は必要な行政目的があれば，民間航空会社に対し特定機種の選定・購入を勧奨する行政指導ができるのであるから，必要な行政目的があったかどうか，それを適法にできたかどうかは問題ではないという考えであり，妥当である。「要するに，運輸大臣の民間航空会社に対する機種選定についての行政指導は，いやしくも運輸大臣において適法に行い得る場合がある以上，運輸大臣の職務権限に属するというに尽きる」（可部裁判官以下 3 裁判官の共同補足意見）のである。
　② 運輸大臣の職務権限に属しないとする見解
　これに対して，民間航空会社に特定機種の選定・購入を勧奨するような運輸大臣の行政指導は特殊例外的な場合を除き，原則としてできないものであるとの立場から，特殊例外的な事情の存しない本件の場合には，運輸大臣の職務権限には属しないとする見解もある。
　(2) 職務密接関連行為といえるか
　②の説からも，本件の運輸大臣の行為を職務密接関連行為であるとして，被告人に贈賄罪の成立を認めることができるだろう。例外的にではあれ，行政指導として行うことが可能な行為であるのだから，権限がある場合と同等の事実上の影響力を与えうる職務密接関連行為であるというべきである。

4　嘱託証人尋問調書の証拠能力

(1) 外国裁判所に対する嘱託尋問の適法性
　本設例における嘱託証人尋問調書の証拠能力を考えるにあたり，まず問題となるのが外国裁判所に対する嘱託尋問の根拠である。①受訴裁判所は，外国に対し証人尋問を嘱託する権限を有するか，②本件のように刑訴法226条の証人尋問請求を受けた裁判官の場合はどうか，という問題である。
　最高裁はこの点について判断していないが，①刑訴法が外国への嘱託証人尋問についての規定を欠いているのは，そのような嘱託を禁ずる趣旨ではなく，②226条の証人尋問を請求された裁判官は，証人尋問に関し裁判所又は裁判長と同一の権限を有しているところから（228条 1 項），国内の他の裁判所の裁判官に証人尋問を嘱託することも可能であると考えられる（163条 1 項の準用）が，

かかる法の趣旨からすれば同様に外国の裁判所への嘱託も197条1項を根拠に可能であると解されよう（杉山治樹「国外における捜査活動の限界」『新実例刑事訴訟法Ⅰ』青林書院，1998年61頁）。

(2) 反対尋問を欠く証人尋問調書である点について

憲法37条2項は，刑事被告人に対し，証人審問権を保障している。これを受けて刑訴法320条1項は「公判期日における供述に代えて書面を証拠とし，又は公判期日外における他の者の供述を内容とする供述を証拠とすること」を原則として禁止している。いわゆる伝聞法則である。

① 伝聞法則の趣旨について

かかる伝聞法則の趣旨については争いがある。

ⓐ 直接主義を根拠としない見解

供述証拠は，人がある事実を知覚し，表現することによって証拠となるものである。ところが，それぞれの過程には誤り（見間違い，記憶違い，言い間違いなど）が介在しうるので，その誤りを反対尋問によってチェックする必要がある。このような反対尋問をなしえない伝聞証拠には証拠能力を認めることはできないので，法はこれを証拠とすることを禁じているという考えである。

ⓑ 直接主義をも根拠とする見解

ⓐに加えて，伝聞法則は直接主義をも根拠としているとの説もある。直接主義とは，公判廷で裁判官が直接取り調べた証拠にかぎり裁判の基礎とすることができるとする主義である。伝聞証拠は，裁判官が直接取り調べることのできない証拠を含んでいるので，直接主義に反する点からも伝聞法則を根拠づけるのである。

② 弁護人の立会い禁止を要請したことは裁判官の裁量を逸脱したものといえるか

本設例においては，嘱託証人尋問が弁護人の立会いなしにおこなわれている。本件嘱託は226条を根拠とするものだから，裁判官が嘱託に際し，228条2項に基づく弁護人の立会いの禁止要請をすることは適法である。もっとも，228条2項の規定は，同226条の規定に基づく証人尋問によって取得された調書が，将来公判廷において証拠として採用される場合には，公判廷において被告人側に反対尋問の機会を与えられる見込みがある。これに対し，本件のように，証人のR社社長が公判廷に出頭する意思がなく，嘱託の時点で将来反対尋問権を行使できないことが予想されていたため，裁判官の措置は憲法37条2項，刑訴法320条1項に違反するもので裁量を逸脱するのではないかが問題となる。

直接主義違反の点では、国内の裁判官と国外の裁判官とで差があるとは思われない。他方、反対尋問によるチェックという観点からは、本設例の弁護人の立会い禁止要請は許されないとも思われる。しかし、228条2項の趣旨は、捜査段階では、その進展の程度によっては、被疑者が誰であるか全て判明していない場合もありうるので、反対尋問権の保障よりも、むしろ捜査の密行性を重視しようとする点にあると解されよう。よって、たとえ将来公判等に出頭する機会のないことが予想されていたとしても、弁護人の立会い禁止要請は、裁量権を逸脱するものとまではいえないのではないか（前掲東京高判昭和62年7月29日参照）。

③　本件証人尋問調書は320条1項により証拠能力が認められないのではないか。

このように裁判官の措置が違法とはいえないとしても、反対尋問を経ないで得られた証人尋問調書の証拠能力については、320条1項に反して認められないのではないかという問題がある。

この点、320条1項も伝え聞き、伝え書きの証拠を一切許さないとするものではない。証拠としての必要性が高く、誤判のおそれが小さいため伝聞禁止の趣旨からも許容される場合には例外を認めることができよう。321条1項以下はそのような伝聞例外の規定であり、本件証人尋問調書は321条1項3号に該当しないかが問題となる。

「国外にいる」というのは、証拠の必要性が高いことを求める要件だから、「日本国内で原供述をした後国外に移住等をした場合」というように限定解釈をする必要はない。特信性については、偽証罪の制裁の下、米国の連邦裁判所が嘱託を受けて行ったものであり、肯定してよいだろう（前掲東京地判昭和58年10月12日、東京高判昭和62年7月29日参照）。

この点で、最二決平成12年10月31日判決（判時1730号160頁）では、日本国から米国に対する捜査共助の要請に基づいて、同国に在住する証人が、黙秘権の告知を受け、同国の捜査官及び日本の検察官の質問に対して任意に供述し、公証人の面前において、偽証罪の制裁の下で、記載された供述内容が真実であることを言明する旨を記載して署名したケースにおいて、その供述書の証拠能力を321条1項3号の書面にあたるとしており、参考になる。

(3)　刑事免責を付与して獲得された嘱託証人尋問調書の証拠能力について

本件嘱託証人尋問は、検事総長が予め不起訴を確約する旨の宣明をした上、最高裁判所もこれと同旨の宣明をし、米国管轄司法機関に嘱託してなされたも

のであるが，わが刑事訴訟法上このような手続きを認める規定がないため，かかる証人尋問自体が違法であり，その結果得られた本件嘱託証人尋問調書にも証拠能力が認められないのではないかが問題となる。

まず，現行刑事訴訟法は刑事免責の制度は採用していないが，憲法38条は合衆国憲法修正5条を継受したものと考えられており，立法論的に刑事免責の導入は可能と解されている。もっとも，刑事免責は，検察官が関係者の一人に刑事免責を付与して得た供述を他の関係者の有罪立証に使用することを許容する点で，刑罰権の公正な実現に反するおそれのある制度であり，解釈でこれを認めることは許されないというべきである（前掲最大判平成7年2月22日）。

そして，かかる違法な嘱託証人尋問調書の証拠能力を否定する理論構成としては，刑事免責は，前記のように法律の規定なくしてこれを認めることは司法の信頼を損なうおそれが強い制度であるから，証拠禁止にあたり証拠能力が認められないものと解するのが妥当ではないか（龍岡資晃ほか『最高裁判所判例解説刑事篇平成7年度』〔法曹会，1998年〕62頁）。前掲最大判平成7年2月22日も刑訴法317条を挙げ，刑訴法の証拠能力に関する諸規定のほか刑訴法1条に示されている刑訴法全体の精神を挙げて，これを根拠として証拠の許容性を否定しているが，これは違法収集証拠法則排除論を採用したものではないと考えられる。

(4)　刑事免責を付与した証言の強制が自己負罪拒否特権を侵害しないか

本設例のもととなった前記最大判はこの点について触れていないが，設例における不起訴確約によっても自己負罪拒否特権が消滅せず，証言の強制は自己負罪拒否特権を侵害し，憲法38条1項に反するのではないかという点が問題となる。

この点，検事正の宣明によって法的に刑事訴追を受ける可能性がなくなったといえれば，自己負罪拒否特権が消滅したと言って良かろう。しかし，宣明の意義を刑訴法248条の不起訴処分がなされたものと解したとしても，不起訴処分はその後の起訴を不適法とする効力を有していないと解されているから，法的に訴追を受ける可能性はなお存在するといえる。

法的に刑事訴追を受ける可能性がない場合だけでなく，事実上訴追の可能性が全く考えられない場合も，自己負罪拒否特権が消滅したと解してよかろうが，本設例においては，国際司法共助の一環として行われた不起訴宣明であり，これに反する公訴提起は，証人らの権利保護の観点並びに国際慣習ないし国際信義に照らし，刑訴規則1条2項の趣旨に反し許されないので，法的に訴追の可

能性はなく，自己負罪拒否特権は消滅したものと解するのが妥当であろう。従って，本設例の証人尋問の手続には憲法38条1項違反はない。

(5) 刑事免責により証言を得ることは心理的強制による自白であり，刑訴法319条1項，憲法38条2項に反しないか

319条1項の趣旨について争いがあり，①319条1項に挙げるような自白は虚偽のおそれがあるので排除されるという見解（虚偽排除説），②黙秘権等の基本的人権を保障するためにこれらの自白は排除されるという見解（人権侵害説），③違法な手続で得られた自白は排除されるという見解（違法排除説）が対立する。

③の見解は文理から離れすぎるし，手続に違法がなくとも虚偽の自白は排除すべきであるので妥当ではない。違法な手続で得られた自白の採否は別論として，319条1項の趣旨としては①②を中心に考えるべきだろう。

本問においては，①偽証罪及び証言拒否罪の制裁の下に，自己の記憶に基づき真実のみを証言することを強制する場合には，虚偽の自白が誘発されるおそれはないといえるし，②法律上の強制がなされる供述であっても虚偽の可能性や人権侵害のおそれはあるだろうが，証人に対して刑事免責を付与する等によって自己負罪拒否特権が失われたといえれば人権侵害のおそれはない。よって，前記のように自己負罪拒否特権が消滅したといえる本件において，偽証罪の制裁の下に証言を強制することは刑訴法319条1項，憲法38条2項に反しないと考えられる。

5 まとめ

以上から設問については，被告人の罪責はTの受託収賄罪（197条1項後段）に対する贈賄罪（198条）が成立し，これは閣議決定の有無により異ならないこととなり，被告人が運輸大臣に対し，Z社にR社製航空機の購入を勧奨する行政指導をするよう直接依頼し，現金供与の約束をした場合も同様の結論となる。そして，裁判所は嘱託証人尋問調書を被告人の犯罪事実の認定のための証拠とすることができる。

発展問題

設問

【Q1】甲は，内閣総理大臣の乙が国土交通省の元官僚であることに着

目し，自分の息子のA建設会社への就職に際し口ききをしてくれるよう依頼し，賄賂を供与した。乙はこれに応じてA社への就職を斡旋した。甲乙の罪責を述べよ。

【Q2】甲は，環境大臣の乙に対し，航空会社A社にB社製航空機の選定・購入を勧奨する行政指導をするよう国土交通大臣に働きかけることを依頼して賄賂を供与した。乙はこれに応じ，国土交通大臣に働きかけをした。甲乙の罪責を述べよ。

【Q3】甲乙は殺人の共同正犯として起訴されたが，弁論が分離され，甲の公判で乙が証人尋問を受け，検察官の主尋問に対し，甲に不利な証言をした。しかし，乙は被告人甲の弁護人の反対尋問に対し黙秘した。かかる場合の乙の証人尋問調書に証拠能力は認められるか。

【Q4】甲の恐喝被告事件の公判において，乙が「被害者Aに現場で話しかけたら，Aは『甲は俺を殺そうとした』と言った。」と証言した場合，この証言に証拠能力は認められるか。甲の殺人未遂事件だった場合はどうか。

【関連判例】
- 最一判昭和59年5月30日刑集38巻7号2682頁
- 最三判昭和63年4月11日刑集42巻4号419頁
- 最一判平成11年10月20日刑集53巻7号641頁
- 最二判平成12年10月31日判時1730号160頁
- 最二判昭和41年7月1日刑集20巻6号537頁
- 最大判昭和45年11月25日刑集24巻12号1670頁

【参考文献】
- 前田雅英『刑法各論講義［第3版］』（東京大学出版会，1999年）
- 木村光江『刑法［第2版］』（東京大学出版会，2002年）
- 京藤哲久「『職務に関し』の意義（3）——ロッキード事件（丸紅ルート）」刑法判例百選II各論［第5版］（2003年）212頁
- 田宮裕『刑事訴訟法［新版］』（有斐閣，2002年）
- 田口守一『刑事訴訟法［第3版］』（弘文堂，2003年）

- 後藤昭「刑事免責による証言強制──ロッキード事件」刑事訴訟法判例百選［第7版］（1998年）148頁
- 角田正紀「犯罪の国際化と捜査」刑事訴訟法の争点［新版］（1991年）99頁
- 前田雅英「『職務に関し』の意義（3）──ロッキード事件（丸紅ルート）」刑法判例百選Ⅱ各論［第4版］（1997年）200頁

（富田真美）

第12講 伝聞法則の例外と過失犯

事例

　A医科大学の外科医Bは，自身が初めて執刀する極めて高度な技術を要する術式により，患者Dの手術をしていた。その際，当該手術で行うべき手技を誤って血管を傷つけてしまった。ところがBは，これに気付かずに手術を終了し縫合してしまったため，内出血が続いてDは翌朝死亡した。この際，立ち会っていた麻酔医CはBの手技に対して何らの注意も払っていなかったために，血管が損傷したことには気付かなかった。他方，手術に立ち会った手術部看護師長Eは，Bの執刀方法に不安を覚え，かつ，血管を損傷したのではないかとの危惧の念を抱き，本件手術終了直後にスケッチを交えて当該手術の詳細なメモを個人的に作成していた。

　なお，緊急を要する症例でもなかったのに拘わらず，Bは本件術式を用いることについて学内倫理委員会と外科医局の承認を得ておらず，本件術式に精通した医師の立会も求めていなかった。また，CはBから本件術式での執刀経験がある旨聞かされており，学内倫理委員会・外科医局の承認済みであるとのBの説明を信じていた。

設問

【Q1】以上の事案において，B・C・Eの罪責を論ぜよ。

【Q2】Eが当該手術におけるBの執刀の様子の細部を失念した旨答弁し，供述を得られない状況において，捜査段階で差し押さえられたE作成の上記メモを検察官が証拠申請した。このメモに証拠能力はあるか。

問題の所在

　実体法上の問題となるのは，C・Eの罪責判断であろう。ともに手術室に居合わせている上に医療者としての専門知識を有しているのであるから，Bが血管を損傷することを予期してこれを予防すると共に，血管が損傷してしまった後はこれに気付いてBに告げる等してDが死に至るのを防ぐべき注意義務があったのではないかが問題となり得る。

　手続法上の問題となるのは，Eが個人的に作成したメモに伝聞法則の例外として証拠能力を付与することができるか否かである。

解　　説

1　業務性

　本件においてB・C・Eの罪責として問われるのは過失による法益侵害である。

　Bが執刀しC・Eが立ち会った手術は，医療従事者としての社会生活上の地位に基づき反復継続してなされる事務であるから業務性がある（最一判昭和26年6月7日刑集5巻7号1236頁）。Bにとっては，当該術式自体は初めての執刀であっても，外科医としての社会的地位上，なお業務性は認められる。

2　Bの罪責について（「許された危険」の法理と医療事故）

　次に，Bが手技を誤ってDの血管を損傷していながらこれに気付かずに手術を終了し縫合した点は，Dの死亡と因果関係を有しており，これに気付かなかった点にBの注意義務違反が認められる。この点，高度な技術を要する手術においては手技の誤りの全てについて刑事責任を追及すべきではないという発想もあり得るところではある。そうでなければ，臨床医療は萎縮し発展を望めないからである。すなわち，危険性を孕んでいる技術であっても，社会的有用性を考慮すれば，危険防止のため注意を尽くしたという一定の条件の下では違法性がないと考えるべきであるという「許された危険」の法理による免責（藤木英雄『刑法講義総論』〔弘文堂，1975年〕243〜244頁，土本武司『刑法教室総論』〔東京法令出版，2001年〕178〜179頁，川端博『刑法総論講義』〔成文堂，1995年〕202頁等）を考慮する余地が臨床医療にもあり得る。

　しかし本件に関しては，①術式が高度の技術を要するものであった上に，②

Bの自身は本件術式の執刀経験がなかったにも拘わらず，経験を有する医師の協力・助言を受け得る体制を整えることなく執刀に及んでいるのである。緊急を要する症例であれば別であるが，本件のように緊急性のない手術に関して，①②のような事情があるにも拘わらず経験を有する医師の協力・助言を得る体制を整えずに犯した手技の誤りについては「許された危険」の法理による免責の余地はなかろう。

したがって，Bの罪責は業務上過失致死罪である（刑法211条1項前段）。

3 Cの罪責について（「信頼の原則」とチーム医療）

複数人の共同作業において，その中のある者が不注意で法益侵害の結果を惹起した場合，危険防止の具体的対策に関して相互利用・補充の関係に立つ他の共同作業者は相手方の過誤に気付いて法益が害されることを未然に防ぐべき義務を負うと解する見解が有力である（藤木・前掲書294頁）。

とはいえ，常に共同作業者が注意義務を怠って法益侵害を惹起するものと予想した上で，これを未然に防ぐべく監視をしなければならないとすれば，逆に自らが担当する持ち場において注意の欠如による失策を招きかねない。そこで，危険な作業を実施する際に各々が異なる持ち場・役割を分担している場合には，相手方が担当持ち場において誠実に危険防止のために注意を尽くしていることを期待した上で，自己の持ち場において要求される結果回避義務を尽くせば足ると考えられる。万一，相手方がその担当持ち場において必要とされる注意を怠り法益侵害の結果を惹起した場合であっても，その相手方のみが過失の罪責を負うものと解すべきである。このような理論を信頼の原則と呼ぶ（藤木・前掲書244頁，川端・前掲書201～202頁）。判例において「信頼の原則」が認められた事例としては，道路交通における運転者相互の関係に関する事案が多い（最三判昭和41年12月20日刑集20巻10号1212頁，最二判昭和42年10月13日刑集21巻8号1097頁，最三判昭和43年12月24日刑集22巻13号1525頁等）。しかし，「信頼の原則」は，決して道路交通に限定して適用される法理ではなく，危険防止について協力・分担関係にある全ての分野において適用され得る法理である（藤木・前掲書245頁，土本武司『過失犯の研究』〔成文堂，1986年〕92頁，川端・前掲書203頁等）。

勿論，共同作業者が指揮・命令関係（あるいは監督・指導関係）にある場合には，指揮・命令等を受けている者の過失について指揮・命令等を下す立場にある者は，「信頼の原則」で免責されるものではない。「信頼の原則」が妥当するのは，共同作業者相互が対等な専門職（処方箋を書いた医師とこれに従って処方し

た薬剤師等）である場合，同一のシステムの共同利用者相互である場合（道路交通における運転者相互等）であると考えられる（藤木・前掲書248頁，土本・前掲『過失犯の研究』93頁等）。

　本件に上述の議論を当てはめてみよう。麻酔医Cは，標榜診療科目こそ違うものの外科の手技について一定の知識を持ち合わせているので，CがBの手技に注意を払っていれば，血管の損傷を見落として縫合に至ることはなかった可能性もあろう。しかし，麻酔科は手術中，麻酔量の管理のみならず，患者の呼吸数・血圧・脈拍等を管理し，適宜，昇圧剤の投与・輸血等を担当する職責を負っており，取り分け，麻酔には術後に脳障害が残る医療事故が生じる危険性があり，術中に自己の担当職掌に全神経を傾けなければならない点では外科と遜色ない診療科目である。このように考えれば，Bの術前・術中の言動に格別の危険性を感じさせる要素がある等の特段の事情がある場合を除いては，CがBの手技を監視せず，血管の損傷に気付かなかったことには注意義務違反がないものと考えるべきであろう。なるほど，本件においてBは学内倫理委員会・外科医局の承認も得ずに高度な技術を要する術式の手術を経験もないのに行うという常識外れの行動に出ている。しかしCは，Bには本件術式の執刀経験があり学内倫理委員会・外科医局が承認済みであるとのBの説明を信じていたのであるから，術中，Bの手技が適切か否かについて専門外でありながら自己の担当持ち場と同時に注意を払うことを要求することは合理的ではない。

　このように考えれば，CがBによる血管損傷に気付かずにその過失を見落とした点に注意義務違反はなく，Cは何ら罪責を負わないものと考えられる。

4　Eの罪責について（注意義務の有無）

　Eは，Bの手技に不安を抱いていた上に，血管を損傷したのではないかとの危惧を抱いていたというのであるから，Bに血管の損傷の有無を確認してから縫合に入るべき旨進言する義務があるのではないかが問題となろう。

　この点，Eが手術部の看護師長であることに照らすと，Eには手術に伴う血管や臓器の損傷事故について一般の看護師を上回る知識・経験があるものと推測することができる。とはいえ，臨床医療の実態に照らせば，手術内容に関しては外科医と看護師とは指揮・命令関係に立っていたものと考えられる。また，E自身も血管の損傷を「確信」した訳ではなく，これを「危惧」したに過ぎない。過失犯の成否に関しては，具体的予見可能性を必要とするという見解が多数を占めている（前田雅英『刑法総論講義［第3版］』〔東京大学出版会，1998年〕362

頁，山口厚『問題探求刑法総論』〔有斐閣，1998年〕165頁，中山研一『刑法総論』〔成文堂，1982年〕285頁等）。他方で，最新技術を用いた結果，予期し得ない事故が発生した場合であっても，危惧感を抱いていた場合には，結果発生を予見することが可能であるから結果回避義務があったものという見解もある（藤木・前掲書240～243頁，土本・前掲『過失犯の研究』30～46頁等）。とはいえ，この見解によったとしても本件の場合には，その地位に照らしてEがBに対して血管損傷の有無を確認するため縫合を待つように進言し，且つ，Bに進言内容に沿った行動をとらせることは可能且つ容易な結果回避行動であるとはいえないであろう。我が国の臨床医療における医師と看護師の地位・関係を考慮すれば，Eが単なる危惧の念を抱いているに過ぎない状況で，Bに対して縫合に入る前に血管の損傷の有無を確認するよう進言することを刑事法上のEの結果回避義務であると捉えることには疑問がある。

　EはDの死亡に関して罪責を負わない。

5　Eの作成したメモの証拠能力について

　書面を公訴事実の立証に用いることは原則として禁止されている（刑事訴訟法320条1項——伝聞法則）。書面に記載された内容が真実を物語っているか否かを反対尋問によって相手方当事者が吟味することは不可能なので，書面を事実認定の資料とする場合には類型的に誤判の危険性があるからである（田宮裕『刑事訴訟法〔新版〕』〔有斐閣，1996年〕364頁，渥美東洋『刑事訴訟法〔新版補訂〕』〔有斐閣，2001年〕330～331頁，福井厚『刑事訴訟法講義〔第2版〕』〔法律文化社，2003年〕324～325頁等）。

　とはいえ，目撃者自身の先入観によって無意識の内に記憶が歪められたり，時間の経過によって記憶内容の正確さが著しく減退する等，目撃証人の記憶が必ずしも正確とはいえないことは各種の心理学的知見が物語っている（この点につき，渥美・前掲書332～334頁に詳細な記述がある）。事実を体験した者が証人として証言したからといって，必ずしも正確な供述をすることができるとは限らない反面，作成者の体験を正確に記している書面が存在する場合には，むしろその書面自体を証拠採用し，それに沿って事実認定をする方が誤判の危険性が少ないといえる可能性もある。このような観点から伝聞法則には幅広く例外が設けられているのである。その典型的な例が刑訴法323条に列挙された書面である。これらの書面については，要証事実を体験した作成者自身は体験事実の詳細を失念したとしても，書面の性格上，内容的正確性が担保されているので，

作成者自身を証人尋問して不確かな記憶に基づいて供述させるよりも書面自体を証拠採用する方が遥かに効果的であると考えられるのである（渥美・前掲書335～336頁等）。

　もっとも，設例の場合，Eが作成したのは個人的なメモに過ぎない。仮にEが，手術内容を自身の研修や若手看護師の教育用に毎回，詳細に個人的なメモに残していたというのであれば刑訴法323条3号を適用する余地があり得よう。しかし，設例からはそのような事情は認定できない。

　とはいえ，刑訴法323条はあくまでも証人が記憶を喚起できない場合に，内容の正確性が保障される情況下で作成されたメモに証拠能力を付与する典型的な場合に過ぎないと考えれば，作成者が体験後直ちに不当誘因の介在しない情況で作成したのであれば，刑訴法323条3号又は321条1項3号を適用して当該メモに証拠能力を付与することができることになる（「メモの理論」――渥美・前掲書335～336頁，安冨潔『やさしい刑事訴訟法［第4版］』〔法学書院，2001年〕209頁，田中和夫『新版証拠法［増補第3版］』〔有斐閣，1971年〕375頁，石井一正『刑事実務証拠法［第3版］』〔判例タイムズ社，2003年〕180～181頁等。これに反し刑訴法323条所定の書面に限定すべく主張する見解として田宮・前掲書385頁，白取祐司『刑事訴訟法［第2版］』〔日本評論社，2001年〕340～342頁）。判例には，「メモの理論」により刑訴法321条1項3号書面として証拠能力を認めた例（最三判昭和31年3月27日刑集10巻3号387頁）がある。この「メモの理論」を設例に当てはめると，Eは本件手術終了後直ちに本件メモを作成しているのであり，不当誘因が介在した事情は認められないので正確性については十分に担保されているものと考えられる。問題となるのは，Eが真に失念したのではなく，単に供述を拒否する意図で「失念した」旨答弁しているに過ぎない場合にも「メモの理論」により当該メモに証拠能力を認めることができるか否かである。この点，記憶喪失の場合に限定する見解もあり得ようが，メモの記載内容と相反する供述をしている場合ならば格別，単に失念した旨申し述べて実質的に供述を拒否している場合には，供述利用のための説得を尽くした上での最終手段としてメモ自体の証拠利用を認めて良いように思われる。

発展問題

設問

【Q1】Bは学内倫理委員会の承認を得た上で本件術式に精通している外

科医長Fの立会の下で執刀していたものの，Fが一瞬目を離した際にDの血管をBが損傷させてしまったものであった場合，Fの罪責を論ぜよ。

【Q2】Eが作成した本件手術のメモは，Dの死亡に衝撃を受けて本件手術の4日後に記憶を頼りに書かれたものであった場合，これを証拠採用することができるか。

【Q3】B自身は血管を傷つけたような危惧を感じたが，立会の外科医長Fから「大丈夫。格別の処置を必要とするような血管の損傷は生じていない。開腹から時間が経過しているので，患者さんの体力も考えてぐずぐずしないで縫合に入って。」という指示を受けた。自身はこの術式での執刀経験がないのだからF外科医長の指示に疑念を差し挟む訳にはいかないと考えて，手術を終えて縫合に入った場合，Bの罪責を論ぜよ。

【Q4】本件手術の様子をA医科大学が教材用にヴィデオ撮影していた場合，このヴィデオ・テープを証拠調する手続・要件について論ぜよ。

【Q5】Bが本件術式による執刀をするのが初めてである上，学内倫理委員会の承認を得ておらず，本件術式に精通した医師の立会もなしに執刀に踏み切ったという事実をCが知っていた場合に，Cには如何なる罪責があるか。

【参考文献】

本文中に掲げたものの他，

○過失犯をめぐる理論に関して

・藤木英雄『過失犯の理論』（有信堂，1969年）
・藤永幸治他編『シリーズ捜査実務全書第10巻環境・医事犯罪』〔飯田英男執筆分〕（東京法令出版，1999年）298―322頁
・鬼塚賢太郎『最高裁判所判例解説刑事篇昭和40年度』281～292頁

○「メモの理論」に関して

・小野慶二「メモの証拠能力」河村澄夫他編『刑事実務ノート第1巻』（判例タイムズ社，1968年）87～105頁
・石田誠『最高裁判所判例解説刑事篇昭和31年度』6～79頁

○発展問題について
・清水真「現場ビデオ・テープの証拠能力，証拠調方法」椎橋隆幸編『基本問題刑事訴訟法』（酒井書店，2000年）257〜266頁

（清水　真）

アメリカ刑事法 ワンポイントレッスン

過失犯の処罰

　日本では，「過失」（"negligence"）については，これにより人に対する傷害あるいは死の結果が生じたとき，それが業務上過失や重過失でない単純過失（または通常の過失）であっても刑法上の「犯罪」として処罰される（刑法209条，210条参照）。アメリカでは，そのような単純過失は，一般的には民法上の「不法行為」（"Tort"）の問題となる。しかし，その過失により重傷あるいは死の結果が生じたときには，刑法にしたがって処罰されることもある。

　たとえば，次のような事件があった。両親が生後17ヶ月の赤ちゃんを病院に連れて行かなかったためにその子が亡くなったという事件である。ワシントン州裁判所はその両親に刑法上の過失犯の成立を認めた（State v. Williams, 4Wash. App. 908, 484P. 2d. 1167 (1971)）。ネイティブ・アメリカンの夫は，当時24歳の労働者で，教育歴は小学校卒業程度であった。妻は，20歳で，教育歴は高校2年程度であった。

　裁判所は，それを肯定する際，次のように判示した。

　「被告人両名は，子供が病気であるということを認識していたのに，それを無視した。なるほど彼らは，その子が何の病気にかかっているかを知っていたわけではない。彼らは，赤ちゃんが歯の痛みを訴えていると思っていただけであった。専門家でなければ，歯痛が死の危険をもたらすとは考えないのが普通である。彼らは，赤ちゃんを愛していた。赤ちゃんの病状を回復するため，アスピリンを呑ませたりもした。しかし，彼らは，赤ちゃんを当局に取り上げられ隔離されてしまうことを恐れて，医者には連れて行かなかったのである。彼らは過去の経験から，医療上の処置が病気に役立つことを理解はしていた……」。

　親元を離れられない幼児に医療処置を施す両親の義務は，コモン・ロー上，

承認されてきたものであるとともに，人間として当然の義務でもある。この注意義務違反の質的もしくは量的程度についていえば，その結果，幼児が死んでしまった場合，当該行為を処罰するためには，元来，単なる「通常の過失あるいは単純過失」("ordinary or simple negligence")では足りず，より重い過失，つまり「重過失」("gross negligence")が基本とされた。

しかしながらワシントン州では，コモン・ロー上の概念規定に代えて，制定法で，ボランタリー・マンスローター（"voluntary manslaughter"＝故意故殺）とインボランタリー・マンスローター（"involuntary manslaughter"＝非故意故殺）という2つの犯罪類型を設けた（これらについては，本書70頁所収「交通事故と過失処罰──カリフォルニア州の場合」参照）。後者は，通常あるいは単純過失に基づいて被害者が死亡したとしても，その行為は犯罪行為とされる（前者は，謀殺 "murder" でない殺人，たとえば，突発的に激怒して殺した場合など）。日本の刑法では，過失致死罪（210条）にあたるといえよう。そこで要求される注意義務の程度は，次のような客観的基準により決められる。行為者が合理的な思慮を身につけている人であれば，当該事情あるいはこれと同様の条件の下で払うであろう注意と同程度の注意。この注意を払わなかった行為者には注意義務違反があるとされ，後者の罪が成立する。

したがって，本件では，被告人には無知・善意・誠実な人柄という事情があったにもかかわらず，当該行為は制定法上のインボランタリー・マンスローター罪にあたるとして，有罪に処せられたわけである。

キング郡検屍事務所の法医学者で主任病理研究官の立場にもあるゲイル・ウイルソン（Gale Wilson）博士は，本件について次のように証言した。「子供の歯にできた膿が口内全体に広がり，これが感染症を引き起こして壊疽状態に発展した。そこで，子供は食事をとることもできず，栄養失調におちいり，抵抗力が極度に弱まった結果，急性肺炎により死亡した」。

被告人らは，赤ちゃんの病気がどのようなものであるか，あるいは赤ちゃんが瀕死の状態にあるという点についての認識を欠いていた。彼らは，死の前夜

までその子を救うために抗炎症剤のアスピリンを投与し続けた。また，証拠によれば，彼らは赤ちゃんの病状の意味ないしその重さについて理解していなかった。しかし，裁判所は，「その子を医者に連れて行かなかったという点に関する両親の懈怠は，通常の過失あるいは単純過失ではあるものの，それは制定法上，インボランタリー・マンスローターとして処罰される」と判示した。

　以上のことから，過失犯の処罰について次のようにまとめられる。アメリカにおいても，「単純過失」は必ずしも一律に不可罰とされるわけではなく，時と場合により，可罰的なものにもなりうる。しかし，前述のような裁判所の傾向に対して，学説上，有力な反論がいくつか展開されていることは特筆するに値する。たとえば，著名な刑事法学者であるジェローム・ホール教授は，前掲ワシントン州裁判所の判示に対して，以下のように批判されている（Jerome Hall, Law, Social Sciences and Criminal Theory, (Littleton, Colorado: Fred B. Rothman & Co., 1982.) p. 260.)。

　「過失行為を処罰した裁判を支持する人々は，次のような考え方に基づいている。被告人は適切な注意を払って行動することもできたはずであり，かかる行動を懈怠した点に責任がある。しかし，私の知る限りでは（これがもし誤りであれば，当然，私には訂正する義務があるのだが），『偶発的な過失』（"inadvertent negligence"）を処罰することに賛成する人々は，誰も次の点について証明も言及もしていない。それは，現に注意能力の欠ける当該行為者が，裁判記録に記載された具体的情況の下で，なぜ適切な注意を払うこともできたであろうと考えるのかという点である。本件ウィリアムス事件では，子供は壊疽により死亡し，被告人たる父親はインボランタリー・マンスローター罪により有罪とされた。しかし，彼はまったく無学の人間ではあったものの，子供のために献身的に尽くした。前述の事実から明らかなように，彼は，ただ，その子の病気の深刻さを理解できず，気づくのが遅すぎたためにその命を救うことができなかっただけのことである」。

　　　　　　　　　　　　　（ウィリアム・ハーナード・クリアリー＋島　伸一）

第13講 違法収集証拠の排除と抽象的事実の錯誤

設例

　パトカーで繁華街を警ら中のK巡査部長らは，挙動不審なXを見つけ職務質問を開始した。ところが，Xは，Kらが声を掛けた途端反転して逃げ出したため，KらはXを追跡し，Xが転倒したところで取り押さえた。その場に野次馬が集ってきたことから，KらはXを最寄りのA警察署に同行することとして，Xにパトカーへの乗車を促した。それに対し，Xはパトカーの屋根に手をつくなどして乗車を拒否する態度を示したが，Kらの説得により，渋々手の力を抜き，後部座席に自ら乗車した。しかし，車内でのXの態度は依然反抗的で，腕を振るなどして暴れたため，KらはXを両側から取り押さえる形でA警察署の取調室まで同行し，その場において所持品検査を求めた。Xがふてくされた態度で上着を脱いで投げ付けてきたことから，Kらは所持品検査について黙示の承諾があったものと判断し，Xの着衣の上から触れるように所持品検査を開始した。その際，Xの靴下が膨らんでいるのに気づいたKは，直ちに靴下の中のものを取り出し，違法薬物と思われる錠剤10錠を発見した。

　Kらは当該錠剤について試薬検査を実施し，覚せい剤特有の反応が得られたため，Xを覚せい剤所持の現行犯人として逮捕するとともに，当該錠剤を差し押さえた。さらに，覚せい剤使用の有無を捜査するためXに尿の任意提出を求めたところ，Xは，弁護人の立会いを求めるなどして応じようとしなかった。しかし最終的には，Kらに説得されて尿を任意提出し，鑑定の結果，当該尿から覚せい剤が検出された。

　なお，Xは，当該錠剤を友人からMDMA（通称エクスタシー）という違法薬物であるとして譲り受け，使用していたものである。

設問

【Q1】上記捜査により得られた覚せい剤（証拠物），覚せい剤及び尿に

関する各鑑定書の証拠能力について論ぜよ。
【Q2】Xの罪責について論ぜよ。
注）覚せい剤の所持・使用等は覚せい剤取締法に，MDMAの所持・使用等は麻薬及び向精神薬取締法（以下「麻薬取締法」という）に処罰規定がおかれている。法定刑は麻薬（MDMA）の所持・使用等についてはそれぞれ7年以下の懲役，覚せい剤の所持・使用等についてはそれぞれ10年以下の懲役と定められている。

問題の所在

1　【Q1】は，違法に収集された証拠（違法収集証拠）の証拠能力を問うものである。

　違法収集証拠の証拠能力を制限する直接の法規は存在しない。学説の多数は，早くから違法収集証拠について証拠能力が否定される場合を肯定していたが，最高裁は，昭和53年9月7日第一小法廷判決（刑集32巻6号1672頁，以下「昭和53年判決」という）にてようやくその排除の可能性を認め，証拠排除されるべき場合の基準を示した。次いで，昭和61年4月25日第二小法廷判決（刑集40巻3号215頁，以下「昭和61年判決」という）では，証拠収集手続に先行する手続に違法があった場合の証拠収集手続への影響に関し新たな基準が示され，それに続く昭和63年9月16日第二小法廷決定（刑集48巻6号420頁，以下「昭和63年決定」という）は，上記2事件を併せもった事案であり，上記各基準の具体的なあてはめの事例として参考になる。本設例は同決定の事案に基づいている。

　なお，最高裁は，上記3事件とも，結論として当該証拠の証拠能力を肯定している。しかし，下級審では，昭和53年判決の排除基準によって証拠能力を否定した例も少なくなく，最高裁平成15年2月14日第二小法廷判決（刑集57巻2号121頁）では，最高裁としてはじめて違法収集証拠の証拠能力を否定する判断が下された。

　このように，実務では，昭和53年判決の排除基準が違法収集証拠の証拠能力の判断基準として確定し，学説の多数も上記基準を一応承認している状況にある。本問を論じるにあたっても，昭和53年判決の排除基準を前提として，捜査の違法性の検討，違法捜査と証拠収集手続との関連性，証拠排除の可否と検討

を進めていくのが，一般的な回答といえよう。

2　【Q2】は，事実の錯誤（＝行為者が行為の当時認識した犯罪事実と現実に発生した構成要件に該当する客観的事実が一致しないこと，大谷實『新版刑法講義総論』〔成文堂，2000年〕186頁）の問題である。本件では，Xは，MDMAを所持，使用する意思で覚せい剤の所持，使用という結果を発生させていることから，事実の錯誤のうち，異なる構成要件にまたがる錯誤，いわゆる「抽象的事実の錯誤」の問題となる。

　事実の錯誤があっても，その間に何らかの符合があれば故意の成立を認めようという錯誤の理論には，周知のとおり，具体的符合説，法定的符合説，抽象的符合説の対立がある。判例・通説は，法定的符合説を前提として，抽象的事実の錯誤の場合は，両罪の構成要件が重なり合う限度で故意の成立を認める構成要件的符合説の立場であると理解されている。さらに，構成要件の重なり合いについては「実質的に」重なっていれば足りるとして（最一決昭54年3月27日刑集33巻2号140頁），結果の妥当性を重視している。設例と同種の事案では，麻薬所持罪の成立を認めている（最一決61年6月9日刑集40巻4号269頁）。

　自説に基づいた一貫した論証が必要である。

解　説

1　違法収集証拠の証拠能力

1　違法収集証拠の証拠能力の議論

　違法収集証拠の証拠能力について，『学説上は，許容説と排除説が対立し，証拠物は収集手続に違法があってもその証拠価値に影響はないから，違法な捜査をした者の責任を追及するのは格別，それ以上に証拠能力を否定するのは筋違いであり，これを否定することは，実体的真実の発見を妨げ，罪ある者が処罰を免れるという不正義が招来されることになるなどと論ずる許容説も有力』であった。最高裁判例にも「押収物は押収手続が違法であっても物其自体の性質，形状に変異を来す筈がないから其形状等に関する証拠たる価値に変りはない。其故裁判所の自由心証によって，これを罪証に供すると否とは其専権に属する」との判示があり（最三判昭和24年12月13日裁判集刑15号349頁），最高裁は排除法則を否定しているものと理解されていた。『しかし，真実の発見も適正な

手続によって行われなければならないこと，違法な捜査の結果を利用することは，司法の廉潔性を害すること，違法な捜査を抑制するためには，それによって得られた証拠を排除するのが最も効果的であることなどを理由とする排除説が勢力を増し，排除説を採り証拠能力を否定する下級審判例もかなりの数に達するようになって』いった。そして，排除基準のリーディングケースというべき最高裁昭和53年判決が登場し，現在では，『どんな些細な違法であれ，収集手続に違法があると認められる限り，証拠能力を否定するという純粋な排除論を唱える論者は，ほとんど存在せず，論者ごとにニュアンスの差はあるものの，収集手続の違法の程度によって排除の要否を決しようとする見解が一般的』（以上『 』内，『大コンメンタール刑訴法第5巻Ⅰ』藤永幸治ほか編〔青林書院，1999年〕168頁〔安廣文夫〕）という状況に至っている。

2 最高裁判例

(1) 昭和53年判決（排除基準のリーディングケース）

(a) 事案の概要

深夜，警ら中のK巡査は，職務質問した挙動不審者Xの落ち着きのない態度と青白い顔色から覚せい剤中毒を疑い，Xに所持品の提示を求めた。Xはそれを拒否する態度を示しながらも，右側内ポケットから「目薬とちり紙」を取り出して渡したため，K巡査は，さらに他のポケットを触らせてもらうと言って，Xの上衣左側内ポケットを外から触った。同ポケットは「刃物ではないが何か堅い物」が入っている感じでふくらんでいたことから，K巡査はXにその提示を要求したが，Xは黙ったままであった。そこで，K巡査は「それなら出してみるぞ」と言って，同ポケットに手を入れて取り出すと，それは「ちり紙の包，プラスチックケース入りの注射針1本」であり，「ちり紙の包」の中には「ビニール袋入りの覚せい剤ようの粉末」があった。その場で試薬検査がされ，当該粉末が覚せい剤であると確認されたことから，Xは覚せい剤不法所持の現行犯人として逮捕され，当該覚せい剤等は差し押さえられた。

(b) 所持品検査の許容性に関する判示内容

本判決は，まず，所持品検査の許容性について，同年の最高裁昭和53年6月20日第三小法廷判決（刑集32巻4号670頁，以下「米子銀行強盗事件判決」という）を引用し，①所持品検査は，職務質問（警職法2条1項）に附随する任意手段として許容されるものであり，所持人の承諾を得てその限度で行うのが原則であるが，②しかし，職務質問ないし所持品検査の目的，性格及びその作用にかんが

みると，捜索に至らない程度の行為は，強制にわたらない限り，所持人の承諾がなくても，所持品検査の必要性・緊急性，これによって侵害される個人の法益と保護されるべき公共の利益との権衡などを考慮し，具体的状況のもとで相当と認められる限度において許容される場合がある，と判示した。

そして，当該事案について，①K巡査が上衣左側内ポケットの所持品の提示を要求した段階では，Xに覚せい剤の使用，所持の容疑が濃厚に認められ，K巡査らの職務質問に妨害が入りかねない状況もあったため，所持品検査の必要性，緊急性は肯認しうる，②しかし，Xの承諾がないのにポケットに手を差し入れて所持品を取り出し検査したK巡査の行為は，一般にプライバシイ侵害の程度の高い行為であり，かつ，その態様において捜索に類するものであるから，所持品検査の許容限度を逸脱したものと解するのが相当である，③よって，違法な所持品検査及びこれに続く試薬検査によって覚せい剤所持の事実が明らかになり，Xを現行犯逮捕する要件が整った本件事案においては，逮捕に伴い行われた本件証拠物の差押手続は違法といわざるをえない，と判断した。

(c) 違法収集証拠の証拠能力に関する判示内容

本判決は，さらに，違法収集証拠の証拠能力について，公共の福祉の維持と個人の基本的人権の保障の均衡の点から，証拠排除の基準として次の2要件を示した。

① 証拠物の押収等の手続に，憲法35条及びこれを受けた刑訴法218条1項等の所期する令状主義の精神を没却するような重大な違法があること。

② これを証拠として許容することが，将来における違法な捜査の抑制の見地からして相当でないと認められること。

そして，上記基準を当該事案にあてはめ，ⓐK巡査の行為は，職務質問の要件が存在し，かつ，所持品検査の必要性と緊急性が認められる状況のもとで，必ずしも諾否の態度が明白ではなかったXに対し，所持品検査として許容される限度をわずかに超えて行われたに過ぎない，ⓑK巡査において令状主義に関する諸規定を潜脱しようとの意図はなかった，ⓒ当該所持品検査に際し，他に強制等のされた事跡も認められない，として，本件証拠物の押収手続の違法は認めつつも，当該証拠物の証拠能力を肯定した。

(d) 本判決の意義

本判決は，捜査の違法性について，任意捜査たる所持品検査の許容限度を示す判例としても重要な意味を持つ。最高裁は，前記米子銀行強盗事件判決において，所持品検査の許容性について，前述のとおりの基準を示した上で，当該

事案については，銀行強盗について濃厚な容疑のある者が所持していたボーリングバッグを，その承諾のないまま施錠されていないチャックを開披し内部を一べつした行為（なお，結果として多量の紙幣が発見された）を適法と判断した。本判決は，上記判決の基準に基づき，逆に当該所持品検査の違法を認定しているが，ⓐ銀行強盗事件と覚せい剤事件，ⓑ所持していたバッグのチャックを開け内部を一べつした行為と着用している上衣の内ポケットに手を入れて所持品を取り出した行為，という両事件の軽重及び侵害の態様の差異が顧慮されたようである。

さらに，違法収集証拠の証拠能力について，最高裁としてはじめて「排除説」に立つことを明らかにし，その排除の基準を示したもので，画期的な判決といえる。ただし，その結論は，当該覚せい剤について証拠能力を欠くとした第一審及び原審の判決を覆し，その証拠能力を認めたもので，また，排除法則の根拠については，「違法に収集された証拠物の証拠能力については，憲法及び刑訴法になんらの規定もおかれていないので，この問題は，刑訴法の解釈に委ねられているものと解するのが相当である」と，憲法上の問題ではなく刑訴法の解釈の問題である旨を判示している。

(2) 昭和61年判決

(a) 事案の概要

K巡査部長らは，覚せい剤事犯の前科のあるXが覚せい剤を使用しているとの情報を得てX宅に赴いた。X宅の玄関の引き戸を半開きにして「I署の者ですが，一寸尋ねたいことがあるので，上がってもよろしいか」と声をかけ，Xから明確な承諾があったとは認められない状態のまま，Xのいた奥八畳間に入り，横になっていたXの左肩を叩くなどした。Kらを金融屋の取立てと思ったXは「わしも大阪に行く用事があるから一緒に行こう」と言い，Kらが乗ってきた警察用自動車に乗った。途中，Xは，同行者は警察官かとも考えたが，特に反抗することなく午前9時50分ころI署に到着した。I署での事情聴取で，Xは覚せい剤の使用事実を認めた上，Kらの求めに応じて尿を任意提出した。その間，Xは，Kらに対し，採尿の前後の少なくとも2回，当日昼すぎにタクシー乗務員になるための地理試験を受けることになっていることを受験票を示して申し出ているが，Kらはそれに応じなかった。その後，午後2時30分ころ尿の鑑定結果の連絡が入り，午後5時すぎXは逮捕された。

(b) 採尿手続に先行する一連の手続と尿の鑑定書の証拠能力に関する判示内容

本判決は，採尿手続とそれに先行する一連の手続の関係について，①両手続はXに対する覚せい剤事犯の捜査という「同一目的」に向けられたものであること，②採尿手続は上記一連の手続によりもたらされた状態を「直接利用」してなされていること，を摘示し，採尿手続の適法違法については，採尿前の一連の手続における違法の有無，程度をも十分考慮して判断するのが相当である旨を判示している。
　その結果，当該一連の先行手続について，次の3点において任意捜査の域を逸脱した違法があるとして，これに引き続いて行われた採尿手続は違法性を帯びると判断した。
　①　被告人宅の寝室まで承諾なく立ち入っていること。
　②　被告人宅からの任意同行に際して明確な承諾を得ていないこと。
　③　被告人の退去の申し出に応ぜず警察署に留め置いたこと。
　しかし，尿の鑑定書の証拠能力については，以下の点を摘示し，採尿手続の違法の程度はいまだ重大とはいえない，本件尿の鑑定書を被告人の罪証に供することが違法捜査抑制の見地から相当でないとは認められない，として，昭和53年判決の排除基準により，その証拠能力を肯定した。
　①　警察官には当初から被告人宅へ無断で立ち入る意図はなく，玄関先で声をかけるなど被告人の承諾を求めていること。
　②　任意同行の際に有形力は行使されず，Xは途中で警察官と気付いた後も異議を述べずに同行に応じていること。
　③　Xの受験の申し出には応答していないものの，それ以上に警察署に留まることを強要する言動はしていないこと。
　④　採尿手続自体は，Xの自由な意思での応諾により行われていること。
　(c)　本判決の意義
　本判決は，最高裁が，先行手続の違法が証拠収集手続の適法違法の判断に影響することを初めて示した判例である。かかる場合の考え方としては，①先行する手続と後行の証拠収集手続が独立のものとして行われている以上，先行手続の違法性は後行の証拠収集手続の適法性に影響を与えない，②後行の証拠収集手続が先行手続を利用して行われている限り，証拠収集手続の適法性の評価にあたっては，先行手続の違法性を考慮すべきである，③先行手続に引き続いて証拠収集手続が行われ，先行手続が証拠収集に利用されている以上，両手続は証拠収集のための手続として一体をなすものとして，その全体について適法性を判断すべきである，という3説が成り立ちうるが（松浦繁『最高裁判所判例

解説刑事篇昭和61年度』71頁参照），本判決は②の考え方を採用している。
　なお，本判決の反対意見は③の考え方にたち，X宅への立入り，警察署への同行及び留め置きの違法は重大であり，採尿手続もそれら一連の手続とともに全体として評価すべきであるから，昭和53年判決の基準（①違法の重大性，②排除の相当性）に照らし，尿の鑑定書の証拠能力を否定すべきとしている。
　(3)　昭和63年決定
　(a)　事案の概要
　本件の事案は設例とほぼ同一であるが，加えて，さらに次の事実が加わっている。
　K巡査部長は，Xがパトカーに乗る際に紙包みを路上に落としたのを現認したので，Xにこれを示したところ，Xはその紙包みを知らないと答えたため，中味を見分し，覚せい剤様のものを発見した。Kはそれまでの捜査経験から，それを覚せい剤であると判断し，そのまま保管した。
　(b)　警察官の捜査活動の適否に関する判示内容
　警察官の捜査活動の適否について，本決定は，次のとおり認定した。
　まず，A署への同行については，Xが渋々ながら手の力を抜いて自ら乗車したとしても，その前後のXの抵抗状況からすれば，同行について承諾があったものとは認められないとし，さらにA署での所持品検査についても，Xがふてくされた態度で上衣を投げ出したとしても，Xの意思に反するA署への連行などを考えれば，黙示の承諾があったとは認められないとした。そして，当該所持品検査について，①Xの承諾なく，②違法な連行の影響下でそれを直接利用してなされたものであり，③その態様も靴下の膨らんだ部分から当該物件を取り出したものである，としてその違法性を認定した。
　それに続く採尿手続についても，手続自体にはXの承諾があったとしても，前記一連の違法な手続によりもたらされた状態を直接利用し，これに引き続いて行われたものであるから，違法性を帯びるとして，昭和61年判決を踏襲した。
　(c)　違法収集証拠の証拠能力に関する判示内容
　しかしながら，本決定も，本件の各証拠（覚せい剤等の証拠物，覚せい剤及び尿に関する各鑑定書）の証拠能力の有無の点では，捜査活動の違法性は認めつつも，昭和53年判決の基準（①違法の重大性，②排除の相当性）に照らし，次の点から当該各証拠の証拠能力を肯定した。
　①　職務質問の要件が存在し所持品検査の必要性と緊急性が認められること。
　②　K巡査部長はその捜査経験から被告人が落とした紙包みの中味が覚せい

剤であると判断しており，Xの行動，態度等の具体的状況からすれば，実質的にはこの時点でXを覚せい剤所持の現行犯として逮捕するか，緊急逮捕することが許されたといえるから，Kらは法の執行方法の選択ないし捜査の手順を誤ったにすぎず，法規からの逸脱の程度が実質的に大きいとはいえないこと。

③ Kらの有形力の行使には暴力的な点がなく，Xの抵抗を排するためやむを得ずとられた措置であること。

④ Kらに令状主義に関する諸規定を潜脱する意図があったとはいえないこと。

⑤ 採尿手続自体は被告人の自由な意思の応諾に基づいて行われていること。

(d) 本決定の意義

本決定は，昭和53年判決の所持品検査と昭和61年判決の採尿手続の双方が問題となった事案で，両判例で示された判断基準によって結論が導かれており，格別，新しい判断は示されていない。なお，本決定においても，本件の連行を逮捕に類するものとしてその違法は重大であるとし，これを直接利用した本件所持品検査及び採尿手続の違法も重大であるので，それにより得られた証拠の証拠能力は否定されるべき，とする反対意見がある。

3 【Q1】の検討

(1) 任意同行，所持品検査及び採尿手続の違法性の有無及び程度

本設例は，捜査の違法性自体は無理なく認めうる事案である。問題は，違法性の程度の認定であるが，昭和63年決定のように違法性は重大でないとする立場と，反対意見のように，本件の任意同行を逮捕に類するものとし，それを直接利用してなされた所持品検査及び採尿手続の違法も重大であるとする立場の双方が成り立ちうるものと思われる。

因みに，重大性の有無の判断要素について，石井一正『刑事実務証拠法［第2版］』(判例タイムズ社，1996年) 110頁では，①違法行為の客観的側面（違法行為によって侵害された利益の性質，程度および違法行為の法規からの逸脱の度合い），②主観的側面（違反者側の事情，たとえば，違法行為の組織性，計画性，反復性，意図性，有意性，悪意の有無など），③違法行為と証拠物押収との関連性，をあげている（ただし，①が最重要であるとする）。

(2) 当該証拠の証拠能力について

昭和53年判決の基準（①違法の重大性，②排除の相当性）にあてはめて判断するのが原則である。なお，この2要件に関する昭和53年判決の立場は，①の要

件が充足される場合はおおむね②の要件も充足される，という考え方のようである（岡次郎『最高裁判所判例解説刑事篇昭和53年度』402頁）。

2 抽象的事実の錯誤

1 故意の成否の判断基準

　抽象的事実の錯誤について，刑法38条 2 項は「重い罪に当たるべき行為をしたのに，行為の時にその重い罪に当たることとなる事実を知らなかった者は，その重い罪によって処断することはできない。」と規定している。しかし，上記規定は，軽い犯罪事実の認識で重い犯罪の結果を発生させた場合を規定しているに止まり，その逆の場合「重い犯罪事実の認識で軽い罪の結果を発生させた場合」については何の基準も示していない。また「重い罪によって処断することはできない」の解釈についても，重い犯罪の刑は適用できないとしても，それでは軽い犯罪の刑を科すべきなのか，無罪とすべきなのかは明白でない。そこに学説が対立する原因があるともいえる。

　事実の錯誤の場合に故意を認定する基準については，①具体的符合説（＝行為者の認識した犯罪事実と発生した犯罪事実とが具体的に符合しない限り，発生した犯罪事実について故意を阻却すると解する立場），②法定的符合説（＝認識した犯罪事実と発生した犯罪事実とが構成要件において符合している限り，故意を阻却しないと解する立場），③抽象的符合説（＝行為の当時に認識した犯罪事実と発生した犯罪事実とを比べ，少なくとも軽い罪について故意犯の成立を認めるべきであると解する立場。以上かっこ内，大谷・前掲書192頁），の 3 説の対立がある。抽象的事実の錯誤の場合に実質的に対立するのは②説と③説であるが，その場合，②説は，「更に，両罪の構成要件が重なり合う限度で故意の成立を認める構成要件的符合説，両罪の罪質ないし保護法益が重なり合う（共通する）限度で故意の成立を認める罪質（法益）符合説及び両罪の構成要件の内容をなす不法・責任が符合している限度で故意の成立を認める不法（違法）・責任符合説に分かれるが，このうち，特に構成要件的符合説は，更に構成要件の重なり合いを形式的に考えて法条競合の場合などに限定する厳格な説と実質的な重なり合いまで認める穏健な説」（安廣文夫『最高裁判所判例解説刑事篇昭和61年度』93頁）等に分かれている。

　なお，①説は，方法の錯誤（＝行為の結果が認識内容と異なる客体に生じた場合，例えば，甲を狙って発砲したところ意外の乙に命中して乙が死亡した場合＝手違い，大谷・前掲書194頁参照）の場合に発生した結果に対する故意の阻却を認める点で②・③説と対立するが，本件のような客体の錯誤（＝客体について誤認がある場

合，例えば，甲と思って殺したところ実は乙であった場合＝人違い，大谷・前掲書193頁参照）については故意を阻却しないとし，抽象的事実の錯誤の場合も②説と同様の考え方をとる。①説については，故意が阻却される場合が拡大し一般的な処罰感情にそぐわない，客体の錯誤と方法の錯誤を明確に区別するのは困難である，等の批判がなされている。

2 判例・学説について

判例・通説は法定的符合説を前提とし，抽象的事実の錯誤の場合は一定の修正を加え，構成要件が同質的で重なり合う限度で故意の成立を認め（構成要件的符合説），その重なり合いも「実質的」な重なり合いでよいとするもので，前記の定義によるならば，穏健な構成要件符合説といえる。

抽象的符合説は，そもそも「主観主義の立場から主張されたもので，およそ犯罪の意思で何らかの犯罪を行った以上は，行為の社会的危険性という点で認識の内容と発生した犯罪事実との間に抽象的な符合が認められる」（大谷・前掲書192頁）とするものであるため，「『およそ犯罪的意図で犯罪的結果を生ぜしめた以上，故意犯の処罰は可能である』という命題には問題がある。（中略）故意犯が成立するには，その罪を成り立たせるだけの認識，つまり当該犯罪構成要件の主要部分の認識が必要である。これが不要だとすると，故意による犯罪類型の個別化も不能となる。さらに，事実上故意犯がその故意内容とは関係なく，生じた結果に対応して認められることになり結果責任主義に戻ることになる」（前田雅英『刑法総論講義〔第3版〕』〔東京大学出版会，1998年〕329頁）などの批判がなされている。

なお，本設例のような薬物犯罪相互間のほか，「構成要件の重なり合いを認めるべきものとしては，①殺人罪と同意殺人罪のごとき基本的構成要件と加重・減軽構成要件との場合（東京高判昭和33年1月23日高裁刑事裁判特報5巻1号21頁），②重い罪と軽い罪とが同質的な犯罪の場合（公文書の有形偽造と無形偽造〔最二判昭和23年10月23日刑集2巻11号1386頁〕，恐喝罪と強盗罪〔最三判昭和25年4月11日裁判集刑17号87頁〕），③一方が他方を含んでいる場合（殺人と傷害〔最三判昭和25年10月10日刑集4巻10号1965頁〕，窃盗と遺失物等横領〔東京高判昭和35年7月15日〕），強盗と窃盗〔最二判昭和23年5月1日刑集2巻5号435頁〕など）」（大谷・前掲書201頁），などがあげられる。なお，抽象的事実の錯誤においては，共同正犯・共犯の錯誤が含まれる事案である場合も多い。

3 最高裁判例について

(1) 最一決昭和54年3月27日刑集33巻2号140頁

本決定は，抽象的事実の錯誤の場合について，構成要件が「実質的」に重なり合う限度で故意犯の成立を認めた判例である。

本決定の事案は，

①営利の目的で，覚せい剤と誤認してヘロインを輸入し，

②税関長の許可を受けないで覚せい剤と誤認してヘロインを輸入した

というものであり，①については，覚せい剤取締法上の覚せい剤輸入罪あるいは麻薬取締法上の麻薬輸入罪のいずれが成立するのか（法定刑は同一），②については，関税法上の輸入制限物件である覚せい剤の無許可輸入罪あるいは同法上の輸入禁制品である麻薬の輸入罪のいずれが成立するのか（法定刑は麻薬輸入罪の方が重い），が問題となった。

本決定は，まず①について，覚せい剤と麻薬との間には実質的には同一の法律による規制に服しているとみうるような類似性があるとした上で，「両罪は，その目的物が覚せい剤か麻薬かの差異があるだけで，その余の犯罪構成要件要素は同一であり，その法定刑も全く同一であるところ，前記のような麻薬と覚せい剤との類似性にかんがみると，この場合，両罪の構成要件は実質的に全く重なり合っているものとみるのが相当であるから，麻薬を覚せい剤と誤認した錯誤は，生じた結果である麻薬輸入の罪についての故意を阻却するものではない」として，麻薬輸入罪の成立を認め，これに対する刑も同罪のそれによるべきものとした（同罪の成立を認めながら，犯情の軽い覚せい剤輸入罪の刑によって処断すべきとした原判決は誤りであるとした）。

さらに，軽い罪の故意で重い罪の結果を発生させた場合にあたる②についても，「覚せい剤を無許可で輸入する罪と輸入禁制品である麻薬を輸入する罪とは，ともに通関手続を履行しないでした類似する貨物の密輸入行為を処罰の対象とする限度において，その犯罪構成要件は重なり合っているものと解するのが相当である」として，「両罪の構成要件が重なり合う限度で軽い覚せい剤を無許可で輸入する罪の故意が成立し同罪が成立する」とした。

結論として，本決定は，法定刑が同一の場合には発生した罪について故意犯の成立を認め，軽い罪の故意で重い罪の結果を発生させた場合は，行為者の主観に応じた軽い罪の故意犯の成立を認めた。さらに刑法38条2項の「重い罪によって処断することはできない」の意味については，罪名・刑ともに軽い罪に従うものとしている。

(2) 最一決昭和61年6月9日刑集40巻4号269頁
　本決定は，覚せい剤を麻薬であるコカインと誤認して所持した事案（法定刑は覚せい剤所持の方が重い）について，次のとおり麻薬所持罪の成立を認め，前記昭和54年決定の立場を確認した。
　「両罪は，その目的物が麻薬か覚せい剤かの差異があり，後者につき前者に比し重い刑が定められているだけで，その余の犯罪構成要件要素は同一であるところ，麻薬と覚せい剤との類似性にかんがみると，この場合，両罪の構成要件は，軽い前者の罪の限度において，実質的に重なり合っているものと解するのが相当である。被告人には，所持にかかる薬物が覚せい剤であるという重い罪となるべき事実の認識がないから，覚せい剤所持罪の故意を欠くものとして同罪の成立は認められないが，両罪の構成要件が実質的に重なり合う限度で軽い麻薬所持罪の故意が成立し同罪が成立するものと解すべきである（前記最高裁昭和54年決定参照）」。
　(3) 判例の立場をまとめると，抽象的事実の錯誤の場合の故意犯の成立は，次のとおりとなる（前田・前掲書332頁以下参照）。
　① 両者の法定刑が同一の場合は，発生した罪の故意犯が成立する。
　② 軽い罪の故意で重い罪の結果を発生させた場合は，軽い罪の故意犯が成立する。
　③ 重い罪の故意で軽い罪の結果を発生させた場合は，発生した軽い罪の故意犯が成立することになる。

4　【Q2】の検討

　【Q2】については，判例と同一の立場で論じるならば，法定的符合説を基調に，実質的に重なり合う限度で故意の成立を認める構成要件的符合説によって，Xの罪責を論じていくことになる。結論として，前記最高裁昭和61年決定と同様，Xには麻薬所持及び使用（施用）罪の故意が成立し同罪が成立することになる。
　なお，理論的には，さらに麻薬の譲受罪も成立し，上記各罪とは併合罪となる。ただし，実務的には，薬物の使用若しくは所持で起訴される場合に，譲受罪は格別起訴の対象とならないのが通常である。

発展問題

設問

【Q1】公判で、Xが、検察官が証拠請求した鑑定書等の書証の取り調べに同意し、また、覚せい剤の取り調べについても異議を述べなかったとき、これらの証拠の証拠能力はどうなるのか。

【Q2】任意性に疑いのある自白に基づいて発見された証拠の証拠能力について、「毒樹の果実」という考え方に言及しつつ論ぜよ。

【Q3】Xが、MDMAが法律で禁止されている薬物であることを知らなかった場合のXの罪責を論ぜよ。
Xが、友人からMDMAは違法な薬物ではないと聞いていた場合はどうか。

関連判例

本文に引用したものを除く。

1 違法収集証拠関連
○証拠能力を肯定
　・最大判昭和36年6月7日刑集15巻6号915頁
　・最三決平成6年9月16日刑集48巻6号420頁
　・最三決平成7年5月30日刑集49巻5号703頁
　・最三決平成8年10月29日刑集50巻9号683頁
　・最一決平成15年5月26日刑集57巻5号620頁
○証拠能力を否定
　・東京地判平成4年9月11日判時1460号158頁
　・鳥取地判平成4年11月5日判時1465号156頁
　・千葉地松戸支判平成5年2月8日判時1458号156頁
2 抽象的事実の錯誤
　・最三判昭和25年7月11日刑集4巻7号1261頁（住居侵入窃盗と住居侵入強盗）
　・最一決昭和54年4月13日刑集33巻3号179頁（傷害致死と殺人）

【参考文献】

本文に引用したものを除く。

1 違法収集証拠関連
- 原田國男『最高裁判所判例解説刑事篇昭和63年度』334頁
- 大谷直人「違法に収集した証拠」刑訴法の争点［第3版］194頁
- 洲見光男「職務質問と所持品検査」同上書52頁
- 松本一郎「違法収集証拠の証拠能力（1）」刑訴法判例百選［第7版］138頁
- 植村立郎「違法収集証拠の証拠能力（2）」同上書140頁
- 三井誠「違法収集証拠の証拠能力」同上書［第6版］128頁
- 浅田和茂「所持品検査――米子銀行強盗事件」同上書［第7版］10頁
- 「〈特集〉排除法則の課題と展望」現代刑事法第5巻11号（2003年）
- 大渕敏和「違法収集証拠の証拠能力」平野・松尾編『新実例刑事訴訟法Ⅲ』（青林書院、1998年）95頁
- 井上正仁『刑事訴訟における証拠排除』（弘文堂、1985年）

2 抽象的事実の錯誤
- 岡次郎『最高裁判所判例解説刑事篇昭和54年度』35頁
- 葛原力三「法定的符合説（2）」刑法判例百選［第5版］82頁
- 瀧華聡之「客体の錯誤」大塚・佐藤編『新実例刑法　総論』（青林書院、2001年）160頁
- 山口・井田・佐伯『理論刑法学の最前線』（岩波書店、2001年）118頁
- 大塚ほか編『大コンメンタール刑法［第2版］第3巻』（青林書院、1999年）171頁〔佐久間修〕
- 高山佳奈子『故意と違法性の意識』（有斐閣、1999年）209頁以下

（近藤直子）

答案例

1 設問1について
(1) 違法収集証拠排除法則の可否

本件では、証拠物、鑑定書の証拠能力を検討するにあたり、証拠収集手続に問題がありそうである。そこで、証拠の収集手続が違法であった場合に、その証拠能力を否定し、事実認定の資料から排除する原則(違法収集証拠排除の法則)の適用が問題となる。そもそも、非供述証拠に違法収集証拠排除法則の適用があるのか。

この点、非供述証拠については、自白のように証拠能力を否定する明文の規定(刑訴法319条1項)は存在しないし、違法に収集されたとしても証明力には何らの変化はないため、非供述証拠の収集手続きに違法があったとしてもその証拠能力には何ら影響はないとの考え方がある。かつての最高裁判例もそのように考えていた。

しかし、①真実発見も適正な手続によって行われなければならないこと(適正手続保障の観点)、②違法な捜査の結果を利用することは、司法の廉潔性を害すること(司法の廉潔性の観点)、③違法な捜査を抑制する

ためには，それによって得られた証拠を排除するのが最も効果的であること（違法捜査抑止の観点），を理由に違法な証拠収集手続に基づいて採取された証拠の証拠能力は否定されるべきと考える。近時の判例も，同様の見解に立っている。

したがって，本問において，覚せい剤等の証拠能力の有無を検討するにあたっては，まず，本件の証拠収集手続きに違法性があるかを検討する必要がある。

(2) 本問の捜査の違法性の有無について

① 本問では，Kらは，挙動不審なXに対して職務質問を行うために，停止させ，警察署に連行している。

警職法は，挙動不審者に対して職務質問を行うことができると規定し，職務質問に際しては，職務質問を行うための停止行為と任意同行を求めることができると規定する（同法2条1項，2項）。

本問では，Kらが職務質問のために声をかけたところ，Xが逃げ出したため，KらがXを追跡し，Xが転倒したところを取り押さえて，パトカーに乗せて警察署に連行している。そこで，職務質問の際の停止行為または任意同行における有形力の行使は許されるか，許されるとした場合にその限界はどうかが問題となる。

この点，警職法上の行為は，行政警察活動であり捜査活動とは異なるが，職務質問における行政警察活動は犯罪にかかわるものであり，実際には捜査活動の端

緒として，これを契機に捜査活動へと発展していくことが多々見受けられるので，その実質面に着目して，刑訴法197条1項に基づく任意捜査の原則を及ぼすべきである。しかし，任意捜査の原則を適用するとしても，一切の有形力の行使を許さないとすれば，犯罪の予防鎮圧という行政警察活動の目的は達成されない。そこで，行政目的達成と人権保障の調和の観点から，強制手段にあたらない有形力の行使は必要性が認められる場合には，具体的状況の下で相当と認められる限度で許されると考える。判例も同様である。

　本問では，Kが逃げ出したために追跡し，転倒したところを取り押さえたのは強制とまではいえない。しかし，KらがXをパトカーに乗せようとした際，Xはパトカーの屋根に手をついて中に入るのを拒否しているし，KらがXを説得したといっても，その際，Xの回りには複数の警察官がいたのであり，Xとしては，Kらから逃れることはできない状況であったといえる。また，Xは，乗車してからも腕を振るなど暴れており，このような状況を考えれば，Kらが行った連行は，実質的には，Xの明確な拒絶の意思を無視して，当該具体的状況の下で許容される有形力の限度を超えて実行されたと容易に認められるので，強制にあたり，違法と考える。

　②　次に，KらはXの靴下の中から覚せい剤を取り出しているので，かかる所持品検査は違法ではないか，

所持品検査の許容限度が問題となる。

　所持品検査については，警職法2条1項の職務質問に付随する行為として，許容されると考える。その許容範囲は，職務質問に付随するものである以上，任意捜査の範囲，すなわち所持人の承諾を得て行われるのが原則である。しかし，前述のように犯罪予防という行政目的達成と人権保障の調和の観点から，捜索に至らない程度の行為は強制にわたらない限り，所持人の承諾がなくても，所持品検査の必要性，緊急性，これによって侵害される個人の法益と保護されるべき公共の利益との権衡等を考慮し，具体的状況のもとで相当と認められる限度において許容されると考える。判例も同様の見解である。

　本問では，(i)KらがXに所持品検査を求めたところ，Xはふてくされて上着を脱いだのであるが，警察署に連行されたときの状況も含めて考えれば，所持品検査について承諾があったとはいえず，(ii)前述のような違法な連行の影響の下で行われていること，(iii)靴下が膨らんでいるのに気づくや，直ちに靴下の中から覚せい剤を取り出している行為は捜索に至る程度に当たるといえることから考えて，本問の所持品検査は違法であると考える。

　③　採尿手続きの適法性について
　本問では，採尿手続きについては，最終的にはXの承

諾があったものである。しかし，前述したように，Xは，連行されたときから警察官の行為について，承諾はしていない。採尿についても，Xは弁護士の立ち会いを求めているにもかかわらず，Kらは聞き入れることなく違法な連行の影響下によりもたらされた状態を直接利用して採尿を行ったといえる。よって，採尿手続きも違法であると考える。

(3) では，証拠収集過程に違法がある場合，常に証拠能力が否定されるか，否定される場合の判断基準が問題となる。

この点，実体的真実の発見も適正手続の保障の下（憲法31条）でのみ確保されるべきである。しかし，些細な違法があったに過ぎない場合にも証拠能力を否定すれば，真実発見を著しく困難にする。したがって，真実発見と適正手続保障の調和の観点から，①令状主義の精神を没却するような重大な違法があり，かつ②これを証拠として許容することが，将来における違法な捜査の抑制の見地からして相当でないと認められる場合には，証拠能力を否定すべきと考える。判例も同様である。

本問では，①連行は無令状逮捕に類するもので重大な違法であるし，その状態を直接利用した所持品検査，採尿手続きも無令状捜索差押え，無令状の強制採尿と同視でき，令状主義の精神を没却する重大な違法があ

り，②本件のような職務質問に起因する違法捜査活動は，構造的に再発する危険を有するものであるから，違法捜査抑止の観点からも証拠として許容すべきでないといえる。よって，証拠能力は否定すべきと考える。

2　設問2について
(1)　Xは，MDMAを所持・使用する意思で覚せい剤の所持・使用の結果を発生させており，異なる構成要件に関する錯誤が生じている。刑法38条2項は，「重い罪に当たるべき行為をしたのに，行為の時にその重い罪に当たることとなる事実を知らなかった者は，その重い罪によって処罰することはできない。」と規定しているが，本件はその逆の場合であり，刑法には規定が存在していない。そこで，この規定の解釈として，いわゆる抽象的事実の錯誤の処理が問題となる。

　この点，故意責任の本質は規範に直面したにもかかわらず，あえてそれを乗り越えたことに対する法的非難可能性にあり，規範は構成要件ごとに与えられているのであるから，異なる構成要件間に錯誤がある場合は，規範に直面したとはいえず，故意は阻却されるのが原則である。したがって，常に少なくとも軽い罪の成立を認める抽象的符合説は，行為者に与えられる規範をあまりにも抽象的に捉える点で妥当でない。しかし，同質で重なり合う構成要件間の錯誤の場合には，

当該行為者はその重なり合いの限度で当該行為を実行するなという規範に直面するのであるから，その限度で故意非難は可能である（法定的符合説）。

このように法定的符合説に立てば，一般的には構成要件の重なり合いの限度で故意を認めることができるが，ここでいう重なり合いはいかなる基準により判断するのか，その具体的な内容を明らかにする必要がある。

この点については，法定的符合説に立てば，当該行為者が発生した結果について現実に規範の問題に直面していたかどうかが問題なのであるから，構成要件を形式的に比較するのではなく，構成要件の意味を実質的に観察して，保護法益および構成要件的行為に実質的な重なり合いがあるかどうかの観点から考えるべきである。

本問では，その目的物がMDMAか覚せい剤かの違いがあり，後者が前者に比して重い法定刑が定められているだけであり，それ以外に法で禁止された薬物を所持，使用するという行為は同一であり，両罪は薬物濫用の害を防止する目的である点でも共通であるから，両罪の構成要件は実質的に重なり合っているといえる。したがって，Xには軽い麻薬所持罪の故意が認められる。

（2）次に，Xは，軽い麻薬所持・使用罪の意思で重い覚せい剤所持・使用罪の結果を生じさせている。この

ように，抽象的事実の錯誤について，軽い罪を行う意思で重い罪の結果を生じさせた場合に，いかなる処理をすべきかが問題となる。

　この点については，客観的に生じた罪を成立させ，科刑は刑法38条2項により軽い罪の限度で行うとの見解がある。しかし，実質的に重なり合う限度で故意が認められると考える法定的符合説の立場からは，軽い罪の限度で犯罪が成立すると考えるべきである。

　以上によれば，本問では，Xには，軽い罪である麻薬所持及び使用罪が成立する。

　なお，同譲受罪も成立するが，実務上は，使用もしくは所持が起訴される場合には，譲受罪は起訴しないのが通常である。

以上

（寺本倫子）

アメリカ刑事法 ワンポイントレッスン

事実の錯誤と法律の錯誤

事実の錯誤

　法律の錯誤とは異なり，事実の錯誤は通常，刑事訴訟において抗弁となる。行為者が自らの自転車だと誤信して他人の自転車を持ち去った場合が事実の錯誤の例である。事実の錯誤の抗弁が認められるためには，以下の3点が要件となる。

　①錯誤を生じたことには相当性がなければならない。
　②事実問題に関する錯誤でなければならない。
　③公訴提起の要件となる主観的要素を否定する錯誤でなければならない。

　上述の自転車の例では，持ち去られた自転車が行為者自身の自転車と同じような外見でなければならない。例えば，その自転車は同型で同じ色である等の事情が事実の錯誤の抗弁が認められるための要件となる。窃盗は特別な意思（日本法でいう超過的内心要素に相当する。ここでは不法領得の意思を指す）を要件とする犯罪である。窃盗において，訴追側は被告人が財物を正当な所持人から領得するという特別な意思を有していたことを証明しなければならない。被告人が誤って他人の自転車を持ち去ったのであれば，主観的要素（特別な意思）が証明されなかったことになる。

法律の錯誤

　法律の不知及び錯誤が抗弁にも正当化事由にもならないという法理はコモン・ローに深く根差している。それ故，自己の行為の合法性に関する善意あるいは誤解があったからといって，行為者は刑事責任を免れるものではないのである。人間は皆，法律を知っているものと推定されている。社会構成員は法律

を知るべきなのである。もし法律の不知・誤解を抗弁とすることが認められたら、法律を知ろうとしない傾向が生まれることであろう。

　法律の錯誤を扱った画期的な合衆国最高裁判所の判例に Lambert 事件 (Lambert v. California, 355 U.S.225 (1957)) がある。Los Angels 市条例によれば、重罪前科のある者が市当局への届け出をすることなしに5日以上滞在することは犯罪とされていた。本件被告人は、Los Angeles 市に7年以上居住していた女性であるが、この間重罪である偽造罪で有罪が確定していた。ところが被告人は市当局への届け出を怠っていた。被告人は陪審裁判で条例上の届け出義務違反で有罪とされ、250ドルの罰金を言い渡された。通常、法律の錯誤は抗弁として認められない。ところが本件において、合衆国最高裁判所は抗弁を認めて有罪判決を破棄した。その理由として、本件条例では禁止事項についての適切な告知が欠けていたのであり、被告人に対して条例を遵守するための時間的余裕を与えていなかったことが判示された。法廷意見は以下の通り判示している「本件条例が有効であるためには、届け出義務の存在を現実に知っていたことが証明されていなければならず、それ故に届け出を懈怠したのでなければならない。」

　このように、法律の錯誤は抗弁事由とはならないという原則にも例外がある。上記の事案においては、条例違反を回避する機会を与えられていなかったのであるから本件条例は厳しすぎるものと判断された。本件条例は被告人に条例遵守の機会を与えていなかったのである（アメリカ刑事法における法律の錯誤に関して詳しくは、木村光江『主観的犯罪要素の研究──英米法と日本法』（東京大学出版会、1992年）を参照。

　　　　　　　　　　　（ウィリアム・バーナード・クリアリ　｜清水　真）

第14講 一事不再理と私文書偽造

事例

　Xは，運転免許停止処分を受けていたが，ある日，仕事上どうしても自動車を運転することが必要だったため，同居していて，前科・前歴のない実兄のAに相談したところ，「それは困るだろう。かわいい弟のためなら，俺の名前を使ってもよい。」と言って，Aは自分の運転免許証を貸してくれた。

　ところが，その日の夜，仕事が終わった後に，取引先の接待で飲酒をした上で，自動車を運転したところ，たまたま検問をしていた警察官から呼気検査を受けて飲酒運転が発覚してしまった。

　Xは，Aから運転免許証を借りていたが，それを使うことに抵抗があったため，逃走しようとしたところ，警察官に現行犯逮捕されてしまった。

　逮捕された後，Xは，Aから預かった運転免許証を提示するとともに，Aになりすまして対応した。検察庁に送致された後，被疑者としての取調べを受けたXは，Aになりすまして，事件の内容を説明した上で，「この事件を私が起こしたことに間違いありません。」という供述書を作成し，そこにAの氏名を署名するとともに，印鑑を押捺した。また，略式手続によることに異議がない旨の書面にも，Aの氏名で署名し，印鑑を押捺した。

　その後，Xは，逮捕中に，酒気帯び運転の罪について起訴され，罰金に処するとの略式命令が発令されて，Xはその罰金を納付し，その後，同略式命令は確定した。

　ところが，しばらくした後，XとAが口喧嘩をした際に，Aは，Xが自分の名前を使って有罪判決を受けたことに腹を立て，警察署に通報して，その事実を告げたことから，XがAの名前を冒用して判決を受けていたことが発覚した。

　その後，その点に関する捜査が行われて，Xは無免許運転の罪で起訴された。

設問

【Q1】 XがAになりすまして、「この事件を私が起こしたことに間違いありません。」という供述書を作成し、そこにAの氏名を署名するとともに、印鑑を押捺した行為について、Xの罪責を論述しなさい（但し、Xが略式手続によることに異議がない旨の書面に署名押印した点についての罪責は問わないものとする）。

【Q2】 被告人を定める基準について言及しながら、略式裁判において、Aを被告人とする酒気帯び運転の罪に関して、誰が被告人となるかについて論述しなさい。

【Q3】 一事不再理の効力ないし既判力に関する学説に言及しつつ、Xに対する無免許運転の罪による起訴が適法か否かについて論述しなさい。

　この起訴が違法であるとされた場合、裁判所はどのような対応をすべきかについても論述しなさい。

問題の所在

　1　XがAになりすまして、供述書を作成して、Aの氏名を署名し、印鑑を押捺した行為が、有印私文書偽造罪になるかどうかが問題となる。

　Xは実兄であるAから、Aの作成名義を冒用することに関する承諾も得ているとしたら、その承諾によって、果たして「偽造」(有形偽造)になるか否かを検討する必要がある。

　なお、その前提として、この供述書が、「事実証明に関する文書」と言えるかについても検討しておく必要がある。

　2　被告人を定める基準については、従来、①意思説、②表示説、③挙動説等があるとされている。その学説状況を踏まえた上で、Aが被告人なのか、Xが被告人なのかを論じる必要がある。特に、本件は略式手続であり、その中でもいわゆる逮捕中在庁の場合であるので、この場合の特徴を踏まえて論ずる必要がある。

　3　実質的被告人がAの場合には、その有罪判決が確定しても、Xにその判決の効力は及ばないから（一事不再理の効力の主観的範囲）、Xを改めて無免許運転で起訴することができる。

他方，実質的被告人がXの場合には，公訴事実の同一性の範囲において，一事不再理の効力ないし既判力が発生し（一事不再理の効力の客観的範囲），再訴は許されないとするのが通説である。
　そこで，同一日時の酒気帯び運転の罪と無免許運転の罪との罪数関係が問題となる。両者の罪数関係を，観念的競合であり，処断上の一罪であるとすると，公訴事実の同一性の範囲内であるから，酒気帯び運転の罪に関して発生した一事不再理の効力（通説の言う既判力）は，無免許運転の罪にも及ぶことになる。
　これに対して，一事不再理の効力を制限し，一部の罪についての裁判手続において他の罪について現実に審判することが極めて困難であったという事情が認められる場合には，一事不再理の効力は及ばないとする見解も従来から有力に主張されている。
　そこで，この有力説の存在を意識しながら，一事不再理制度の根拠や目的に遡ってこの問題を検討して論述する必要がある。

解　説

1　私文書偽造罪の成否について
(1)　「事実証明に関する文書」の該当性
　有印私文書偽造罪（刑法159条1項）の対象となる「事実証明に関する文書」とは，社会生活に交渉を有する事項を証明するに足る文書であるとするのが判例の立場である（最三決昭和33年9月16日刑集12巻13号3031頁）。
　従来はこれが多数説であったが（安平政吉『文書偽造罪の研究』〔立花書房，1950年〕205頁，牧野英一『刑法各論・上巻』〔有斐閣，1950年〕179頁，斉藤金作『刑法各論〔改訂版〕』〔有斐閣，1956年〕等），現在では，判例の立場を肯定する見解（西原春夫『犯罪各論〔第2版〕』〔筑摩書房，1983年〕271頁，萩原滋『刑法概要各論〔第2版〕』〔成文堂，2002年〕172頁）は少数説であり，社会生活に交渉を有する事項に関する文書の全てを刑法的保護の対象とすることは不適当であるから，法律的に何らかの意味のある社会生活の重要な利益に関係のある事実を証明しうる文書に限定すべきであるとする見解が多数説である（小野清一郎『新訂刑法講義各論』〔有斐閣，1950年〕106頁，団藤重光編『注釈刑法(4)各則(2)』〔有斐閣，1965年〕（大塚仁執筆）166頁，佐久間修『刑法講義〔各論〕』〔成文堂，1990年〕226頁，団藤重光『刑法綱要各論〔第3版〕』〔創文社，1990年〕293頁，川端博『刑法各論概要〔第3版〕』〔成文堂，2003年〕274頁，曽根威彦『刑法各論〔第3版補正版〕』〔弘文堂，2003

年〕258頁等)。

　もっとも，本設問の供述書については，多数説の見解からも，「事実証明に関する文書」であることは肯定されると考えられる。
　(2)　有形偽造の概念
　有印私文書偽造罪（刑法159条1項）における「偽造」とは，作成権限を有しない者が，他人名義を冒用して文書を作成すること（有形偽造）であるとされている。ただ，具体的に，どのような場合に有形偽造になるかについては，見解が分かれている。
　なお，最近では，有形偽造は，名義人と作成者の同一性を偽ることであると説明されることも多い（判例はこのような説明をしている。最二判昭和59年2月17日刑集38巻3号336頁，最一決平成5年10月5日刑集47巻8号7頁参照。学説については，例えば，西田典之『刑法各論 [第2版]』〔弘文堂，2002年〕351頁参照)。
　まず，どのような場合に有形偽造となるか（名義人と作成者の同一性を偽ったことになるか）という点につき，①文書上の名義人とは異なる者が文書を作成した場合に有形偽造になるとする**行為説**（身体説・事実説とも言う）と，②文書上の名義人の意思に基づかない者が文書を作成した場合に有形偽造になるという**意思説**（精神説・観念説とも言う。わが国の多数説）に大別される。
　このうち，②の意思説の中でも，名義人の意思に基づいているか否かを判断する基準に関して，(a)名義人への法的効果の帰属という法律的観点から判断する**規範的意思説**（効果説・法律効果説とも言う。町野朔『犯罪各論の現在』〔有斐閣，1996年〕312頁）と，(b)名義人の意思の範囲内か否かで判断する**事実的意思説**（文書作成責任説とも言う。林幹人「有形偽造の構造」同『現代の経済犯罪』〔弘文堂，1989年〕127頁以下，平川宗信『刑法各論』〔有斐閣，1995年〕449頁，林幹人『刑法各論』〔東京大学出版会，1999年〕354頁，曽根・前掲書259頁，伊東研祐『現代社会と刑法各論 [第2版]』〔成文堂，2002年〕364頁，野村稔編『現代法講義・刑法各論 [補正版]』〔青林書院，2002年〕319頁〔酒井安行執筆〕，萩原・前掲165頁）が対立している（なお，いずれの見解も不十分であるとする見解として，山口厚『問題探究・刑法各論』〔有斐閣，1999年〕251頁がある)。
　規範的意思説は，法的効果の帰属という民事上の問題と有形偽造の処罰という刑法上の問題を混同するものであるし，私文書偽造罪における「事実証明に関する文書」については法的帰属が問題となりえないことを考えると妥当ではなく，事実的意思説によるべきである。
　(3)　文書の名義人の承諾と有形偽造の成否について

従来から，名義人の承諾がある場合には，名義人の名義を冒用したものではなく，真正文書に他ならないから，文書偽造罪の構成要件該当性を阻却すると解されてきた（なお，異説として，第三者を欺く目的で行われた承諾に基づいて文書を作成した場合には有形偽造となるとする見解もある。木村亀二『刑法各論』〔法文社，1959年〕248頁）。

　これに対して，判例は，交通反則切符中の違反者が作成すべき供述書を，予め承諾を得て，他人名義で作成した事案につき，その文書の性質上，作成名義人以外の者がこれを作成することは法令上許されないとして，予め他人の承諾を得ていたとしても私文書偽造罪が成立すると判断している（最二決昭和56年4月8日刑集35巻3号57頁，最一決昭和56年4月16日刑集35巻3号107頁）。

　学説においては，判例を支持する見解が多いが，その論拠として，①文書の性質上，名義人への責任の移転がおよそありえない場合には他人名義での文書の作成は責任の所在を偽るものである（中森喜彦『刑法各論［第2版］』〔有斐閣，1996年〕240頁，前田雅英『刑法各論講義［第3版］』〔東京大学出版会，1999年〕393頁，齊藤信宰『刑法講義各論［第3版］』〔成文堂，2000年〕454頁），②自署だけが予定されている文書については，事前に名義人の同意があっても，その名義人は文書の意思・観念の主体になることはできないから，その同意を得ても権限なくして他人名義を冒用したことになる（大谷實『新版刑法講義各論［追補版］』〔成文堂，2002年〕478頁），③名義人の承諾があったとしても，その名義人自身が作成すべきでない文書を作成させるのは文書の証拠性が害される（山口・前掲書254頁，川端・前掲書269頁）などと説明している（それ以外の説明として，西田・前掲書369頁参照）。

　しかしながら，前記(2)で述べた事実的意思説からすれば，文書の名義人の承諾がある以上，文書の作成主体の同一性についての偽りはなく，ただ，交通違反者の同一性という内容に関する偽り（無形偽造）があるだけだから真正文書であり，私文書偽造罪は成立しないと解すべきである（木暮得雄ほか編『刑法講義各論』〔有斐閣，1988年〕388頁〔村井敏邦執筆〕，林幹人・前掲『現代の経済犯罪』151頁，平川・前掲書451頁，林幹人・前掲『刑法各論』358頁，曽根・前掲書259頁。なお，事実的意思説に立たないで，無形偽造とする見解として，平野龍一『犯罪論の諸問題（下）』〔有斐閣，1982年〕408頁，佐伯仁志「名義人の承諾と私文書偽造の成否」刑法判例百選Ⅱ各論［第4版］〔有斐閣，1997年〕177頁参照）。

(4)　本件へのあてはめ

　本件は，判例の事案とは異なり，逮捕中に，検察庁において，XがAになり

すまして取調べに応じ、被疑事実を認める内容の供述書に、Aの名義で署名押印をしている（ちなみに、実務においては、検察官や警察官が取調べにおいて聞き取った内容をまとめる公務員名義で作成される供述録取書が圧倒的に多く、私人が作成名義人となる供述書の例は少ない）。

ところで、最二決昭和56年4月8日は、「文書の性質上、作成名義人以外の者がこれを作成することは法例上許されない」と判断しているが、この「文書の性質」の意味については必ずしも明らかではない。ただ、この点については、①内容が道路交通法違反者本人に専属すべきものであり、名義人の名義の自由処分を許さない事実に関するものであること、②専ら当該違反者本人に対する道路交通法違反事件の処理という公の手続に用いられること、③交通事件の簡易で迅速な処理という交通反則制度の構造に由来する特殊性から、名義人と作成者の同一性が前提・保障されなければならないことなどを考慮したのではないかと指摘されている（伊東・前掲書369頁）。

これに対して、Xは検察庁において、検察官と対面して取調べを受けた結果、供述書を作成しており、交通反則制度における交通反則切符中の供述書とは場面が異なっている。

ただ、交通反則切符中の供述書について有形偽造を認め、文書の性質ということを強調すれば、この場合についても、交通反則切符中の供述書と同様に、XがAの名義で署名押印することは許されないから、Aの承諾があってもXには有印私文書偽造罪が成立することになるはずである。

この点、前掲最一決昭和56年4月16日の谷口孝裁判官による補足意見は、本件供述書は、その性質上作成名義人たる署名者本人の自署を必要とする文書であるとして、刑訴法322条、刑訴規則61条2項を挙げている。これらの規定は、刑事訴訟手続において用いられる文書全体に共通の規定であるから、この見解によると、本件のような供述書についても私文書偽造を認めることになると考えられる（田中清『最高裁判所判例解説刑事篇昭和56年度』〔法曹会、1985年〕38頁）。もっとも、本件のような供述書についての最高裁判所の態度は明らかではない。

学説には、交通反則切符中の供述書について有形偽造を認める態度に立ちながら、供述調書（供述録取書を想定していると思われる）に他人名義で署名する場合には、捜査官と対面して作成され、チェックや訂正も容易であるから、文書自体の信用性が害される程度が小さいから、人格の同一性を確保する要求が弱いので可罰性が乏しいとか、偽造罪に問う必要が少ないとする見解がある（大谷實＝前田雅英『エキサイティング刑法各論』〔有斐閣、2000年〕272頁、前田雅英・前

掲書393頁注35）。

これに対して，事実的意思説を採用し，交通反則切符中の供述書についても真正文書であるとして有形偽造を認めない立場からすれば，当然にこの場合にも有形偽造にはならないと考えることになる。

2 被告人を定める基準について
(1) 問題の所在と学説の状況

本設問において，Xは逮捕中在庁で，酒気帯び運転の罪について起訴されているが（したがって，起訴状における被告人の記載はA），この場合にXが被告人なのか，それとも起訴状に記載されたAが被告人なのかが問題となる。

被告人を定める基準として，①検察官が実際に被告人として指定しようとした者が誰であるかを基準とする**意思説**，②起訴状の記載を基準とする**表示説**，③被告人として行動した者が誰であるかを基準とする**行動説**（挙動説・行為説とも言う）があるが，表示説と行動説を併用するという見解が従来の通説であった（団藤重光『新刑事訴訟法綱要［7訂版］』〔創文社，1967年〕107頁。もっとも，同頁注2は，単に氏名を冒用されたに過ぎない者は被告人にならないとして，実質的表示説と同一に帰着するとする）。

これによると，起訴状に記載された者も，被告人らしく振る舞った者も，ともに被告人になるが，そうすると，氏名を冒用された者はそれだけで被告人となり，これに対して無罪を言い渡さなければならなくなるし，その者を出廷させるために勾引・勾留する必要が生ずるし（平野龍一『刑事訴訟法』〔有斐閣，1958年〕70頁注1），刑が確定したら再審しか救済方法がなくなるが（渥美東洋『刑事訴訟法［新版補訂］』〔有斐閣，2001年〕239頁），いずれも不当である。

そこで，現在においては，被告人を定める基準としては，表示説を基本にしつつ，起訴状の記載の解釈に当たって検察官の意思や誰が被告人として行動したかを斟酌しつつ判断するという**実質的表示説**が通説となっている（平野龍一・前掲書70頁注1，鈴木茂嗣『刑事訴訟法［改訂版］』〔青林書院，1990年〕42頁，土本武司『刑事訴訟法要義』〔有斐閣，1991年〕245頁，白取祐司『刑事訴訟法［第2版］』〔日本評論社，2001年〕34頁，渥美・前掲書238頁以下）。

この点に関する最高裁判例は存在していないが（但し，最三決昭和60年11月29日刑集39巻7号532頁は，身柄拘束のまま起訴された被告人が，捜査段階において，捜査官に対し，ことさら他人である甲の氏名を詐称し，かねて熟知していた同人の身上及び前科を正確詳細に供述するなどして，あたかも甲であるかのように巧みに装ったため，

捜査官が全く不審を抱かずに被告人を甲として起訴し，その後保釈され，公判廷に出頭して審理を受け，執行猶予判決の宣告を受けたという事案につき，その判決の効力は被告人に及ぶとした原審の判断は正当であると判断している。池田修『最高裁判所判例解説刑事篇昭和60年度』〔法曹会，1989年〕286頁以下参照），下級審の裁判例として，大阪高判昭和60年8月20日高裁刑事裁判集38巻2号117頁，東京地判昭和63年5月6日判時1298号152頁が実質的表示説を採っている。

(2) 略式命令における被告人の特定について

ところで，本設問は略式命令を受けた場合であるが，略式手続には，大別して，①いわゆる在庁略式手続と，②在宅略式手続があるので，場合を分けて検討する必要がある。

まず，①の在庁略式手続のうち，(a) 勾留中在庁の場合，すなわち，勾留中の者に対して公訴を提起して略式命令を求める場合には，現に勾留されていた者が被告人であり，被告人は略式命令の告知によって釈放されるが，その裁判の効力は勾留されていた者に生じ，氏名を冒用された者には及ばない（『大コンメンタール刑事訴訟法・第4巻』〔青林書院，1995年〕100頁〔吉田博視〕100頁，神垣英郎「被告人の氏名の冒用」平野龍一＝松尾浩也編『実例法学全集・続刑事訴訟法』〔青林書院，1980年〕336頁，渡辺咲子「被告人の確定」平野龍一＝松尾浩也編『新実例刑事訴訟法Ⅱ』〔青林書院，1998年〕42頁）。

(b) 逮捕中在庁の場合，すなわち，逮捕中の者が裁判所に連行され，略式命令が発せられる場合には，被告人が誰であるかについて疑問の余地はなく，裁判の効力は逮捕中に起訴された者に生じ，氏名を冒用された者に及ばない（神垣・前掲論文336頁，渡辺・前掲論文43頁。裁判例として，大阪高決昭和52年3月17日刑事裁判月報9巻3＝4号212頁，東京高決昭和61年9月19日高検速報2855号13頁）。

(c) 在宅在庁の場合，すなわち，検察官が被疑者の出頭を求めて，略式手続に異議がない旨を確認の上，略式命令請求の手続をとるとともに，被告人を裁判所に待機させ，略式命令が発令されると，直ちにこの謄本を被告人に交付する方法においては，検察官が指定した者と略式命令の告知を受ける者が同一人である旨の保障の程度は必ずしも高くないから，後述の在宅略式手続の場合（②）と同様に考えるのが妥当である。

ところで，判例は，違反者を出頭させた日時場所において警察官の取調べ・事件送致，検察官の取調べ・公訴提起（略式命令請求），裁判所の略式命令発付・略式命令謄本の交付送達を一連の流れ作業で行ういわゆる三者即日処理方式による在庁略式手続において，他人の氏名を冒用して被疑者として行動し，

裁判所において他人名義の略式命令の交付を受けて即日罰金を納付した事案につき，他人の氏名冒用者が外観上被告人として行動し，略式命令の名宛人になったということはできないとして，略式命令の効力は冒用された者には及ばないとする東京高裁判決（昭和49年8月29日高刑集27巻4号374頁）を支持して，上告を棄却している（最三決昭和50年5月30日刑集29巻5号360頁）。

この判例に対しては，被告人として行動し略式命令を受けた氏名冒用者自身に裁判の効力が生じるとして反対する見解が有力である（神垣・前掲論文338頁，小林充「他人の氏名を冒用して受けた略式命令の効力」判例タイムズ315号〔1975年〕147頁，河上和雄「被告人は誰か」判例タイムズ584号〔1986年〕17頁，石川才顕・判例評論300号〔1984年〕36頁，渡辺・前掲論文44頁）。

次に，②の在宅略式手続の場合には，検察官の意思としては，取調べの相手方であるXに対する公訴を提起しようとしたと解されるが，Xが運転免許を受けているAの氏名を冒用したため，検察官はXをAと誤認し，酒気帯び運転の罪で略式起訴している。しかしながら，起訴状には被告人としてAと表示されているのであり，検察官が起訴しようとした者がXであることは客観的には全く不明であるから，裁判所としては，起訴状の表示をもとに，Aを被告人として書面審査の上，Aに対し略式命令謄本を送達することになり（刑訴規則34条），略式命令謄本の送達を受けたAが送達を受けた日から14日以内に正式裁判の請求をしないときには略式命令は確定する（刑訴法465条）。

このように，Xが裁判所に対して被告人として行動した事実が全くない場合には，起訴状の表示に従って，Aが実質的被告人であると解される（神垣・前掲論文336頁，渡辺・前掲論文44頁）。

(3) 本件へのあてはめ

本設問【Q2】は，逮捕中在庁の場合であるから，裁判の効力は逮捕中に起訴された者に生じ，氏名を冒用された者には及ばないと解されるので，本件における実質的被告人はXであるということになる。

3 一事不再理の効力の客観的範囲

(1) 確定裁判の効力と一事不再理の効力の関係

終局裁判が上訴又はこれに準ずる不服申立て方法（刑訴法415条，428条）によって争うことができなくなった状態を裁判の確定という。

そして，終局裁判が上訴又はこれに準ずる不服申立て方法により争うことができなくなった状態を形式的確定といい，その効力を形式的確定力と呼んでい

るが（団藤重光・前掲書310頁），最近では，形式的確定力を独立して論ずる実益に乏しいと指摘されている（藤永幸治ほか編『大コンメンタール刑事訴訟法・第5巻Ⅱ』〔青林書院，1998年〕8頁〔中谷雄二郎執筆〕）。

　これに対して，確定した終局裁判の別事件に対する効力につき，学説は大きく分かれているが，以下では代表的な見解を紹介する（学説の分類については，川合昌幸「裁判の効力——裁判の立場から」三井誠ほか編『新刑事手続Ⅱ』〔悠々社，2002年〕499頁以下にならった）。

　まず，旧来の通説は，実体判決及び実体関係的形式判決が確定すると実体的確定力を生じるとし，その内部的効力として刑の執行権が発生するとともに，外部的効力として，同一事件について再度起訴することができないという一事不再理の効力（既判力）が生じるとする（団藤重光・前掲書312頁）。

　これに対して，裁判の効力を，裁判の存在に基づく存在的効力と，裁判の内容（理由）に基づく内容的効力に分け，存在的効力の外部的効力として一事不再理の効力（既判力）を生じ，内容的効力の対内的効力として執行力が発生し，その対外的効力として，他の訴訟において異なった判断をすることが許されなくなるという裁判の拘束力が発生するという見解がある（平野・前掲書281頁以下）。

　さらに，一事不再理の効力は，有罪・無罪の確定裁判に発生する付随効であり，二重の危険の禁止から認められるものであり，実体裁判であれ形式裁判であれ，終局裁判一般に通ずる後訴に対する不可変更的効力が発生するが，これが実質的確定力としての既判力であるとする（田宮裕『一事不再理の原則』〔有斐閣，1978年〕129頁以下，田宮裕『刑事訴訟法〔新版〕』〔有斐閣，1996年〕438頁以下）。

　各説とも，一見深刻な対立を示しているようであるが，実際の適用場面においては深刻な結論の相違をもたらさないと指摘されている（川合・前掲論文501頁）。

(2)　一事不再理の効力の客観的範囲

　本設問では，略式命令による実体裁判が確定している。田宮説によると，実質的確定力としての既判力が発生するが，実体裁判の場合には，訴因より広い公訴事実と同一にする範囲で一事不再理の効力が発生するので，既判力を論じる実益はないとされている（田宮・前掲『刑事訴訟法〔新版〕』441頁）。

　そこで，本設問については，いずれの見解からも，一事不再理の効力（団藤説並びに平野説を含む学説は伝統的にこれを既判力と呼んできた）の範囲が問題となる。

まず，一事不再理の効力の主観的範囲（人的範囲）については，当該手続の対象となった被告人についてのみ及ぶとする点で争いがない。
　したがって，本設問【Q２】で，略式命令の効力が及ぶ実質的被告人をＸと解すると，一事不再理の効力はＸについてのみ及び，Ａには及ばないことになる。
　そこで，酒気帯び運転の罪に関する略式命令の効力がＸに及ぶとしたら，その同じＸについて，同一日時の無免許運転の罪で，改めて起訴できるかどうかは，前者の裁判に関する一事不再理の効力が，同一日時の無免許運転の事件に及ぶかどうかによって決せられることになるが，これは一事不再理の効力の客観的範囲の問題である。
　一度不再理の効力は，判決の対象とされた訴因と公訴事実を単一かつ同一にする範囲の全ての事実に及ぶとするのが通説である（団藤・前掲書312頁，平野・前掲書282頁，柏木千秋『刑事訴訟法』〔有斐閣，1970年〕176頁，斉藤金作『刑事訴訟法（合本）』〔有斐閣，1986年〕327頁，高田卓爾『刑事訴訟法［２訂版］』〔青林書院，1984年〕299頁，鈴木・前掲書241頁等）。
　もっとも，実際に審理の対象となったのは訴因であるのに，何故に，訴因を超えて，公訴事実を単一かつ同一にする範囲の全ての事実に一事不再理の効力が発生するのか，という実質的根拠が問題となる。
　従来の通説は，旧法下において公訴事実が審判の対象であったことを，現行刑訴法の解釈にも持ち込み，公訴事実の一部だけが起訴された場合，起訴状の摘示に漏れた部分についても，観念的ないし潜在的には審判の対象となっていると考えていたため（団藤・前掲書148頁），一事不再理の効力が公訴事実の範囲に及ぶことは論理的帰結と言え，その説明は容易であった。
　これに対し，審判の対象はあくまでも訴因だけであるとする最近の通説（平野・前掲書132頁）においては，何故に審判の対象にならない事実についてまでも一事不再理の効力を認めることができるかが問題となるのである。
　これについては，検察官は，公訴事実の同一性の範囲で，訴因を変更して，審判を求めることが可能だったのであり，かつ，検察官に同時訴追義務があると説明する見解（平野・前掲書282～283頁，同『刑事訴訟法の基礎理論』〔日本評論社，1964年〕158頁以下）や，一個の事件については一個の実体判決が対応するという思想によるとする見解（柏木・前掲書177頁），一個の刑罰権に服する事項は一回の手続で解決させるべきであるとの被告人の法的安定性のための政策的要請であるとする見解（高田・前掲書299頁）などがある。

一事不再理の効力の根拠を二重の危険の禁止に求める見解からすれば，訴訟が確定判決まで到達したときには，訴因の変更の可能性を含みつつ手続きが追行されたことに鑑み，その全ての範囲で被告人は手続きの危険にさらされたと言えるから，公訴事実の単一性・同一性が認められる範囲で訴追の危険が及ぶのであり，それ故に再訴が禁止されると解するのが妥当である（田宮・前掲『刑事訴訟法［新版］』453頁）。

(3)　一事不再理の効力の客観的範囲の例外の有無について

　ところで，学説においては，公訴事実の同一性の範囲内であっても，法律上・事実上全く同時審判が不可能であった場合には，一事不再理の効力が及ばないとする見解が主張されている（青柳文雄『刑事訴訟法通論・上巻［５訂版］』〔立花書房，1976年〕791頁，同「刑事既判力の客観的範囲」同『犯罪と証明』〔有斐閣，1972年〕339頁以下，土本・前掲書315頁以下）。

　すなわち，一事不再理の効力の本質及びその客観的範囲は，被告人の必要にして十分な保護という観点から判断されるべきであり，その客観的範囲は，原則として，公訴事実の単一性・同一性の範囲と一致するが，審判可能性という観点から，公訴事実の単一性・同一性の範囲よりも狭い場合もあれば広い場合もあるとし，本来的一罪でも科刑上一罪でも，その一部が法律上又は事実上，同時審判不能の状態であれば，それには一事不再理の効力は及ばず，検察官は同時審判請求が不能であったことを立証すれば，その部分の再訴を妨げないし，逆に，余罪が量刑事情として考慮されれば，その余罪が公訴事実の単一性・同一性の範囲外の事実であっても，それには一事不再理の効力が及び，その事実については起訴できなくなるというのである。

　裁判例の中にも，このような見解を採用したものがある。東京地判昭和49年４月２日（判時739号131頁）は，被告人が無免許で，かつ，酒気を帯びて車両を運転し，検察官に発見されたが，かねて拾得して所持していた他人の免許証を悪用し，その他人の氏名を偽称して免許を有しているかのように装い，酒気帯び運転の罪についてだけ検挙されて，略式命令で罰金に処せられたところ，その後，無免許であったことが発覚し，その無免許運転の罪につき起訴されたという事案について，次のように判断している。

　すなわち，本件事案のように，確定裁判を経た一部の罪が簡易迅速を旨とするいわゆる交通反則切符制度の適用を受けた上，正式の裁判手続でない略式命令によって処理されたものであり，かつ，被告人が他の罪の罪責を免れるため氏名を詐称する等，検察官において他の罪を探知して同一手続で訴追すること

が著しく困難であったという事実が立証されている場合には，一部の罪についての確定裁判の既判力は他の罪には及ばないと判断し，無免許運転の罪についての起訴を有効と判断した（なお，この事件の上告審である前掲最三決昭和50年5月30日は，略式命令の裁判の効力の問題として処理したため，この問題についての判断は示されていない）。

　この裁判例の見解については，検察官関係者からは好意的に評価されている（臼井滋夫「観念的競合の関係にある甲・乙両罪のうちの甲罪に対する略式命令の一事不再理の効力は隠れた乙罪にも及ぶか」研修315号〔1974年〕46頁，土本武司「訴因の拘束力と既判力の範囲」司法研修所論集55号〔1975年〕87頁，伊藤栄樹「刑事判例研究〔52〕」警察学論集27巻8号〔1974年〕231頁，横井大三「既判力の主観的範囲と客観的範囲」研修320号〔1975年〕51頁）。

　しかしながら，このような見解については，①事実上の同時審判を請求する可能性を判断するために，担当捜査官の捜査能力や当時の捜査態勢，余罪捜査の状況など捜査官側の事情等，きわめて個別性の強い要素を総合して決めることになるから，被告人の立場をきわめて不安定なものにする（光藤景皎『口述刑事訴訟法・中』〔成文堂，1992年〕287頁），②一事不再理の効力の範囲がその時々の訴訟に依存することになり，法的安定性を害する（福井厚『刑事訴訟法講義〔第2版〕』〔法律文化社，2003年〕382～383頁），③このように審判の事実的可能性を基準とすれば，新証拠・新事実が発覚すれば再起訴が許されることになり，現在の再審法制に矛盾して，無制約の不利益再審を肯認するに等しい事態を招く（田宮裕「既判力論の新展開」同『日本の刑事訴追』〔有斐閣，1998年〕353頁），④被疑者には不利益な事実を供述する義務はなく，犯罪事実の探索・究明は専ら捜査官に課せられた責務であることを考えると，被告人が前件当時余罪を秘匿していた等による捜査の困難を理由に，一事不再理の効力の及ぶ範囲に例外を設け，被告人に不利益な結論を認めるのは，黙秘権等を保障した法の趣旨にそむくことになりかねない（角谷三千夫「確定裁判の効力」平野龍一＝松尾浩也編『実例法学全集・刑事訴訟法〔新版〕』〔青林書院，1977年〕462頁）などの理由から，到底認めることはできないと言わなければならない（その他の批判として，日取祐司『一事不再理の研究』〔日本評論社，1986年〕314頁以下参照）。

　なお，近時，上記の見解とは別に，複数罪として法律上処理できる複合的な社会的な出来事での犯行について，それが密接に関連し合っているため，むしろ訴追するのが合理的な場合には同時訴追を義務付けて，一事不再理の効力はその全体の歴史的出来事に及ぶとする見解もある（渥美・前掲書405頁，中野目善

則「一事不再理と二重の危険」椎橋隆幸編『基本問題刑事訴訟法』〔酒井書店，2000年〕324頁，田宮裕・前掲『日本の刑事訴追』353頁）。この見解は傾聴に値するが，一事不再理の効力の客観的範囲については，抽象的・画一的処理が必要であることから，どのような場合に効力が及ぶかについての類型化等もう少し詰めた議論が必要であろう（光藤景皎・前掲書287頁）。

(4) 本件へのあてはめ

そこで，本設問【Q3】について検討することとするが，その前提として，判例は，酒気帯び運転の罪と無免許運転の罪は観念的競合になるとしているから（最大判昭和49年5月29日刑集28巻4号151頁），両罪は科刑上一罪の関係にある。

そうすると，一事不再理の効力の客観的範囲についての通説的見解によれば，酒気帯び運転の罪に対する一事不再理の効力は公訴事実の単一性・同一性の範囲の全ての事実に及ぶのであるから，同一日時の無免許運転の罪につき，一事不再理の効力は及んでいることになる。

そうであるならば，Xについて，無免許運転の罪で起訴することは許されず，仮に検察官が起訴しても，裁判所は，「確定判決のあるとき」に該当するとして，免訴の判決をしなければならない（刑訴法337条1号）。

他方，審判可能性という観点から考える青柳説を採る場合には，本設問のような事情があれば，前掲東京地判昭和49年4月2日と同様に，同一日時の無免許運転の罪には一事不再理の効力は及ばないから，検察官による無免許運転の罪による起訴は有効であり，裁判所はその審理をした上で有罪判決をしなければならないということになる。

発展問題

設問

【Q1】 本事例について，Xに私文書偽造罪が成立する場合のAの罪責について論述しなさい。

【Q2】 略式命令がAに届いた後，14日以内に，Aが正式裁判を請求した場合，裁判所はどのような対応をしなければならないかについて論述しなさい。

【Q3】 Xは自ら起こした業務上過失致死罪で起訴され，Xは保釈されたが，まもなくXは海外に逃亡し，知り合いの医師と共謀して死亡診断書を偽造して，第三者をして裁判所に死亡診断書を提出さ

せた。

　その結果，裁判所はXに対する事件につき，被告人死亡を理由に公訴棄却決定をした。その後，匿名の通報により，Xが生存していることが発見されたため，検察官は，Xを再び，業務上過失致死罪で起訴した。

　裁判所はどのように対応しなければならないかについて論述しなさい。

【参考文献】本文中に引用したものを除く
○私文書偽造
・川端博『新版文書偽造罪の理論』（成文堂，1999年）
・中川武隆『最高裁判所判例解説刑事篇昭和56年度』（法曹会，1985年）87頁以下
・斎藤信治「名義人の承諾」刑法の争点［第3版］（有斐閣，2000年）228～229頁
・安達光治「名義人の承諾と私文書偽造罪の成否」刑法判例百選Ⅱ［第5版］（有斐閣，2003年）190～191頁
○被告人の特定
・伊藤栄樹ほか編『註釈刑事訴訟法［新版］第3巻』（立花書房，1996年）374頁以下〔臼井滋夫執筆〕
○一事不再理の効力
・井上正治「確定判決の効力」日本刑法学会編『刑事法講座・第6巻・刑事訴訟法（Ⅱ）』（有斐閣，1957年）1221頁
・田口守一『刑事裁判の拘束力』〔成文堂，1980年〕
・古田佑紀「一事不再理効の範囲」刑事訴訟法判例百選［第5版］（有斐閣，1986年）212～213頁
・筑間正泰「一事不再理の効力」刑事訴訟法の争点［第3版］（有斐閣，2002年）204～205頁

(山下幸夫)

アメリカ刑事法 ワンポイントレッスン

「二重の危険」の法理

　アメリカ法における「二重の危険」の法理（the law of "double jeopardy"）は，合衆国憲法修正第5条に由来する。そこには，次のように規定されている。「何人も同一の犯罪について，重ねて生命身体の危険を負うことはない」。しかし，この簡潔な文言からその概念をめぐる複雑な法律上の問題が生ずるのである。レーンクィスト合衆国最高裁長官は次のように述べている。「『二重の危険』をめぐる判例法はあたかも一面藻に覆われた藻海のようである。それはどんなにすぐれた司法上の航海長にも必ず挑戦してくるはずである」。「二重の危険」にさらされることのない人々の権利は，合衆国憲法修正第14条のいわゆるデュー・プロセス条項を通して，各州にも適用になる（Benton v. Maryland 395 U.S.784 (1969).）。

　"Jeopardy"（「ジェパディ」）という言葉は，一般的には，公判審理を受ける人が蒙る処罰の「危険」（"danger"）という意味に相当する。公判前に行われる手続上の事柄は「二重の危険」を構成しない。したがって，「二重の危険」が発生する時期については，有罪・無罪の決定に至る刑事訴追で陪審が宣誓したときか，最初の証人が証言台に着いたときとされている。「有罪の答弁」に関しては，これが後に取り消されたとしても，有罪評決と同様に扱われるので，「危険」が発生したものと見なされる。

　しかし，「二重の危険」の法理の具体的適用については，実務上，多くの問題が残されている。たとえば，被告人は，当該事件について，審理の開始から終結まで，最初に任命された裁判官もしくは陪審による審理を受ける権利を有している（Serfass v. United States, 420 U.S.377 (1975)）。したがって，その途中で，彼らが新たな裁判官もしくは陪審に入れ代る場合には，「二重の危

険」の法理に反するおそれがある。裁判官Aのみによる公判審理において，彼が最初の証人による証言を聞いたとするならば，その際，第一回目の危険が発生する（In a nonjury trial, jeopardy attaches when the court begins to hear evidence. See MacCarthy v. Zerbst, 85 F.2d 640 (1936)）。被告人は，それ以後，裁判官Aによりすべての証人の証言が聞かれ，公判廷に提出されるあらゆる証拠が審査され，有罪・無罪の決定が下される権利を持つ。そこで，もし，裁判官BがAの死亡または病気を除く，その他の理由で当該事件の審理を引き継ぐとするならば，被告人は裁判官Aと異なる判断を裁判官Bから受ける可能性が生ずるので，「二重の危険」にあたる。

　「二重の危険」の法理というのは，人々は各人が別個・独立の個性的な存在であり，事実と証拠の評価も各人各様に意見を異にする可能性がある，との基礎的考え方から成り立っている。より具体的にいえば，裁判官Aは，被告人に好意的な決定，つまり無罪と判断するかもしれない。ところが裁判官Bは，それとは逆に，有罪と判断するかもしれない。もっとも裁判官Bも被告人に好意的な心証を抱くこともありうる。しかし，いずれにしても裁判官の本当の心はわからないので，ひとたび裁判官Aの審理を受けたならば，一回，被告人の身を有罪の危険にさらしたこととみなすのである。

　ただし，公判審理の途中で裁判官の交代が明白に必要な事態も起こりうる。上述の裁判官の死亡または病気等の場合である。連邦刑事訴訟規則によれば，死亡または病気により，公判担当裁判官が評決もしくは有罪認定後，その職務を遂行できなくなったとき，他の裁判官がそれを引き継ぐことができるとされている。その際，新たに職務を引き継いだ裁判官については，評決もしくは有罪認定前の審理に自己が参加していなかったため，その職務を遂行できないと判断した場合には，新たに公判審理を初めからやり直す（"new trial"＝この手続について詳しくは，島伸一『アメリカの刑事司法――キング郡を基点として』（弘文堂，2002年）193頁参照）権限が与えられている（58 Am Jur 2nd. 142 (New Trial Section 85)）。

日本では，もっぱら司法行政上の都合から，しばしば公判審理の途中で裁判官が交代することがある。こうしたことは，前述のようなアメリカ法の下では，「二重の危険」にあたるのでむずかしい。
　「二重の危険」の抗弁は，刑事手続上，有効な抗弁の一つである。しかし，その提出時期について次のような制限がある。すなわち，それは第二回目の訴追に関し，陪審の選任もしくは宣誓の前，換言すれば公判審理開始前に行わなければならない。しかし，何らかの事情により，公判開始後にそれが提出された場合には，「明白な必要性の原則」（"the rule of manifest necessity"）が適用になり，その処理は裁判所の裁量にしたがうところとなる。
　同一の事件に関し，連邦裁判所とある州の刑事裁判所に同時期に公訴を提起し，審理することは，「二重の危険」の法理に違反しない。もちろん，同一州内の同一事件に関して，刑事訴訟と民事訴訟が行われることも，「二重の危険」にあたらないのはいうまでもない。しかし，有罪評決を受けた未成年犯罪者を，成人になった後に，同一の事件について成人として通常の裁判所において再審理することは厳格に禁止されている。
　要するに，「二重の危険」の保障は，連邦と州のように，いわゆる「二重主権」の理論があてはまる，異なった裁判管轄間には及ばないわけである。ここで「二重主権」の理論とは，連邦と州は別個・独立の主権主体であるから，犯罪と刑罰についても，それぞれの目的と必要性に応じて独自に規制・規定する権限を有している，という理論である。
　この理論が問題とされた適例として，有名なロドニー・キング事件（Rodney King case）があげられる。この事件の概略は次のとおりである。1991年3月3日，ロサンゼルス警察の4人の警察官が，逮捕しようとした黒人の被疑者ロドニー・キングを滅多打ちにして傷害を負わせた。警察官らは，最初，カリフォルニア州刑法違反として，同州の郡検察官により郡裁判所に起訴された。しかし，陪審裁判の後，1992年4月29日，彼らに無罪評決が下された。そのため，無罪評決は人種差別に基づくものであるとして，ロサンゼルスのダ

ウンタウン一帯で抗議の大暴動が起こった。そこで次に，連邦検察官がその警察官らを同一事件について連邦公民権法違反で連邦地方裁判所に起訴した。その結果，4人のうち2人の警察官が有罪とされ，連邦矯正施設への30ヵ月の拘禁刑が言渡された。

　以上のことからわかるように，連邦政府と州政府が，同一人の同一行為についてそれぞれ訴追活動を行うことは「二重の危険」の法理に反しないと解されている。その理由は，両者は別個・独立の主権主体であり，同一事件においても各自異なった法的利益を有しているからである。

　　　　　　　　　（ウィリアム・バーナード・クリアリー＋島　伸一）

第15講 答案の書き方

はじめに

　本書の出題の何問かについては，答案例を掲載しました。法律家になる以上，文章で自己の考えを述べ，説得させることができるようにならなければなりません。文章を書く能力を身につけることはとても重要です。

　法律の論文に，これ1つという正解があるわけではありません。文章は人それぞれであればいいとも言えるかもしれません。しかし，法律の文章である以上，一定の共通ルールのようなものがあることは否めません。それは，法律家であれば，誰しも暗黙の見識として持っていると言えましょう。

　法律実務家は，例えば司法試験の採点などしたことのない裁判官や弁護士であっても，法律問題の答案を読んだ後に漏らす感想に共通項があることがとても多いのです。司法試験の採点のときならば，共通の採点基準があるわけですが，そんな採点基準などなくても，共通の評価基準があるというのは，やはり，法律の文章には一定の，あるいは最低限のルールがあるといえるのだと私は考えています。したがって，ここでは，私が法律実務家の方々から聞いたことや実際の受験生の答案を読んだ中で経験していったことを元にして，それらを集約する形で，答案の書き方について述べていきます。

　ここに掲載した答案は，ほんの「参考」に過ぎません。暗記せよと言っているのではありません。また，あくまで，＜参考答案＞なのであって，＜模範答案＞ではありませんから，もっと他の書き方もあるはずです。みなさまが学習を進めていくうちに，一層磨きのかかったよい答案を作成していかれることが好ましいことです。

　しかし，そうは言っても，全く好き勝手に書いても，評価されません。法律の文章として，最低限，必要なこともあれば，書いてはいけないこと，書き方として誤っていると言われてしまうこともあるのは間違いありません。そうかと言って法律を勉強していれば自然に文章が書けるようになるものではありません。では，どのようなことに注意すればいいか以下で総論的に述べます。以下に述べることを読むだけではなく，それを生かして，必ず自分で答案を書い

てみて下さい。書けば書くほど，文章は上達していきますし，法律的な思考もより深まっていくはずです。

答案の作成と構成

1　答案作成方法と構成

答案作成のベースとなるものは，①問題点の把握，②規範の定立，③あてはめ，④結論，です。

答案の流れ

1　問題点の把握
　　本問では，Xは～しているので，～が問題となる。
　　　↓
2　規範の定立
　　～については，刑法〇条が～と規定しているので，～となるのではないか。この点，〇条の趣旨は，～であり……
　　　↓
3　あてはめ
　　以上からすれば，本問では，～であるから，～ということができ，よって，～となる。
　　　↓
4　結　論
　　よって，Xには，〇罪が成立する。

---

①　問題点の把握

法律家としては問題点を把握し，これを指摘する能力を身につけることは大変に重要なことです。問題になっていないことを長々述べることは全く意味のないことであり，評価されません。問題文を読んで，何が問題となっているのかを把握して，それを必ず指摘するようにして下さい。問題点を早期に把握することは，刑事法に限ったことではありませんが，今後，ますます重要になっていくはずです。とくに，早期の充実した審理が求められていくこれからの訴訟において，一層重視されるのではないかと考えられます。長い事案の示された問題文（実務では，刑事事件そのものにあたります）の中から，問題点を把

握する，それをどのような順序で考えていくのか，常に意識することが日頃の勉強の中でも大切なのです。

② 考え方の筋道と規範の定立

　問題点の把握ができたら，これをどのような順序で書くか，を意識することです。問題点だけを何の脈略もなく取り出して並べて書いても意味はありません。法律の文章で最も大切なのは，思考過程を示すことなのです。結論だけが求められているのでもなければ，問題点だけを取り出すことが求められているのでもないのです。それら争いになることを，どのように順序立てて考えていくかを示すことが必要とされます。

　次に，1つ1つの問題点につき，法律の条文の文言，趣旨等に照らし，なぜ，それが問題になるのかを示します。通常は，ここで，法律の条文の解釈を示すことになるでしょう。条文どおりにあてはめてしまうと結論の妥当性が得られない場合には，それを指摘し，ではどのように解釈すればよいのか，どうしてそのような解釈が許されるのかを論じます。

　ここで問題なのは，学説に争いがあり多数の見解がある場合です。学説の論争のみに終始してしまっては不十分です。示してほしいのは学説の対立についての知識ではなく，問題処理能力です。ただ，学説に対立がある場合は，それなりに理由がありますから，他の学説に全く触れずに自分の知っている学説だけに乗っかればよいというものでもないでしょう。他説には，それなりの理由があり，そこが自説の弱点でもあることがほとんどですから，他説への配慮は必要です。その上で，なおも自説によるべきであることを示すことにより自説に対する説得力が増します。日頃から，なぜ学説の対立が生じているのか，各学説がどういう点からその説を唱えているのかを意識して勉強しておくと，この点についての論証が楽になるし，自説へのより深い理解ができるはずです。

　なお，規範のところでは，判例を引用することが多いので，判例の書き方について一言触れておきます。判例は，細かく暗記するのではなく，重要なのはその論理の流れでしょう。日頃から，ここに重点を絞って押さえるようにし，適度な長さで表現できるようにしておくとよいでしょう。通説と結論は同じでも，流れや理由付けが大きく違うことがありますので注意してください。書く長さについては，バランスを意識してください。判例が通説と同じで，学説上あまり争いもないような場合に，判例を長々と展開するとバランスを失してしまうことがあります。

③　あてはめ

　規範の定立ができれば，あとはあてはめです。問題文に即した結論をはっきりと示してください。問題文中に具体的事実が詳しく書いてあれば，事実を1つ1つ詳細に拾い上げて，定立した規範に丁寧にあてはめることが必要です。実務家にとっては，具体的事実を離れての問題処理はあり得ません。学説の対立をいかによく知っていても，規範定立がいかにきちんとできていたとしても，具体的事実を十分に拾い上げることがなければ，理解できていると評価されることはないでしょう。判例と似たような事案であっても，問題文の事例は，少し変えてあることもあります。そのときに，判例と同じことを書いてしまうと，何も考えずに答案を書いていると受け取られてしまいます。論文において重要なのは，問題文の事実について正面から答える姿勢です。例えば，正当防衛の問題で，防衛行為の相当性を検討するにあたり，防衛者が棒で殴っているとしたら，「何センチで何グラムの」「木の棒か，鉄の棒か」など，どのような棒で反撃行為をしたのかを具体的にイメージしてみてください。ただの「棒」では十分ではありません。実際にそのことを答案に書くかは，その問題の出題意図や答案の分量配分にもよりますが，イメージすることなくして，その事案の本質に迫ることはできません。

④　結論

　設問の具体的事例を規範にあてはめたら，最後に結論を必ず示してください。問題文に直接答えた結論でなくてはなりません。聞かれ方は問題文によって，それぞれですから常に意識する必要があります。例えば，「Xには何罪が成立するか」と聞かれていたら，「詐欺罪が成立する」「何の罪も成立しない（無罪である）」と答えなくてはなりませんし，「裁判所としては，どのように処理すべきか」と聞かれたら，「無罪判決を下すべきである」とか「手続きを打ち切るべきである」など，設問に答える形で結論を示さなくてはなりません。論点ばかりを意識していると，お決まりの言い回しで終わってしまうことがありがちですので気をつけましょう。聞かれたことに端的に答えることは，論文だけではなく，口述試験でも，実務家になってからでも，常に要求されることですので，今から訓練しておくとよいでしょう。

2　「良い答案」・「悪い答案」

　俗に，「良い答案，悪い答案」という言われ方があります。いろいろな書き方があって当然ですので，何が良い答案かを一義的に定義するのは難しいです

が，一般的に言うと，次のようになるでしょう。

鉄則①　読んで意味がわかるか

　読んで意味がわかる答案が「良い答案」であり，わからなければ「悪い答案」です。単純なことのようですが，実は，最も大切なことであり，本人が気づかない落とし穴があります。法律は難しい，というイメージがあるからでしょうか。難しい表現を好んで使う人もいるようです。特に初心者ほどその傾向が強いようです。しかし，他人が読んでも意味が難解であれば，誰も説得できないわけですから，あえて難しい言葉を使う必要は全くありません。必要な法律知識を十分に踏まえた上で，それを簡潔な文章で説明できることが要求されるのです。そのためには，自分で答案を書いてみて，友人と交換しあって意見を言い合うのはとてもよい勉強方法でしょう。読んで意味がわからないと指摘されたら，再考してみてください。

鉄則②　バランスがとれているか

　重要な点や問題の多い部分を厚く論じたバランスのとれた答案が「良い答案」で，バランスを失した答案が「悪い答案」です。答案作成には，時間的にも分量的にも制限がありますから，すべての問題点について，くまなく同じ分量で書くことはできません。何を中心に論じればいいのかは，問題によって異なります。判例・学説上，ほとんど問題ない点については，簡単に示すだけでいいことがあります。これは出題によりますので，十分注意して下さい。1つの問題点について，学説の整理が充実し，規範定立がよくでき，あてはめも充実していたとしても，それがさほど重要でもない問題点であるのに長々と書いてしまうと，印象が悪くなってしまうことがあることは否めません。

鉄則③　出題意図に即しているか

　出題者は，聞きたいテーマがあり，そのことを具体的事例を通して出題しています。出題意図に即した答案は「良い答案」で，出題意図からはずれた答案は，「悪い答案」ということになります。

　では，出題意図をどのように把握すればよいのでしょうか。前述したように，答案作成の方法として，問題文から問題点を把握し，指摘することを念頭に考えれば，出題意図に即していない答案ができてしまうことは，ほぼ，あり得ないでしょう。本書に掲載された出題は，実務上しばしば問題となることがあるものを中心に集めました。したがって，問題文を読んでピンと来るようになっ

ていることが望ましいことです。

鉄則④　思考過程が示されているか

　思考過程が示されている答案は「良い答案」で，思考過程のわからない答案は「悪い答案」です。前述しましたが，法律の論文においては，結論の当否が求められているのではありません。なぜ，そのような結論に至るのか，その筋道を示すことが重要なのです。条文の解釈1つにしても，なぜ，自分はそのような解釈をとるのか，なぜ，あてはめた後の結論がそのようになるのか，その思考過程を示さなければ，良い答案とはいえません。悪い答案と言われるものは，何の悩みもなく，当然と言わんばかりに書き進めているものです。

鉄則⑤　具体的に書かれているか

　具体的に書かれている答案は「良い答案」で，一般論的抽象論的に書いているだけの答案は，「悪い答案」です。問題文に具体的事実が示されているならば，その具体的事案の処理についての思考過程が聞かれているのです。関連する法律の学説や解釈の争いについてだけを聞かれているのではないことがほとんどでしょう。これらをずらずらと並べただけの一般論的抽象論的な答案は，要求されていないと考えた方がベターです。

まとめ

　前述もしましたが，本書に掲載した答案例は，それがベストのものでもなければ，唯一のものでもありません。答案にマニュアルはありません。本書に掲載したものは，1つのたたき台として，あるいは，一度はこんなふうなものかとイメージを持つための素材です。結局，皆様各自の答案スタイルを確立していかれればよいのです。

　事例問題であったとしても，解答が1つ，結論も1つしかないとすれば，争いなど生じることはないともいえます。しかし，そのようなことは稀で，実際は，いろいろな考え方があり，いろいろな結論があるのが普通です。

　最後に，法律の学習をする上で，議論し合うことと同じくらい，書く練習も重要なのだと私は考えています。本書の参考答案をきっかけに，みなさまが書く機会を持ち，学習のたたき台として使用された上，よりよい答案スタイルを習得していっていただければ幸いです。

（寺本倫子）

コーヒーブレイク

ベートーヴェンから学ぶ

　作曲家ベートーヴェン（1770年～1827年）は、フランス革命を19歳のときにボンで迎えました。10代の頃から、音楽教師や友人からルソーの社会契約論や進歩的な思想を聞かされていた彼は、ボンでフランス革命の勃発を聞くと深く共鳴したようです。晩年には、シラーの『歓喜頌歌』による合唱付きの、有名な第九交響曲が生まれます。これほど壮大な音楽は、後にも先にもないとも言われる晩年の最高傑作の1つです（晩年の最高傑作は他にも何曲かあります！）。

　ベートーヴェンというと、どん底の貧しさや失恋と闘って作曲活動を行ってきたと思われていますが、最近の研究ではそうでもないことがわかってきたようです。むしろ、彼は、当時の大スターと言うべき人だったよう で。さぞや、自己主義、個人主義の人で、最初から独自の路線を歩んだ人とのイメージが先行していますが、実は、そうばかりではないようです。ベートーヴェンの30歳ころまでの初期の作品を聞けば、形式的にも、楽器の扱い方も、モーツァルト（1756年～1791年）の作品を思わせることは、音楽ファンならよくご承知でしょう。ベートーヴェンは、モーツァルトの作品をよく研究し、学んでいたのです。また、10代後半の頃から、ボン選定侯の創設したオーケストラのビオラ奏者として、モーツァルトの作品を何度も何度も演奏していたそうです。演奏という音楽にとって最高の形によって、モーツァルトの作品を学ぶ機会を持ったのでしょう。

　芸術という、個人の思想が最も重視されるこの分野で、ベートーヴェンはモーツァルトの音楽を模範とすることから出発していたと言えるようです。ベートーヴェンの音楽は、やがては、モーツァルトの音楽が持っている形式をはるかに越えてゆき、頑として揺るぐことのない構成力を持った音楽として完成してゆきます。そして、晩年には、より自由な音楽へと、生涯、発展し続けてゆきます。

　自己の形を確立しようと思うなら、まず最初は何かを手本にして学ぶことから始めることが大切であることはどの分野でも共通でしょう。参考答案もその意味で、最初の出発として手本にしてみてください。ただ、いつまでもマネをしていては成長はありません！
〈寺本〉

索引（太字は重要頁を示す）

【あ】

囲繞地 …………………………25, 32
一事不再理の効力 …………85, 255〜260
一事不再理の効力の客観的範囲
　　………………………………256〜258
一事不再理の効力の主観的範囲
　　………………………………248, 257
一部行為全部責任の原則 ……………103
違法収集証拠の証拠能力
　　…………18, 222〜226, 228〜229, 235
因果関係 …144, 148, 150〜152, 155, 210
「疑わしきは被告人の利益に」の原則
　　………………140, 153, 154, 159, 168, 169
オーバート・アクト …………………121

【か】

外部的名誉 ……………………………126
覚せい剤事犯 …………………13, 226, 227
覚せい剤の無許可輸入罪 ……………232
客体の錯誤 ……………………………230
過失致死罪 ……………………………218
過失犯 …48, 50〜51, 129〜130, 215, 217
過剰防衛………………158, 162〜166, 181
間接正犯 ………………………………104
鑑定 ……………………95, 144, 155〜154
観念的競合 ………60, 69, 79, 80, 249, 260
危惧感 …………………………………213
起訴状の送達 …………………………94
期待可能性 ……………………………92

急迫不正の侵害 …………………159〜162
強制採尿 …………………………12〜16, 240
強制処分法定主義……………………………16
強制連行 ……………………………5, 16〜18
共同正犯 ……………………103, 189, 190, 231
共犯者の自白 ……………………102, 108〜110
共謀共同正犯 …………………50, 103〜107
業務上過失致死罪………………72, 211, 260
業務上過失致傷罪
　　………………48, 57, 59, 60, 67〜69
警察官職務執行法 ……………………………8
形式的正犯概念 ………………………………103
刑事免責 …………………………198, 204〜205
結果的加重犯 ………76, 77〜79, 81, 151
月刊ペン事件 …………………………………133
厳格な証明……………………106, 133, 149, 166
挙証責任 …130, 159, 166, 168〜170, 180
挙証責任の転換 ……………120, 130〜132, 140
建造物侵入罪 ……………………22, 23〜24
故意のある結果的加重犯………………81
強姦罪 ………………………77〜78, 81〜82
強姦致死傷罪 ……………………75, 77〜81
構成要件的同価値性 …………………146
公訴棄却 …76, 81, 82, 84, 86, 87, 94, 95
公訴事実
　　……48, 49, 56, 63, 65, 82, 167, 257〜258
公訴事実の同一性
　　………………………53, 56, 82, 249, 257, 258
公判手続の停止……………………………56

合理的疑いを超える程度の証明
　………130, 133〜134, 149, 167〜168
勾留中在庁 ………………………254
国際司法共助 ………………197, 205
告訴の追完 ……………76, 86〜88
個人責任の原則 …………………103
誤想防衛 …………………………181
コンスピラシー ……………121〜123

【さ】

在宅在庁 …………………………254
在宅略式手続 ……………254〜255
在庁略式手続 ……………………254
財物性 ………………………………5
詐欺罪 ……………………5〜8, 55
三者即日処理方式による在庁略式手続
　………………………………254
事件単位の原則 ……………22, 29〜31
自己負罪拒否特権 ………13, 198, 205, 206
事実の錯誤 ………128, 138, 223, 230, 244
実質的挙証責任 …130, 140, 159, 168, 178
実質的被告人 ……………………248, 255
自動車検問 ………………………42
自白の証拠能力 ……………27, 42, 110
私文書偽造罪 ……………248〜253
車両によるマンスロータ―罪………70〜73
重過失致傷罪 ……………49, 57, 59
自由心証主義
　………109, 110, 144, 152, 167, 168
自由な証明 ……………133, 141, 166〜167
酒気帯び運転の罪 ……249, 257, 258, 260
縮小認定 ……………………76, 00
情況証拠 …………………………107

証拠禁止 …………………………205
証拠裁判主義 ……………………166
証拠提出責任 ……………………169
証拠の優越 ………133〜134, 141, 167, 184
証人審問権 ………………………203
嘱託証人尋問調書の証拠能力
　…………………………197, 202〜206
職務質問 ……………8〜11, 42, 224
職権主義 ……………………………49
職務密接関連行為 ……197, 200, 201, 202
所持品検査 ……………224〜226, 229
職権調査義務 ……………131〜132
職権調査事項 ……………………76, 82
親告罪 ……………57, 76, 81, 85〜89
真実性の誤信 ……………127〜129
心神喪失の法理 …………………99
迅速な裁判 ……………………54, 93
身体検査令状 ……………………15
審判の対象 ……………49〜50, 257
信頼の原則 ………………………211
心理的強制による自白 ………198, 206
精神障害 …………………………99
正当防衛 …158〜166, 168〜170, 180〜186
責任主義 ……………………………59
責任能力 ………………91, 92, 96, 99
窃盗罪 ……………………4, 6〜8, 88
訴因 ……………48〜57, 63〜69, 76, 82, 84, 257
訴因変更の時期的限界 ……53〜56, 66
捜索差押令状 ……………………15
捜査の端緒 …………………………8
捜査の密行性 ……………………204
訴訟条件 ……………76, 81〜83, 86〜88
訴訟手続の停止 …………………95

訴訟能力……………………………93〜95

【た】

対向犯 ………………………………189
逮捕 …8, 12, 27〜29, 36〜40, 42, 192, 224,
225, 226, 229, 240, 254, 264
逮捕中在庁 …………………254, 255
単独犯 …………………………………102
抽象的事実の錯誤 ………223, 230〜233
聴覚障害………………………………92
直接主義 ……………………………203
罪となるべき事実 …………48, 65, 106
適正手続の保障 …………9, 54, 168, 170
伝聞法則………………141, 197, 203, 210, 213
統合失調症……………………………95
当事者主義……49, 50, 54, 56, 83, 169, 170
当事者対等の原則 …………………56
毒樹の果実 …………………………96
特別背任罪 ……………………188, 189, 191
特別弁護人……………………………96
閉ざされた構成要件 …………………50
取調受忍義務…………………………30

【な】

内閣総理大臣の職務権限
………………………196, 197, 198〜201
二重の危険
…………57, 85, 123, 184, 256, 262〜265
二重の縮小認定 ………………………86
任意捜査の限界 ………………………4, 12
任意同行 …………11〜12, 18, 227, 229, 237
練馬事件 ………………103, 106, 107, 109

【は】

反覆自白………………………………44, 189
反覆自白の証拠能力 ………191〜192
被告人を定める基準 …………248, 253
引っ張り込みの危険 …………109, 120
必要的共犯 …………………………189
ビデオ…………………………………94
表現の自由…125, 126〜130, 134, 137, 139
開かれた構成要件 …………………50
不意打ち ………………48, 51, 54, 56, 84
フェア・トライアルの保障 …………54
不起訴処分 …………………………205
武器対等の原則 ……………………164
不作為の因果関係 …………148〜150
不作為犯
………………………………144〜148, 155
不適法訴因への訴因変更 ………76, 83
併合罪……………………………4, 7, 8, 79, 233
別件逮捕・勾留 ………………22, 27〜29
弁護人依頼権 ………………………42
防衛行為の相当性
………………………………158, 163
包括一罪 ……………………………4, 7, 8
方法の錯誤 …………………………230
法律の錯誤（法律の不知）……244〜245
補強証拠 …………………102, 108〜110
保護責任者遺棄罪 …………147〜148
保護責任者遺棄致死罪 ……144, 147, 150

【ま】

麻薬所持罪 ……………………223, 233
麻薬輸入罪 …………………………232

三越事件 …………………………190
ミランダ法理……………………41〜45
無罪推定の法理 ……………130, 140, 168
無免許運転の罪…………………249〜260
名誉感情 ……………………………126
メモの理論 …………………………214
メンズ・レア……………………99, 122
免訴……………………76, 81, 96, 260
黙秘権………13, 30, 41, 91, 93, 192, 259

【や】

有形偽造 ………………248, 250〜253
有形力の行使……………8, 34, 237, 238
許された危険の法理 …………………210
余罪の取調べ……………………29〜30
米子銀行強盗事件………………224〜226

【ら】

録音テープ……………………………96
ローンカード………………………4〜8

【わ】

賄賂罪の保護法益 ………………196, 198

ロースクール生のための
刑事法総合演習

2004年3月10日　第1版第1刷

編　著	島　伸一
発行人	成澤壽信
発行所	株式会社現代人文社
	〒160-0016　東京都新宿区信濃町20　佐藤ビル201
	振替　00130-3-52366
	電話　03-5379-0307（代表）
	FAX　03-5379-5388
	E-Mail　daihyo@genjin.jp（代表）／hanbai@genjin.jp（販売）
	Web　http://www.genjin.jp
発売所	株式会社大学図書
印刷所	株式会社ミツワ
装　丁	鈴木智暢

検印省略　PRINTED IN JAPAN　ISBN4-87798-194-2　C3032
©2004　Shinichi Shima

本書の一部あるいは全部を無断で複写・転載・転訳載などをすること、または磁気媒体等に入力することは、法律で認められた場合を除き、著作者および出版者の権利の侵害となりますので、これらの行為をする場合には、あらかじめ小社また編集者宛に承諾を求めてください。